中国BIM丛书

机电安装企业 BIM 实施标准指南
GUIDELINES OF BIM IMPLEMENTATION STANDARD
FOR MEP ENGINEERING ENTERPRISE

清华大学BIM课题组　上安集团BIM课题组　编著

中国建筑工业出版社

图书在版编目（CIP）数据

机电安装企业BIM实施标准指南 / 清华大学BIM课题组，上安集团BIM课题组编著. —北京：中国建筑工业出版社，2015.3
（中国BIM丛书）
ISBN 978-7-112-17900-8

Ⅰ.①机… Ⅱ.①清…②上… Ⅲ.①建筑安装—机电企业—信息管理—标准—中国—指南 Ⅳ.①F426.4-65

中国版本图书馆CIP数据核字（2015）第047820号

责任编辑：唐　旭　杨　晓
责任校对：李欣慰　关　健

中国BIM丛书
机电安装企业BIM实施标准指南
GUIDELINES OF BIM IMPLEMENTATION STANDARD FOR MEP ENGINEERING ENTERPRISE
清华大学BIM课题组
上安集团BIM课题组　编著

*

中国建筑工业出版社出版、发行（北京西郊百万庄）
各地新华书店、建筑书店经销
北京京点图文设计有限公司制版
北京中科印刷有限公司印刷

*

开本：880×1230毫米　1/16　印张：17¼　字数：362千字
2015年4月第一版　2015年4月第一次印刷
定价：**78.00**元
ISBN 978-7-112-17900-8
（27148）

版权所有　翻印必究
如有印装质量问题，可寄本社退换
（邮政编码　100037）

参编人员名单

清华大学 BIM 课题组成员

顾 明　　梁 进　　刘玉身　　柳文涛

上安集团 BIM 课题组成员

于晓明　　林 祺　　陆兰馨　　朱海林　　邢 磊　　林 岚　　陈 洁　　朱跃忠　　陈晓文

参与研讨并提出修改意见的企业专家

杜卫国　　江 强　　倪志海　　张学生　　秦 军

清华大学参与研讨并协助工作的人员

高 歌　　李 倩　　石 鑫　　唐 旺　　朱明娟　　林鹏鹏　　吴家兴　　武鹏飞

前　言

上海市安装工程集团有限公司近十年来一直在积极探索 BIM 技术应用，做了很多敢为人先的尝试性工作，积累了很多的 BIM 工程经验。在这个过程中上海市安装工程集团专门成立了 BIM 课题组，并与清华大学 BIM 课题组紧密合作，开展 BIM 的专题研究，并以上海市安装工程集团有限公司工程实践为对象，以 CBIMS 理论为指导，从机电工程的准备、施工、成果交付三个阶段总结归纳，编写完成《机电安装企业 BIM 实施标准指南》。应当指出，本书所指的机电安装企业 BIM 实施标准主要是以上安集团 BIM 实施的经验为依据编写的，具有较强的企业特征。但我们认为在 BIM 快速推进的今天，这不仅是抛砖引玉之举，更重要的是把上安集团 BIM 实施经验与全国机电安装企业分享，以规范化和标准化的方式推进 BIM 的整体实施，促进机电安装企业 BIM 实施的健康发展。作为 CBIMS 体系的机电施工 BIM 实施标准指南的专业分册，对广大的机电施工企业的 BIM 应用会有直接的借鉴作用。

中国 BIM 技术的实际应用，首先在工程设计领域取得快速进展，在大量的设计应用的基础上，归纳总结出一整套应用指导，编写了民用建筑设计的 BIM 标准，出版了《设计企业 BIM 实施标准指南》，这对推动设计单位 BIM 普及应用起到重要的作用，受到设计单位的欢迎。这几年，施工领域的 BIM 应用也得到了快速发展，特别是一些大型民用建筑的施工过程中应用 BIM 技术，并积累了大量的工程经验，取得了很好的示范作用。特别是在机电施工领域，由于机电安装所涉及的细分专业最多，交叉作业、相互干涉内容也更繁杂，机电安装的施工过程从设计、设备材料采购检验、安装、调试、竣工验收到交付运行，以及后期运维，环节多，周期长。这些始终是工程建设和管理的重点和难点。因此，很多机电专业施工企业在努力地应用 BIM 技术，寻找建设和管理突破口。在机电施工领域的 BIM 技术应用中，机电施工图深化、施工方案优化以及施工进度、变更管理等方面的 BIM 技术应用，都取得了重要突破，对传统的机电施工方法的改进和整体效率的提高，产生了积极的影响，体现了 BIM 的实际价值，但是作为 BIM 整体实施尚显不足。因此，就要更大力度地培育和推动企业级的 BIM 实施。当然，BIM 作为新理念和新技术，在中国的普及应用还是初级阶段。本书中一定会有很多尚不成熟的内容和观点，我们衷心希望得到更多专家的批评指正。我们认为在广大设计单位和施工企业不断的探索和实践中，中国的 BIM 应用水平一定会有很大的提高。BIM 一定会在不远的将来真正成为中国工程建设行业产业升级和快速发展的技术支撑和强大动力。

非常感谢上海市安装工程集团有限公司和清华大学 BIM 课题组领导的关心和支持，感谢参与研究和讨论的机电专家与 BIM 技术专家，也要感谢上海市安装工程集团 BIM 课题组和清华大学 BIM 课题组全体成员的紧密合作。本书的研究和编写也是"十二五"国家科技支撑计划项目（编号：2012BAJ03B07）的内容之一，对该课题组的参与和支持一并表示感谢。

编者

2015 年 2 月北京

目录

前言
第1章 绪论 1
1.1 机电安装企业 BIM 实施标准指南的理论依据 2
　1.1.1 信息、模型和 BIM 2
　1.1.2 BIM 标准 4
　1.1.3 CBIMS 技术标准 6
　1.1.4 CBIMS 实施标准 6
1.2 机电安装企业 BIM 实施标准指南的实践依据 8
　1.2.1 国外施工企业 BIM 应用现状 8
　1.2.2 国内施工企业 BIM 应用现状 10
1.3 机电安装企业 BIM 实施标准框架 11

第2章 机电安装企业 BIM 资源标准 15
2.1 IT 环境资源建设与管理 16
　2.1.1 BIM 软件资源 17
　2.1.2 IT 基础设施 19
2.2 BIM 信息资源管理 25
　2.2.1 BIM 项目信息管理 26
　2.2.2 企业 BIM 信息资源管理 34
2.3 企业 BIM 实施的人力资源管理 38
　2.3.1 基于 BIM 应用的企业组织架构 38
　2.3.2 基于 BIM 的岗位设置 40
　2.3.3 基于 BIM 设计的岗位职责 41

第3章 机电安装企业 BIM 行为标准 45
3.1 机电安装工程施工准备阶段 BIM 应用要求和规范 45
　3.1.1 BIM 施工模型 46

3.1.2　深化设计 BIM 应用要求和规范 52
　　　3.1.3　施工组织设计 BIM 应用要求和规范 71
　　　3.1.4　基于 BIM 应用的分析及优化规范 79
　3.2　机电安装工程施工安装阶段 BIM 应用指南和规范 **91**
　　　3.2.1　机电安装工程项目进度管理 BIM 应用指南 92
　　　3.2.2　机电安装工程项目成本管理 BIM 应用指南 105
　　　3.2.3　机电安装工程施工质量管理 BIM 应用指南 113
　　　3.2.4　机电安装工程项目安全管理 BIM 应用指南 120
　3.3　机电安装工程竣工验收阶段 BIM 应用要求和规范 **127**
　　　3.3.1　竣工验收阶段的主要工作内容 128
　　　3.3.2　竣工验收阶段的 BIM 应用 129

第 4 章　机电安装企业 BIM 交付标准 **133**
　4.1　施工企业内部 BIM 应用交付规范 **135**
　　　4.1.1　企业内部施工技术指导及过程管理的 BIM 应用交付要求 135
　　　4.1.2　企业内部项目工程资料归档管理的 BIM 应用交付要求 155
　4.2　施工企业对外 BIM 应用交付规范 **157**
　　　4.2.1　常规交付要求 157
　　　4.2.2　设施运维管理相关 BIM 应用和交付要求 157
　4.3　BIM 模式下图纸的交付规范 **166**
　　　4.3.1　现阶段 BIM 模型生成二维视图面临的问题 166
　　　4.3.2　BIM 模式下二维图纸交付问题的解决 168
　　　4.3.3　现阶段 BIM 模式下二维视图的交付模式 169
　4.4　BIM 模型及图纸的审查规范 **171**
　4.5　机电安装企业 BIM 合同及 BIM 知识产权的要求和规范 **174**
　　　4.5.1　BIM 应用合同的形式和内容 174
　　　4.5.2　工程项目中 BIM 成果的知识产权归属 177
　　　4.5.3　工程项目合同中 BIM 应用相关的条款范本 179

第 5 章　机电安装企业 BIM 实施标准应用实践 **183**
　5.1　项目概况 **183**

5.2 BIM 资源管理 185
5.2.1 软硬件管理 185
5.2.2 BIM 团队 190
5.3 BIM 行为管理 191
5.3.1 超大型建模 193
5.3.2 基于 BIM 的管线优化 197
5.3.3 基于 BIM 的工程出图 200
5.3.4 基于 BIM 的自动化预制加工 203
5.3.5 基于 BIM 的施工方案模拟 205
5.3.6 基于 BIM 的工程算量 210
5.3.7 基于 BIM 的可视化交底 210
5.3.8 基于 BIM 的现场测绘和放样 212
5.4 BIM 交付管理 221
5.5 结论与展望 223

附录 227
参考文献 259

第 1 章　绪论

　　本书是中国 BIM 标准框架体系——CBIMS（Chinese Building Information Modeling Standard）的一个应用分册。它以上海市安装工程集团有限公司的 BIM 工程实践为基础，遵循清华大学 CBIMS 的理论和方法，归纳和总结了当前国内外的应用实践，针对施工阶段的 BIM 应用，特别是以机电安装工程为实证，给出了施工阶段 BIM 实施的定义、规范和通则。施工企业，特别是机电安装企业可依此来指导本单位 BIM 实施和企业级 BIM 标准的制定，以推进施工阶段的 BIM 应用和实践。

　　工业化和信息化推动着中国经济的快速发展，信息技术正在深刻地改变着我们生活的每一个方面，这已成为中国社会经济发展的基本特征之一。今天，社会生产活动中，信息技术已经成为生产力的重要组成部分，信息化水平成了一个地区、行业、部门、企业竞争力水平的重要标志。

　　信息模型技术（Information Modeling）作为信息技术的具体应用内容，在产业信息化中的地位和作用越来越被广泛地认同。近几十年来制造业的高速发展和产业升级，以及整体品质的全面提升，都体现出了信息模型技术所发挥的巨大作用，这直接得益于信息模型技术的普及和推广。世界工程建设行业近些年在推动自身产业升级的过程中，积极借鉴制造业发展的成功经验，中国工程建设行业结合自身的行业特征，也在运用建筑信息模型技术（Building Information Modeling，BIM）推进中国工程建设行业的产业升级和技术进步，并且取得了明显进展。工业化和信息化正在加快中国工程建设行业产业升级的步伐。

　　近些年，在工程建设产业环节中的设计阶段已经开始广泛运用 BIM 技术，在建筑设计的技术和方法上、各专业的协同工作上、设计质量上都有不少突破，已经使相当一部分企业在市场竞争中显现出技术优势，成为企业发展的重要推动力。同样，工程建设另一个重要的产业环节——施工阶段，也在积极探索运用 BIM 技术来推动施工过程的技术进步，建筑工程结构专业、机电安装工程专业、工程造价计算专业中已有很多具体应用，取得了不少实践经验。我们看到，在实践中，BIM 技术不仅与施工技术相衔接，更与施工管理环节相对应，体现出广阔的应用前景。可以肯定，伴随着工程建设行业信息化进程的深入推进，BIM 技术在施工阶段将发挥巨大作用，体现出更大的应用价值。对于传统施工过程中长期存在的薄弱环节和明显的管理问题，BIM 不仅可以提供以模型为载体的先进技术手段，也可以提供以工程信息的有效使用为核心的管理方法。这种基于虚拟可视化的、面向对象表达的、参数化的专业关联，以及准确自动的工程数量计算，都成为施工环节改进和提高的重要途径。现阶段，在施工环节 BIM 具体应用中，无论是施工准备，还是施工过程以及竣工验收，在这三个阶段中 BIM 都能发挥积极的作用。

1.1　机电安装企业 BIM 实施标准指南的理论依据

通常，理论既是对实践的总结和归纳，也是对实践的本质认识和科学判断。应当说理论源于实践，反过来又指导更广泛的实践，BIM 亦是如此。建筑信息模型技术是三维软件技术和实际工程项目在工程建设中相结合的具体实践，它产生了明显的应用价值和社会意义。这些价值和意义首先源于 BIM 的工程实践，但是，如果 BIM 技术要成为全面普及应用的工程技术，并支撑工程建设行业发展，就必须有强大的理论依据，即建立合理的科学内涵研究和完整的认识论和方法论体系。这些理论研究及成果，不仅可以使我们透过现象看到本质，更可以让我们对 BIM 应用的未来有一个清晰的判断和准确的把握。CBIMS 理论体系正是在这样背景下研究完成的，并成为中国 BIM 理论研究的重要内容之一。CBIMS 是清华大学 BIM 课题组历时两年完成的 BIM 基础理论研究，主要由《中国建筑信息模型标准框架研究》及一系列著作组成，它从信息化技术和工程建设全过程的角度，以认识论和方法论的高度，帮助我们全面地理解和认识 BIM，把握 BIM 技术的核心内容，系统推动 BIM 的普及应用，特别是从信息技术和工程实践的双重维度建立起了 BIM 的认识论和方法论。CBIMS 框架已经成为当前 BIM 的政策研究、标准制定、工程实践最重要的理论支撑。本书《机电安装企业 BIM 实施标准指南》也是以 CBIMS 为理论框架，结合施工领域特别是机电安装的业务内容，并以理论为基础，以实践为核心，总结施工企业特别是机电安装企业 BIM 实施经验，为广大施工单位提供 BIM 应用的指导意见。

1.1.1　信息、模型和 BIM

1. 信息

关于信息的概念，我们从信息学、经济学、本体论几个角度给出的基本定义是：从信息科学角度看，信息是人和外界互相作用的过程中互相交换的内容的名称，信息是事物之间的差异，而不是事物的本身，即信息反映事物的形成、关系和差别，包含在事物的差异之中；从经济学角度看，信息是从数据中抽象出来的，它作用于我们的概率分布上，不是减弱就是增强，即信息使我们以不同的方式思考问题或采取行动；从本体论角度看，信息就是事物的运动状态和状态变化方式的自我表述，是刻画物质之间普遍存在的相互作用和相互联系的因果对应关系的元素。因此，信息就像语言一样，也需要有语法、语义和语用，即包括语法信息、语义信息和语用信息。语法信息是指主体所感知或所表述的事物运动状态和方式的形式化关系；语义信息是指认识主体所感知或所表述的事物运动状态和方式的逻辑含义；语用信息是指认识主体所感知或所表述的事物运动状态和方式相对于某种目的的效用。信息不同于数据，信息是经过加工并对客观世界产生影响的数据；信息也不同于知识，知识是以某种方式把一个或多个信息关联在一起的信息结构，是客观世界规律性的总结。信息是数据增值的结果，也是产生知识的基础。

2. 信息型模

由于模型是现实世界中某些事物的一种具象表示，是理解、分析、开发或改造事物原型的一种常用手段，因此，信息建模就成为如何组织、度量信息的一种科学的、常规表示方式及之间关系的方法。通过信息模型创建，我们可以使用不同的应用程序对所管理的数据进行重用、变更以及分享。使用信息模型的意义不仅在于对事物的建模，更重要的是对事物间相关性的描述。利用信息模型，可以描述系统中不同的实体和它们的行为以及实体之间数据流动的方式。对于软件系统开发者以及厂商来说，信息模型提供了必要的通用语言来表示事物的特性以及一些功能，以便进行更有效的交流。在此，需要明确的是，面向信息建模与面向数据建模是完全不同的两种方法。面向数据建模，关心的是模型的输入和输出。首先要定义数据结构，过程模块是从数据结构中导出，即功能跟随数据。而面向信息的建模方法是从整个系统的逻辑数据模型开始的，通过一个全局信息需求视图来说明系统中所有基本数据实体及其相互关系，基于此逐步构造整个模型。

3. 建筑信息型模（BIM）

BIM是信息模型在工程建设行业的一个应用，BIM技术是创建并利用数字化模型对建设项目设计、建造和运营全过程进行管理、优化的方法和工具。因此，在BIM方法体系中，不仅有建模技术，也有可以协同建筑项目全生命周期各阶段、各专业的协同平台；既要有一套可以实施的IT工具，更要有为决策者提供服务的系统优化方法。我们从技术、过程、价值三个方面探讨BIM的内涵。

从BIM的技术维度看，BIM是建筑技术与核心业务的信息化。因此，BIM是一系列先进信息技术的集大成，如CAD与图形学技术、语义与知识表示技术、集成与协同技术等。

从BIM的过程维度看，BIM采用的是服务建设项目"从摇篮到坟墓"的思想，把整个项目从概念到施工、运营、改建拆除的整个过程作为服务对象，并在各个阶段发挥不同的作用。如在规划阶段，BIM帮助业主在项目执行前提出经济、社会、环境效益最大化的方案，帮助业主把握好产品和市场之间的关系，快速生成规划方案。在设计阶段，BIM的实施是将建设项目预期结果在数字环境下提前实现，使设计信息、意图显式化，从而使设计意图和理念能在实施前被建设项目全生命周期中各相关方立刻理解和评价，使建筑设计中的创意、建筑规范、设计要求、时间、成本限制等都能在BIM下得到清晰、迅速的表达。在建筑设计领域主要应用在参数化设计，支持对建筑形式的创新，协同化设计，提高设计质量，减少设计冲突与错误，缩短建筑设计周期；通过建筑模型高效的建筑物性能分析，检查设计问题，提高建筑的质量等。在施工阶段，BIM工程造价技术中采用BIM时，通过材料的选择已经将造价的参数自动记录，可以随时生成造价清单。施工指导技术中运用BIM，可以通过BIM赋予建筑构件时间属性，模拟施工建造过程，使其变得清晰、可视。建筑产品预制技术中运用BIM，可以从BIM模型得到建筑构件的几何、物理、型号等数据，直接在工厂加工生产，是实现建筑工厂化生产的基础。在运维阶段，设备管理技术中利用BIM将建筑物中各种设备的功能参数与建造过程中的参数，如空间位置、安装时间等，建立关联关系，使得各种设备信息处于准确、完备的状态。建筑运营技术中通过传感网与BIM的融合来管理建筑的物理、安全、能耗等方面的运行数据，监控建筑的运行状态，优化建筑的运营方案。资产管理技术中通过BIM软件实现空间优化、资产管理优化，提高利用效率，最大化资产收益，实现建筑物的增值。

从BIM的价值维度看，BIM价值是通过信息技术的应用体现出来的。它包括：表现能力、计算能力、沟通能力三个基本方面。表现能力，前置可视化建筑成果，增强设计、纠错、演示的能力；计算能力，分析比较优化建筑的品质，施工过程的成本、速度；沟通能力，整合建筑产业链信息，减少信息流失，提高业务运行效率。信息技术正是以其计算、沟通、表现等能力，有效地促进了各行各业生产力的发展。为了在我国建筑业快速发展阶段解决其面临的尖锐挑战，进一步实现建筑业又好又快的发展，需要利用信息技术改进设计、施工、运维等建筑环节及其之间的集成，并完成从粗放式管理向精细化管理的过渡，从各自为战向产业协同转变。建筑信息化是降低建造成本、提高建筑质量和运行效率、延长建筑物生命周期的最佳路径，也是中国建筑业工业化的必由之路。从全球的建筑信息化发展趋势来看，BIM正在引发建筑行业一场史无前例的彻底变革。BIM在中国的全面应用将提高整个工程的质量和效率，为建筑业的发展带来巨大效益，并将直接促使建筑行业各领域的变革和发展。

1.1.2 BIM 标准

BIM的作用是使建筑项目各方面的信息，在从规划、设计、建造，到物业管理和运营，再到资产重组或处理的整个过程中无损传递。因此，要在建筑物几十年至上百年的使用周期中可以很方便地获取模型和内嵌在模型中的各类信息，要面对这个全生命周期中信息技术的不断发展、变化，一个开放的、可扩展的BIM标准就成为BIM推广应用的前提。与其他行业相比，建筑物的生产是基于项目协作的，通常由多个平行的利益相关方在较长的生命周期中协作完成。因此，建筑业的信息化尤其依赖在不同阶段、不同专业之间的信息传递标准，即需建立一个全行业的标准语义和信息交换标准，为建筑全生命周期中各阶段、各工种的信息资源共享和业务协作提供有效保证。BIM 作为贯穿于建筑全生命周期的信息模型，是业务活动的集成载体，因此 BIM 标准的研究与制定将直接影响到 BIM 的应用与实施。可以说，没有基于标准的 BIM 应用，将无法实现 BIM 的系统化优势。因此，BIM 标准对建筑企业的信息化实施具有积极的促进作用，尤其是涉及企业中的业务管理与数据管理的软件，均依赖标准化所提供的基础数据、业务模型，从而促进建筑业管理由粗放型转向精细型。

CBIMS 框架体系

本书针对中国应用环境的 BIM 标准，我们通称为中国 BIM 标准，在 CBIMS 理论中，CBIMS 准确的含义是"中国建筑信息模型标准框架"，它是从认识论和方法论的角度阐述中国 BIM 标准的定义、体系架构、基本含义，并成为中国 BIM 标准的理论基础和指导思想。它包括面向 IT 领域的 BIM 技术标准和面向施工领域 BIM 实施标准两大部分，每个部分又分为若干个子标准，因此它是标准体系，我们称之为 CBIMS 体系，如图 1.1 所示。

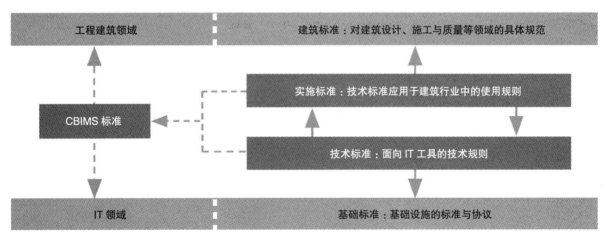

图 1.1 CBIMS 体系框架

BIM 价值的充分发挥，不仅依赖于符合标准的 BIM 工具的开发，各软件产品应具有兼容的接口、一致的对象映射、规范的输入输出；同时也依赖于对 BIM 工具的规范化应用，包括：资源的建立、环境的配置、过程的规范、交付物的规范等。建筑信息模型的成功实施应该由提供信息化工具的软件开发商以及实施信息化的建筑企业共同完成。相应地，CBIMS 应当包括针对信息技术本身的标准，也应当包括针对企业信息技术应用的标准，我们将其分别称为技术标准与实施标准。CBIMS 一方面提供了建立标准化的建筑信息模型工具的要求，软件开发商可根据建筑信息模型标准进行软件开发，并对产品进行标准一致性（符合性）测试。另一方面，建筑企业可根据 CBIMS 实施标准对自身的工作程序、管理模式、资源搭建、环境配置以及成果交付物进行规范化。依照 CBIMS 技术标准与实施标准，软件开发商可以提供安全、可靠、可验证的信息交换与共享机制。用户可以正确实施软件工具所提供的信息交互共享机制，从而保障基于建筑信息模型所承载的信息在建筑全过程中的有效传递和使用。

1.1.3　CBIMS 技术标准

BIM 是贯穿建筑物全生命周期的信息模型，是建设项目所有业务活动的集成载体。CBIMS 技术标准的主要目标是为了实现建设项目全生命周期中不同参与方与异构信息系统之间的互操作性。技术标准的制定将为 BIM 软件商提供软件需求与开发规范，并为 BIM 实施标准的制定提供技术依据。因此，在 CBIMS 技术标准体系中，必须要对各业务活动之间的相互关系、各种信息的交换与共享给出明确定义和说明，以保证建筑信息模型的互操作性，并在正确的时间向正确的参与者传递正确的信息。为此，按照 CBIMS 技术标准体系建立的 CBIMS 技术标准的抽象模型，CBIMS 技术标准分为三个方面：数据存储标准、信息语义标准和信息传递标准（图 1.2），这些标准保证 BIM 应用中的语意统一、格式兼容和沟通有序，保证信息在建筑的开发、设计、施工、运维、改造和拆除全生命期过程中的有效生产、存储和使用。

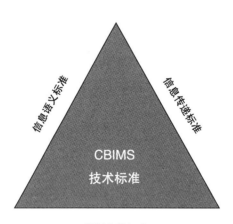

图 1.2　CBIMS 技术标准组成

1.1.4　CBIMS 实施标准

CBIMS 实施标准是技术标准应用于建筑行业中的使用规范，建筑企业可根据实施标准对自身的工作程序、管理模式、资源搭建、环境配置以及成果交付物进行规范化。为了覆盖建筑全生命周期，并考虑到不同阶段 BIM 实施方法的差异性，CBIMS 提出了 BIM 实施过程模型，如图 1.3 所示。

图 1.3　CBIMS 实施过程模型

与 CBIMS 过程模型相对应的 CBIMS 实施标准，包括了三个基本的内容，我们称为资源标准、行为标准和交付标准。

● 资源标准：资源是指建筑信息化各阶段工作中所需要的条件及环境。资源标准是指资源组织和定义的相关规范，如软硬件设备要求、系统配置要求、构件库制作和使用标准、标准模板等。

● 行为标准：行为是指建筑信息化各阶段工作中相关人员的活动及过程。行为标准是指规范行为的职责、要求和规章，如建模、制图、分析和协同等规范。

● 交付标准：交付物是指建筑信息化各阶段工作中产生的成果。交付标准是指定义、组织和管理交付物的相关规范。重要的是它规范了在建筑全生命周期中的不同阶段、不同专业间的信息交付，如质量评价标准、文档归档标准等。

基于 CBIMS 实施过程模型，我们给出了 CBIMS 实施标准框架，如图 1.4 所示。可以看到，

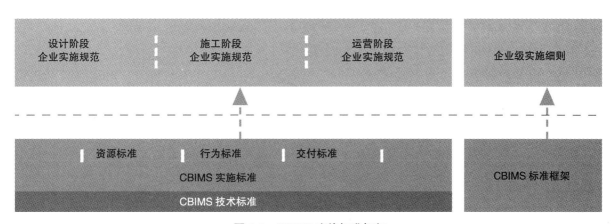

图 1.4　CBIMS 实施标准框架

CBIMS 实施标准框架是可扩展的，企业可以根据现实环境的需要自行定制。扩展和定制的指导原则是：CIBIMS 技术标准，国内的各种规范文件，业主、设计单位、施工企业和运营机构业已存在的各种标准和国外各种 BIM 实施标准和指南。

1.2 机电安装企业 BIM 实施标准指南的实践依据

近年来，施工企业 BIM 应用取得了长足的发展，无论是国外还是国内，都有相当数量工程项目在施工阶段 BIM 运用中积累了大量的实践经验，这些经验经过总结和归纳，已经成为施工企业 BIM 实施的方法和指南，本标准指南正是以这些施工 BIM 实践为依据编写的。

1.2.1 国外施工企业 BIM 应用现状

近几年，国外许多国家建筑行业的 BIM 应用发展十分迅速，2012 年北美地区整个建筑行业的 BIM 应用率达到 71%。欧洲、大洋洲及部分亚洲国家建筑行业的 BIM 应用也同样经历了类似的快速发展过程，尤其是施工行业的 BIM 应用发展更为迅速。根据"北美地区 BIM 业务价值报告（2012）"的调查结果，2012 年北美地区施工企业的 BIM 应用率达到了 74%，已超过了建筑设计（70%）和结构、机电工程设计（67%）。2014 年 4 月"世界主要市场施工行业 BIM 业务价值研究报告"调查结果表明：这些国家施工行业的 BIM 应用不仅普及率有了大幅提升，而且应用深度和应用范围也在不断深化和扩展。

1. 国外施工行业 BIM 实践的发展趋势

（1）BIM 应用方式的改变

随着 BIM 应用的深入和经验的积累，许多具有 BIM 实施经验的施工企业现在已通过对已完成 BIM 项目的总结分析，为以后新项目更加复杂的 BIM 应用提供改进、完善的应用方案，如为了优化工程进度、成本及现场物流管理，以及提前确定基于模型的预制加工与现场制作，通过 BIM 模型的虚拟可视化分析，优化施工现场物流计划及决策等。

（2）BIM 模型可视化协同应用

基本的 BIM 建模及可视化协同应用正在很快成为施工企业的日常工作。为了保持并提高企业的竞争力，施工企业采用新技术以充分利用模型数据。如 3D 激光扫描：捕捉现场实况并与模型整合，用于项目规划以及施工状态、进程监控等现场管理；增强现实感：将模型与现场实际图片或影像组合，用于施工现场管理；可视化虚拟仿真分析：通过对 BIM 模型的虚拟可视化分析，并结合施工进度，可优化施工现场物流规划及决策等。

（3）施工行业的工业化应用

基于模型的预制以及模块化建筑构件应用的增加，使建设项目的设计、安装建造和维护管理发生了结构性改变。如：很多建材厂商提供预制的多系统组装件，优化材料使用并减少浪费；施工现场的工作将主要集中在这些已制成构件的安装上，并且通过大量使用由 GIS 控制的现场机器人，提高施工的一致协调性、施工效率和施工安全。

（4）施工企业新的角色职责

传统上，施工企业只需简单地按图施工，实现设计者的设计意图。但随着项目复杂程度的不断增加以及由于市场波动造成的更多不确定性，施工企业已开始利用其业务专长在设计过程中，就工程造价、进度以及可施工性等问题提供建议。施工企业面临着促进技术创新，重新定义其在行业中的角色，并深化与开发商长期关系的机遇。如，项目规划方面：施工企业可以利用自己的业务专长，在项目规划过程中为业主提供科学合理的建议，担负起更有价值的顾问角色，而不是以往仅仅作为项目的施工方。再如，产品化方面：施工企业，特别是专业施工企业有机会预制加工复杂建筑构件及建筑系统的组装件，并作为标准化的产品提供。这样有可能形成持续的经济效益或在项目结束后也可以成为具有一定规模、稳定的新收入来源。为开发商提供模型管理服务方面：随着将所有数字化项目信息的管理融入最终的实体管理，施工企业在长期为业主提供组织、管理信息服务方面，处于理想的有利位置。施工企业可以在准确、全面地表现项目实体的竣工模型中，加入在项目投入使用后所需的运维管理信息，并且可根据业主需要，为设施维护、翻修、改建等提供长期的模型更新及维护管理等服务，这些业务将会成为施工企业全新的收入来源。现在，一个施工企业的成功将取决于其创新意愿以及对 BIM 这些新技术所提供的新业务机会的把握能力。

2. 国外施工行业 BIM 实践的基本情况

根据研究，国外施工企业 BIM 应用的基本情况主要在以下几个方面：

（1）施工企业在施工准备阶段的 BIM 应用

多专业协调的为 60%，设计意图可视化/设计验证的为 52%，创建可施工性分析、评估模型的为 34%，基于 BIM 模型的工程算量的为 30%，模型与进度信息集成（创建 4D BIM 模型）的为 29%，模型与工程造价信息集成（5D BIM）的为 24%，施工场地及物流规划的可视化模拟的为 23%，价值工程分析的为 16%，在施工前通过 3D 激光扫描将现场状况加入模型的为 13%，施工安全规划/培训的为 6%。

（2）施工企业在施工阶段的 BIM 应用

基于 BIM 模型的施工场地布置的为 59%，基于 BIM 模型的预制加工的为 43%，施工状态/进程监控的为 40%，BIM 模型与施工场地现状结合增强现实可视化的为 32%，在施工期间通过 3D 激光扫描验证与模型的一致性的为 23%，供应链管理的为 13%，将 BIM 模型与 GPS 集成管控现场大型施工设备的为 12%，基于 BIM 模型的施工现场机器人控制的为 7%。

（3）施工企业在竣工交付阶段的BIM应用

为业主制作最终竣工模型的为64%，为业主在模型中添加运维信息的为49%，将BIM模型与竣工查核事项表/问题表集成用于项目竣工活动的为44%，为业主提供管理维护模型的为31%。

（4）施工企业BIM应用其他情况

如施工企业BIM应用的模型79%来源总承包施工企业，67%的分包单位利用企业内部资源自己创建模型；62%的总承包施工企业和75%的专业分包商自建模型，同时也接收由设计方传递的模型。目前，57%的总承包商要求各分包商自行负责创建其承接的工程部分BIM应用所需的模型。这是一个趋势，并且这是专业分包商BIM应用的主要驱动力。在施工中使用云技术的施工企业比例为：为公司业务活动通过云使用软件的为52%，为项目团队使用云托管模型的为52%，通过云使用项目相关软件的为65%。

以上这些研究数据较为完整地说明了国外施工企业的BIM应用实践的基本情况，为中国施工企业的BIM应用提供了非常有益的借鉴。

（本节内容主要依据麦克劳希尔公司发布的BIM报告撰写）

1.2.2 国内施工企业BIM应用现状

国内施工企业的BIM应用近年来也进入了快车道，在施工过程的三大阶段都有BIM技术的具体应用，2014年清华大学与麦克劳希尔公司共同进行的调查，比较客观地反映了中国施工企业BIM实践的总体情况。

1. 国内施工企业BIM应用状况

（1）对BIM的认识程度方面：BIM在施工企业的认识程度这几年有很大的提高，72%以上的施工企业人员认为BIM技术重要，超过34%的施工企业人士认为BIM技术对工程项目比较或非常重要，这说明BIM的普及应用已经成为中国施工企业的普遍共识。

（2）国内施工企业应用普及方面：国内大型施工企业超过96%都有BIM的工程项目应用，小型施工企业也有64%涉及了BIM的工程应用，只有不超过15%的小型施工单位完全没有涉及BIM应用，这说明近几年BIM在中国施工行业的普及速度，特别是大型施工企业普及程度达到相当高的水平。调查还说明具有竞争力的施工企业在工程项目上应用BIM的频率更高。

（3）对于BIM的价值方面：多数BIM应用的施工单位都体会到了BIM的应用价值，但同时认为BIM价值实现的潜力还很大，目前只实现了BIM价值的极小部分，并预期BIM应用程度还会提高。

（4）在BIM应用水平方面：多数BIM应用的施工单位都认为BIM的应用水平都还不高，

68%施工单位认为只达到了一般水平，还有很大的提升空间。

2. 具体应用情况

（1）阶段运用方面：施工准备阶段的 BIM 应用最多，特别是施工图深化方面最为突出，其次是以施工模拟为内容的各项优化，方法也较为成熟，成功的工程案例也最多。施工阶段的 BIM 应用主要在进度管理、工程量统计等方面，应用的成熟度较施工准备阶段的 BIM 应用情况次之，工程竣工阶段的 BIM 应用主要停留在模型移交上，对于工程竣工模型为运维阶段提供有效的数据尚存较大差距。

（2）专业运用方面：从各专业看，施工过程的机电安装专业 BIM 应用最为突出，所产生的价值最为明显，其次是钢结构专业和幕墙专业 BIM 应用也比较成功，在建筑构件的生产加工方面效果突出，土建专业方面的 BIM 应用与其他专业比较相对存在一定差距。

（3）价值实现方面：BIM 的可视化价值实现得最为充分，无论是专业论证还是现场施工布置，BIM 的可视化都提供了非常重要的手段和工具，建筑、结构、机电多专业的综合协调功能对工程建设也提供了巨大支持，使得施工过程中的错漏碰缺问题发生率大幅度降低，BIM 应用中施工模拟为施工优化提供直接帮助，提高了施工质量。BIM 应用中的统计和计算功能对施工中的物料管理和精确的工程量统计提供了新的方法，为施工管理提供了新的方法和工具。

总括而言，国内施工企业的 BIM 实践，无论是在应用的数量上还是在应用的质量上都在快速地发展，这也在客观上为我们提供了重要的应用支撑。

1.3 机电安装企业 BIM 实施标准框架

目前，施工环节 BIM 应用成效较为显著的是机电安装过程，其原因主要是，机电安装过程包含了深化设计、材料设备采购、安装、调试以及竣工验收和交付运行等众多环节，其涵盖的内容也包括机电设备系统、给排水系统、通风空调系统、高低压电气系统、建筑智能系统、建筑消防系统以及电梯、管道、非标准设备制造等内容，具有涉及专业施工单位多、并行交叉作业突出、施工管理复杂等特点。因此，BIM 技术在机电安装过程中可以发挥传统方法无法比拟的作用，带来最为直接的效率和效益。

在现实的生产活动中，可以把任何一项生产过程归纳为："资源——行为——交付"的过程模型，即将相关的各种资源投入具体实施过程中，并产生一项或多项交付成果，即过程模型。依照 CBIMS 理论，我们把 BIM 实施过程，也描述成"BIM 资源——BIM 行为——BIM 交付"的过程模型，这是 BIM 实施过程重要的理论表达和实施方法。在 BIM 技术的应用和普及中，我们要建立一套可以覆盖建筑全生命期的实施标准，并能充分体现共性的规律和特征，这就必须遵循 CBIMS 的过程模型理论。相应地，在机电安装过程中，BIM 的应用和实施仍然要依照"资源——行为——交付"的共性原则来建立其施工过程的 BIM 实施标准，使得开发、设计、施工以及未来的运维形成整体对应，为工程建设相关信息的生产、传递、管理和使用创造统一的应用环境。图 1.5 是基于 CBIMS 过程模型理论所建立的机电安装企业 BIM 实施标准框架图。

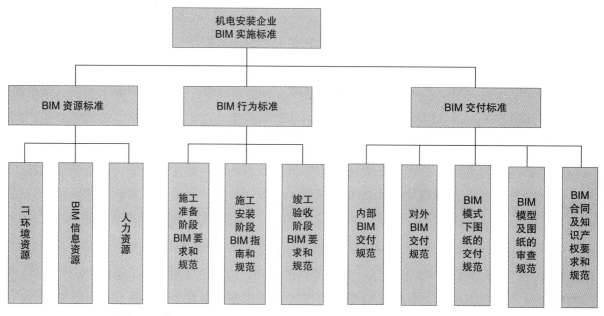

图 1.5　基于 CBIMS 过程模型理论的机电安装企业 BIM 实施标准框架图

1. 机电安装企业 BIM 资源标准

在机电安装企业 BIM 实施过程中，为了实现 BIM 资源的共享、重用和规模化生产，需要定义和规范企业自身 BIM 实施的 IT 基础条件及与 BIM 相关的人员组织结构、管理制度等，需形成以 BIM 模型为核心的资源管理，我们称之为施工的资源管理和标准。从全产业链角度看，机电安装过程的 BIM 资源与其他环节的 BIM 资源所涵盖的范围和定义内容总体一致，这样就保证了开发、设计、施工过程的信息化工具和手段相互对应，这是信息有效传递的共性条件。BIM 人力资源的岗位配置和管理方式也应保持趋同，从岗位责任对应性上建立相对一致的组织形式。以模型为内容的资源管理是 BIM 长期、有效实施的基础工作，在未来以 BIM 技术为主的信息化推动中，形成的信息模型资源必将成为企业重要的信息资产，信息资产的管理也需要建立相对统一的管理规则。

2. 机电安装企业 BIM 行为标准

机电安装工程 BIM 实施标准的最核心内容是重新定义和规范基于 BIM 的企业业务流程、业务活动及协同方式，从 CBIMS 建立的过程模型来看，这三方面要素都包含在设计行为标准范围中，它既是施工过程，也可以理解为具体方法，更是施工管理的具体实现。通过重新梳理和定义，其目的是保证基于 BIM 的施工过程运转顺畅，保证施工水平和工程质量，从而提高施工效率，降低施工成本，提高经济效益。施工过程的业务流程、业务活动及协同方式与开发过程、设计过程有着明显的区别。因此，施工阶段（针对机电安装企业）BIM 实施标准的内容强调了机电安装工程在施工准备、施工安装以及竣工交付这三个阶段的 BIM 应用要求和规范。这三方面体现了机电安装工程建设施工过程的特殊性。特别在施工过程的相关角色，有施工总包、专业分包、部品供应等，他们既要和开发方（或业主）产生相关性，还要与管理单位、监理单位相关联。施工组织形式上分成了总包层级、专业分包层级、供应商层级的划分。这些都使施工阶段的 BIM 实施异常复杂，其 BIM 标准和规范的建立也存在更多研究探讨的内容，在设计阶段，建筑、结构、机电专业相对清晰明显，施工阶段其专业概念的理解和划分有着自己的特殊性。因此，要使上下游信息能有效地传递使用，梳理好施工阶段 BIM 行为特征，是机电安装工程 BIM 实施标准建立的关键。

3. 机电安装企业 BIM 交付标准

机电安装工程 BIM 施工过程的竣工交付，是 BIM 实施中另一个重要部分。其意义在于，以设计模型为基础的初始静态模型经过施工过程的深化和动态演进，逐步迭代形成与实体建筑趋于一致对应的结果模型。它可以是完整的综合模型，也可以由专业模型组成，其模型所包含的几何信息应当能完整地描述和表达实体建筑。其中，非几何信息能够准确满足与实体建筑相对应的技术参数和相关语义。竣工交付模型可以直观地表达建筑成果，输出二维的竣工图纸，经过适当的调整达到竣工图纸交付要求，同时形成相关的非几何信息表单。这些不仅丰富了施工单位竣工交付的内容，也为后续的建筑运行和维护提供了有效的工具和手段。因此，以竣工交付要求为依据，建立 BIM 施工过程竣工交付的相关标准和定义，对于实现 BIM 的交付成果，统一各方对 BIM 交付的定义和规范意义重大。BIM 施工过程的竣工交付包括：BIM 竣工交付物（综合模型或专业模型）的内容和深度、文件格式、模型检查规范，以及与传统二维交付并行时期的二维视图交付的方式和方法，同时应当明确施工竣工模型的交付主体、交付流程和交付方。

我们希望通过 BIM 以机电安装工程 BIM 应用为实证过程，较为系统地规范其施工准备、施工过程，竣工交付中 BIM 的资源、行为、交付的具体内容，并以上海中心工程项目为实例，规范 BIM 在施工阶段运用的主要方面和方法，以及施工阶段 BIM 与设计阶段 BIM、开发阶段 BIM、运维阶段 BIM 的相互关系，建立起 BIM 全生命周期的整体通则和局部应用的实施细则。

在 BIM 快速普及的今天，我们也要看到，BIM 技术在全世界范围内都是信息技术在建筑工程领域的最新应用，它的整体实施更是一个全新的课题和巨大的挑战。在看到它未来给整个产业变革带来重要价值的同时，也应认识到 BIM 应用和普及是一个长期而艰巨的过程。

第 2 章　机电安装企业 BIM 资源标准

企业为了实施 BIM 必须具备一定的基础设施和资源，这是企业自身应用、推广 BIM 的必要条件。这些技术设施和资源包括企业在 BIM 实施过程中所需各种生产要素的集合，主要包括 IT 环境资源、BIM 信息资源和人力资源三个方面的内容。

- IT 环境资源一般是指企业 BIM 实施过程中所需的软硬件技术条件，包括：BIM 实施所需的各类软件平台、系统及工具、计算机和服务器等硬件设施以及网络环境设施及配置等。
- BIM 信息资源一般是指企业在 BIM 实施过程中积累并经过标准化处理，形成可重用信息的总称。信息资源一般以各类数据库的形式体现，如：BIM 模型库、BIM 构件库、BIM 数据库等。BIM 信息资源是企业重要的知识资产，也是企业通过有效的知识管理提高核心竞争力的重要基础。
- 人力资源一般是指企业中与 BIM 实施相关的组织架构以及相应的技术和管理人员配置及角色、职责划分等，如：BIM 领导小组、BIM 技术支持小组、BIM 工程师、BIM 项目经理、BIM 数据管理员等。

BIM 资源标准是对上述三个方面内容的定义和规范，其框架如图 2.1 所示。

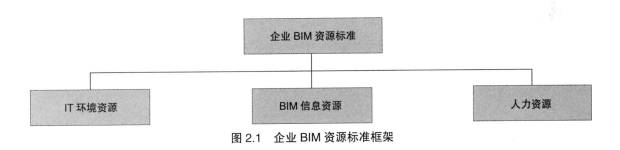

图 2.1　企业 BIM 资源标准框架

机电安装企业在建立其 BIM 资源的过程中，不仅要遵循、参考一般企业 BIM 资源标准，更要认真分析其自身特殊性，即"承上启下"的桥梁作用，把与设计和施工企业的资源衔接作为其资源建设的重要约束条件给予考虑。

2.1 IT 环境资源建设与管理

企业 BIM 实施的 IT 环境资源包括 BIM 软件资源（BIM 软件平台及应用软件工具集）和 IT 硬件基础设施两个主要部分，是企业级 BIM 成功实施的基础保障条件之一。

企业 BIM 实施是一个循序渐进、逐步成熟、推广的过程，其 IT 环境资源建设应以企业 BIM 发展规划和应用目标为前提条件，同时要充分了解 IT 资源短生命周期的特殊性，选择合理的技术路线和切实可行的实施方案，稳步推进。因此，应采取总体规划、分步实施的方法，综合考虑企业的业务需求和现有资源状况，既要满足企业在 BIM 实施初期的实际需求，又要为未来发展预留充分的可扩展空间，同时还应避免盲目追求高配置，导致的资源浪费。

根据《设计企业 BIM 实施标准指南》一书中提出的方法，IT 环境资源建设包括 BIM 软件和 IT 硬件基础设施部分，应按照以下五个基本阶段和具体步骤实施：

（1）前期准备阶段：企业在开始 BIM 资源建设之前，必须要有明确的企业 BIM 应用规划和基于规划制定的 BIM 应用业务模式。同时，要成立专门的工作小组，成员不仅要有 IT 技术人员，更应包括 BIM 实施中涉及的各类专业和关键岗位的相关人员，必要时也可聘请外部咨询顾问。工作组要充分了解国内外 BIM 软件资源及与其相适应的 IT 基础设施，并结合本企业的特点进行对比分析，明确 BIM 实施的阶段目标，形成 BIM 环境资源建设的需求报告。

（2）选型阶段：从业务需求角度出发，通过全面考察、重点评估、试用分析的方法选择适合企业自身业务需求的软硬件系统，形成企业 BIM 环境资源建设选型方案，并通过企业组织的业内专家的充分论证。

（3）分步部署阶段：在前期选型的基础上形成本企业 BIM 实施的总体规划，建立从近期到长期的分步部署计划。依据计划全面展开网络基础设施建设，包括桌面计算机和服务器部署、软件系统平台安装调试等，这些工作通常应由专业的 IT 工程师负责或委托专业机构完成。

（4）培训应用阶段：企业级 BIM 实施中 BIM 软件和 IT 设备的高效使用必须通过系统的培训来实现，培训对象主要包括专业设计人员和管理人员。为提高效率，培训和分布部署可采用并行方式开展，即边部署边培训，共同完成后进入实际应用阶段。培训内容应包括：基础使用培训、应用技术培训、高级定制培训等，为此企业须制定专门的培训计划和方案。培训工作应随着 BIM 应用的不断深化，长期进行。

（5）后期维护阶段：IT 环境资源建设是与企业 BIM 应用进程紧密相关的，是一个边建设、边应用、边维护、边提高的常态工作。该项工作的好与坏不仅会影响企业在 BIM 实施中的投入成本，而且也会影响到 BIM 应用中的效率和质量，应引起足够的重视。为此，企业应设立专门的机构来承担这部分工作。

本节后续部分将以上安公司实际案例为基础，阐述机电安装企业 BIM 环境资源建设的具体方法。

2.1.1 BIM 软件资源

讲 BIM 就离不开 BIM 软件，但目前为止还没有一款软件可以解决 BIM 应用中的全部问题。在此，BIM 软件是指 BIM 实施过程涉及的各类软件的集合。不同的企业、不同的项目会使用不同的 BIM 软件，但一个 BIM 软件集合必须要包含如下三个层次的软件：

- 数据/信息的表示：2D 软件、3D 软件、BIM 核心建模软件、可视化软件等；
- 数据/信息的使用：专业分析软件、专业优化软件、专业计量软件等；
- 数据/信息的管理：协同平台、变更管理软件、成本管理软件、资产管理软件等。

由于 BIM 模型是 BIM 应用过程中各参与方共享、交流及协同的信息载体，因此 BIM 核心建模软件的选用是企业 BIM 实施的重要环节，必须高度重视。选用 BIM 建模软件时，应重点关注如下三个方面：

（1）供应商选择：考察 BIM 建模软件时，不仅要关注软件产品自身的功能，也要了解供应商自身的研发能力、后续服务能力、接口开放标准化程度等。同时还应考察与企业自身所处行业龙头企业的应用情况。

（2）产业链选择：分析与企业自身有业务接口的各专业所使用建模软件的需求，确保所选 BIM 建模软件可以接收上游企业模型，也可输出自己的模型给下游合作伙伴，降低 BIM 实施中集成各类软件的代价。

（3）使用者选择：评估企业自身 IT 基本环境、投资能力以及员工的学习能力，避免因投资规模和技术门槛过高带来的实施难度。

针对机电安装企业，应用 BIM 的目的不仅是要有一个可视化的 BIM 模型，更重要的是要利用该模型对其机电设计工作进行分析、优化，并能指导具体的实施以及后续的运维工作。因此，机电安装企业在 BIM 软件资源选型时，要充分考虑到后续专业对 BIM 建模软件的要求，同时还要兼顾施工过程的具体应用场景对软件应用的限制。

BIM 软件资源选择的具体步骤，可参照《设计企业 BIM 实施标准指南》第二章中介绍的方法完成。

表 2.1 是上安机电公司在 BIM 实施过程中推荐使用的部分相关软件列表。

表 2.1　上安机电公司在 BIM 实施过程中推荐使用的部分相关软件

软件类别	软件专业	软件名称
数据/信息表示类软件	核心建模软件	Autodesk Revit
		Dassault Digital Project
		Dassault CATIA
	几何造型设计	Sketch up
		Rhino
数据/信息使用类软件	可持续分析软件	Echotect
		PKPM
	机电分析软件	鸿业
		MagiCAD
	可视化软件	3DS Max
		Lumion
		Twin Montion
	模型检查软件	Autodesk Navisworks
	造价管理软件	广联达算量
		鲁班
	运行维护	ArchiBus
		蓝色星球
	工程管理	广联达 BIM5D
		Vico
数据/信息管理类软件	协同平台	Autodesk Vault
		Dassault Enovia
		Autodesk Glue 360
		Microsoft Sharepoint Server
	发布审核	Autodesk Design Review
		Adobe 3D PDF

2.1.2 IT 基础设施

IT 基础设施包括个人计算机、智能移动终端等个人应用设备；集中存储及系统管理服务器；网络连接和管理装置、设施；数据存储设备以及相应的操作和管理系统等。IT 基础设施是 BIM 软件资源部署和运行的硬件基础环境，对于企业 BIM 的顺利实施及后续的整体应用影响较大。同时，在 BIM 实施初期的资金投入也可能相对集中。

随着 IT 技术的快速发展，硬件资源的更新周期越来越短。因此，在 IT 基础设施建设中，既要满足当下 BIM 应用对硬件资源的要求，又要考虑未来技术发展的需要。

IT 基础设施建设应当根据企业整体信息化发展规划和 BIM 应用目标，以及 BIM 技术对硬件资源的要求进行整体考虑。在确定所选用的 BIM 软件系统以后，重新检查现有的硬件资源配置及应用管理架构，整体规划并建立适应 BIM 技术需要的 IT 基础设施架构，实现对企业硬件资源的合理配置。特别应该优化投资，在适用性和经济性之间找到合理的平衡，为企业的长期信息化发展奠定良好的硬件资源基础。

企业 BIM 应用的 IT 基础设施建设，有三种类型的基础架构方案可供选择。其中个人计算机终端通过网络连接并利用服务器进行集中存储管理，是长期使用、最为成熟，也是目前较为流行的基本 IT 基础架构；随着 IT 技术的发展，基于虚拟化技术和云计算技术的 IT 基础架构应用正日渐增多。对以上三种 IT 基础架构应用方案分别介绍如下。

1. 个人计算机终端运算、服务器集中存储的 IT 基础架构

个人计算机终端计算、服务器集中存储的 IT 基础架构方案是在个人计算机终端上直接运行 BIM 软件，完成 BIM 模型的创建，并通过网络将 BIM 模型集中存储在服务器中，实现基于 BIM 模型的数据共享与协同工作。

该架构方式技术相对成熟，可在企业现有的硬件资源组织及管理方式基础上部署，实现方式相对简单，可迅速进入 BIM 实施过程，是目前企业 BIM 实施过程中采用的主流 IT 基础架构。但该架构对硬件资源的分配使用相对固定，不便实现企业硬件资源的动态配置、优化重组和充分利用，存在一定的资源浪费现象。

此种 IT 基础架构，包含个人计算机的购置或升级；网络环境、集中数据存储及配套设施的重新部署两部分内容。

（1）个人计算机的购置或必要升级

与 CAD 应用相比，BIM 应用对于计算机性能有着更高的要求。企业在为 BIM 应用构建 IT 基础架构时，应配备满足 BIM 应用需求的个人计算机终端。既可采购新设备，也可选择对现有设备进行合理升级，并根据使用人员所承担职责分工的具体工作需求，配备不同等级的硬件设备。对硬件资源采用合理的阶梯式配置模式，可以使对 IT 基础架构的投资达到最佳性价比。

示例 2.1：上安机电公司两个应用级别硬件配置的说明

表 2.2　上安机电公司企业硬件配置分级

	标准级应用配置	专业级应用配置
典型应用	● 模型绘制 ● 构件绘制 ● 冲突检测 ● 多专业综合协调 ……	● 施工工艺模拟 ● BIM 虚拟建造（4D） ● 高端建筑性能分析 ● 超大规模集中渲染 ……
适用范围	适用于各专业设计人员、可视化（VR）人员	适用于企业少量高端 BIM 应用人员
硬件配置	建议配置： CPU：Intel i3 3120 RAM：4G/8G 硬盘：500G 显卡：Intel HD 4000 显示器：19#	建议配置： CPU：Intel i5 3450 RAM：8G/16G HDD：1T 显卡：Nvidia GTS 450 显示器：19# 双显

此处给出的是上安机电公司现阶段软件应用情况的配置要求，若软件升级，则应根据软件性能要求作出相应调整。具体项目实施过程中的配置标准还应根据所选 BIM 软件的要求而定。

（2）网络环境、集中数据存储及配套设施的部署

企业的 BIM 应用是一个协同和资源共享过程。通过网络环境对 BIM 基础数据和资源实行集中存储管理，是实现协同和资源共享的基本要求。网络环境和数据存储设施一般包括主干网络、局域网络、数据服务器、存储设备等主设备，以及安全保障、无故障运行、灾备等辅助设备。

企业在选择网络设置、集中数据存储及配套设施的技术方案时，应根据实际业务和 BIM 应用需求进行综合规划，所考虑的因素应包括：数据存储容量要求、并发用户数量要求、数据吞吐能力、系统安全性、运行稳定性等。在制定了明确的规划后，可自行或请系统集成商根据规划要求，提出切实可行的具体实施方案。

示例 2.2：上安机电公司现有网络环境、集中数据存储及配套设施部署实施方案

网络作为 BIM 应用的核心基础条件，已经成为企业内、外沟通的命脉，建设一个高效、稳定、可扩展的网络系统是企业的必须，上安机电公司从 2011 年成立信息管理部开始对整个企业的

信息化进行建设,通过几年的建设,企业完成了基础网络环境、集中数据存储以及配套设施的部署。图 2.2 为上安机电公司网络基本构架图。

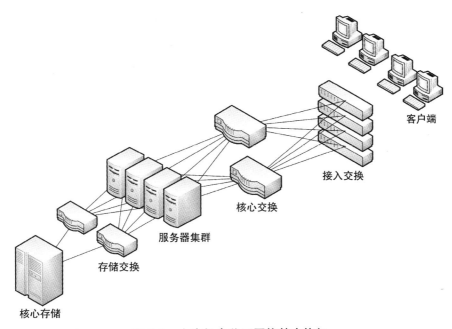

图 2.2　上安机电公司网络基本构架

①网络环境

主干网包括 2 台全千兆 3 层交换机核心交换体系,配合 VRRP/HSRP 等冗余路由协议保证核心网络的高可用性;

内部高速网络由若干台全千兆 2 层交换机组成,双千兆接入核心交换体系,形成全千兆、无阻塞的内网。

②中心数据服务器

由 2 台物理服务器组成,采用 Windows Cluster 模式形成服务器集群配置,提供所有 BIM 应用和集中数据存储的管理。中心数据服务器采用双千兆网卡直接接入核心交换体系并通过存储区域网络(SAN)连接核心存储设备。

③核心存储

采用带 RAID 配置的 IP-SAN 存储技术,提供不低于 10T 的数据存储空间,以 4 千兆带宽接入存储区域网络(SAN)。

2. 基于虚拟化技术的 IT 基础架构和云计算技术的展望

针对上述的个人计算机终端计算、服务器集中存储 IT 基础架构,由于对硬件资源的分配使用相对固定而可能造成的硬件资源浪费现象，可以通过使用虚拟化技术加以改进。

计算机虚拟化技术通常是指计算元件在虚拟的基础上而不是真实的基础上运行。采用虚拟化技术可以将 IT 环境改造成为功能更加强大、配置更具弹性、管理更便捷的架构。通过把多个操作系统整合到一台高性能服务器上，最大化利用硬件平台的所有资源，用更少的投入实现更多的应用，还可以简化 IT 架构，降低资源管理的难度，避免 IT 架构的非必要扩张。客户虚拟机的真正硬件无关性还可以实现虚拟机的运行时迁移，实现真正的不间断运行，从而最大程度保持业务的持续性，而无需为购买超高可用性平台而付出高昂的代价。

目前，虚拟化技术的发展，已可满足上安机电企业 BIM 应用 IT 基础架构的要求。国内外很多 AEC 企业已经不同程度地采用了虚拟化技术来搭建企业的 IT 基础架构，虚拟化技术已成为上安机电公司 IT 基础架构建设的选择之一。

示例 2.3：上安机电公司基于虚拟化技术的 IT 基础架构实施方案

上安机电考察了现阶段应用较为广泛的三家主流虚拟化产品厂商 VMware、Citrix 和 Microsoft 的产品。三家厂商的产品各有特色，在虚拟化技术领域，VMWare 处于领先地位，尤其在资源集中管理利用方面较为突出，但其桌面虚拟应用产品选择不多，相对较弱；而 Citrix 的桌面虚拟化应用管理功能较为丰富；Microsoft 的应用虚拟化简单直观，部署使用简便。经过考察和测试，最终采用了 VM+RDS 作为公司基于虚拟化技术的 IT 基础构架实施方案。系统架构如 2.3 所示。

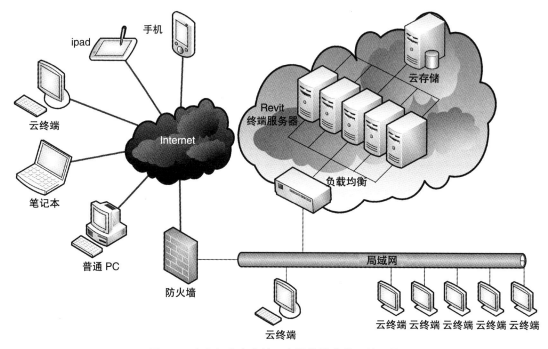

图 2.3　上安机电企业基于虚拟化技术的系统架构

云计算是近些年出现的一种新型计算模式，与传统的单机和网络应用模式相比，具有如下特点：

（1）虚拟化技术：这是云计算最主要的特点，包括资源虚拟化和应用虚拟化。每一个应用部署的环境与物理平台没有直接关系。通过虚拟平台进行管理达到对应用进行扩展、迁移、备份，所有操作均通过虚拟化层次完成。

（2）动态可扩展：通过动态扩展虚拟化的层次达到对应用进行扩展的目的。可以实时将服务器加入到现有的服务器集群中，以增加"云"的计算能力。

（3）按需部署：用户运行不同的应用，需要不同的资源和计算能力。云计算平台可以按照用户的需求动态部署资源和计算能力。

（4）高灵活性：现在大部分的软件和硬件都对虚拟化有一定的支持，各种IT资源，例如，软件、硬件、操作系统、存储网络等所有要素通过虚拟化，放在云计算虚拟资源池中进行统一管理。同时，能够兼容不同硬件厂商的产品，兼容低配置机器和外部设备而获得高性能计算。

（5）高可靠性：虚拟化技术使得用户的应用和计算分布在不同的物理服务器上面，即使单点服务器崩溃，仍然可以通过动态扩展功能部署新的服务器，作为资源和计算能力加入，保证应用和计算的正常运转。

（6）高性价比：云计算采用虚拟资源池的方法管理所有资源，对物理资源的要求较低。可以使用廉价的PC组成"云"，而计算性能却有可能超过价格昂贵的大型主机。

以上特点使得云计算可以作为一种新兴的共享IT基础构架技术。对于计算能力和资源利用效率迫切需求的现实，以及资源的集中化和管理技术的进步，成为云计算技术产生、发展的动力和基础。

按需部署是云计算的核心价值。云计算可以按照用户对资源和计算能力的需求动态部署虚拟资源，而不受物理资源的限制。用户所有基于云的计算和应用都工作在虚拟化的资源上，而不需要关心这些资源部署在哪些具体的物理资源上，用户可以方便地变更对计算资源的需求。

要实现按需部署，必须解决好资源的动态可重构、监控和自动部署等问题。而这些又需要以虚拟化技术、高性能存储技术、处理器技术、高速网络技术为基础。所以云计算除了需要仔细研究其体系结构外，还要特别注意研究资源的动态可重构、自动化部署、资源监控、虚拟化技术、高性能存储技术、处理器技术等。

"云"可以分为"公共云"（外部的，比如互联网Internet）和"私有云"（内部的，比如内联网Intranet）。如果企业既希望发送和获取基于"云"的信息模型,享受云技术带来的效益，而又不希望把自己的相关IT资源和服务提供给外部用户，那么可以选择采用"私有云"。如果是为了减少对于"云端"资源的投入和管理工作，则可以选择"公共云"。当然，也可以选择由两者结合的"混合云"。

如果选择基于"私有云"技术的 IT 基础架构，企业需自行部署云平台架构，通过企业内部网提供相关的计算资源及服务。同时，还需自行管理云资源，并且需要有相当数量的资金投入和专业的云技术服务管理人员。因此，需要统筹考虑、总体规划、分步实施。

示例 2.4：上安机电公司基于私有云技术的 IT 基础架构系统

由于项目数据的敏感性，出于安全考虑并经过综合权衡，上安机电决定采用基于私有云技术的 BIM 应用 IT 基础架构方案。系统方案如图 2.4 所示。

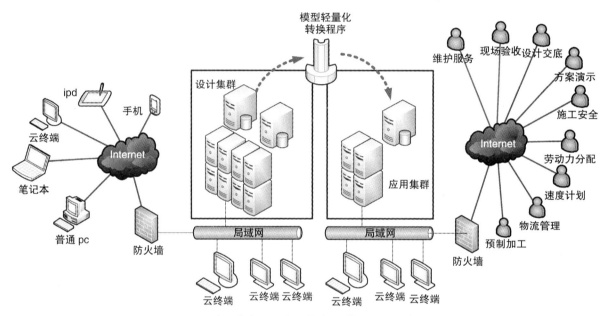

图 2.4　安机电企业私有云技术 IT 基础架构系统方案

私有云服务端升级至可分散处理的基础云构架，同时在公司内部形成设计与应用两个集群。

在设计集群私有云端将所有设计平台都采用云模式运转，所有的设计资源进行集中（软硬件）管理，均衡地负载到每台物理服务器；在设计用户端以虚拟资源模式自动分配硬件资源，按需自动调整每个占用的状况，达到设计资源的综合利用。同时所有的设计数据都集中到"私有云"的文件、数据库服务器内集中控制，借助类似于 VaultServer 的设计数据管理平台，实现数据的多版本、多分枝、多文件成套的管理；借助类似于 Microsoft SharePoint Server 实现设计流程管控。

为了集合模型拓展应用，在应用集群和设计集群间设置模型轻量化转换程序，以提供针对某一应用的轻量化模型，本程序只提供多重设计集群到应用集群的单向转换，模型的修改必须通过设计集群进行，这样可保证设计模型是唯一完整、准确的模型。同时由于轻量化转换程序的存在，也可以避免模型信息被其他应用者非授权获取。

在应用集群私有云端，采用与设计集群相同的物理服务器和云构架，通过轻量化转换程序获取模型数据，结合各种不同的应用配合应用程序和应用数据。

2.2 BIM 信息资源管理

企业的信息资源是指产生于企业内、外部，企业可以得到和利用的与企业生产活动有关的各种信息。

企业内部信息资源是指企业内部产生的各种信息，反映了企业目前的本状况和企业经营活动，主要包括：企业的生产信息、财务信息、营销信息、技术信息、人才信息等。

企业外部信息资源是指在企业外部产生，但与企业运行环境相关的各种信息。其主要作用是在企业经营决策时作为分析企业外部条件的依据，尤其在确定企业中长期战略目标和计划时起着重要作用，主要包括：宏观社会环境信息、科学技术发展信息、生产资源分布与生产信息、市场信息等。

企业的信息资源管理是指为达到预定的目标，运用现代化的管理手段和方法研究信息资源在企业经营和其他活动中利用的规律，并依据这些规律对信息资源进行有效组织、规划、协调、配置和控制管理。

在知识经济社会中，企业的信息资源已是一个独立的生产要素。传统企业强调物资资源的重要性，而现代企业则重视信息资源和知识的重要性。现代企业应建立在信息技术进步的基础上，通过利用信息技术，使企业的物流在信息流的支配下有效运作。随着信息资源的持续积累和对信息资源管理能力的不断提高，企业应逐步上升到知识管理阶段。

知识管理是将非结构化信息的组织管理转向结构化的方法，从而使得对于所需信息的访问使用更准确也更便捷。需要被结构化的信息不只是项目数据，还应包括专业知识和技能、最佳业务实践、重要项目的关键业务决策过程和为何作出这样的决策，以及企业其他的历史资料等。除了可作为有价值的项目业务参考，为企业管理者制定更明智的决策提供必要的业务支持和商业信息，也是知识管理的重要功能。企业只有将所具有的业务专长和信息资源结合起来，并通过有效的管理形成企业的知识资产，才能转化为企业的核心竞争力。

BIM 信息资源是企业信息资源的重要组成部分，是企业在 BIM 实施过程中积累并经过标准化处理，形成可重复利用的与 BIM 应用相关的信息总称。企业 BIM 实施的主要价值之一就是通过共享，充分利用企业积累的信息资源，提高所承接项目的效率和质量。

企业 BIM 信息资源需要在 BIM 实施的过程中不断积累丰富。因此，对于 BIM 项目信息的有效组织、管理和分析、积累是企业 BIM 信息资源建设管理的重要基础。

需要指出的是，BIM 项目信息管理和企业的 BIM 信息资源管理是两种不同的管理。

BIM 项目信息管理是通过对与项目相关的所有文档、信息的有效集中管理，在项目进行的不同阶段，为所有的项目参与者提交、查找使用所需的项目文档、信息，以及沟通交流等协同工作提供便利，目的是为了保证项目的顺利进行。

而企业 BIM 信息资源管理则是建立可供所有项目使用的企业公共 BIM 相关技术资源，如：项目模板、标准图框、企业通用构件库、企业通用模型库、设计标准及规范、施工安装技术要求和手册等。在项目进行过程中形成和积累的构件、模型、技术文档等资料，并不会自动成为企业可共用的信息资源，必须经过规范化处理后，才可加入企业的信息资源管理体系，成为可共用的 BIM 信息资源。企业 BIM 信息资源管理的目的是通过有效地组织和管理企业积累的与 BIM 相关的技术信息资源，在项目进行过程中，为专业人员的查找、重用和沟通交流提供便利，从而提高工作效率和质量，并为企业的业务决策提供有效支持。

下面分别介绍 BIM 项目信息管理和企业 BIM 信息资源管理的要求和规范。

2.2.1　BIM 项目信息管理

BIM 项目信息管理是通过对与项目相关所有文档的集中存储和有效管理，使项目的所有参与者可以准确、快捷地查找和使用所需的项目文件，并在项目进行过程中的所有交付节点或需要时，能够提供统一、完整、准确的项目交付文档。同时，必须始终保证所有项目文档的安全性，并在项目结束时可完整归档，从而保障项目的顺利实施和交付。项目交付后，在必要时还要为相关文档资料的查找使用提供便利。

建设项目具有周期长、复杂性高等特点，其中复杂性除了体现在建设任务种类繁多且涉及众多的相关参与者外，还表现在众多的项目参与方（业主、设计、总包、分包和监理等）之间经常有沟通、交互及协同方面的工作需求。因此，建设项目信息的有效管理，是一项非常重要但又极其复杂的工作，应该选用专门的管理工具或系统。一般情况下，仅依靠文件组织结构或文件命名方式，无法真正有效地管理项目文档。但即便是使用专用的项目文档管理工具，合理地规划和设置文件夹结构以及制定规范的文件命名规则，也是项目文档有效管理的重要基础和必要准备工作。

下面分别介绍在 BIM 项目信息管理中，项目相关文档的组织结构、储存管理和命名规则等。

2.2.1.1　BIM 项目信息管理的文件组织结构及文件夹设置

BIM 项目信息管理应根据文件的类型和用途，对与项目相关的所有文件分类进行组织管理。在 BIM 项目信息管理中所涉及的文件一般可分为四大类：

（1）BIM 模型及相关文件：主要包括 BIM 模型文件以及由模型生成或导出的工程视图、施工图和明细表等辅助文件。

（2）支持文件：包括项目所需的通用、标准内容，如项目专用符号、标识及图样等；业主的项目需求、场地情况以及项目采用和须遵守的法规、标准等。在项目中要使用的标准通用模型、构件也可归入支持文件。

（3）协同文件：专业内及专业间的协同过程需要使用的文件，如管线综合、碰撞检查等。协同文件通常需要随着项目进展，由 BIM 经理按日期进行组织管理。

（4）其他文件：包括用于虚拟显示的渲染、动画文件、建筑性能及环境分析模拟、可持续性分析报告/文件等。

为了便于管理，应为项目分别设置独立文件夹，用于存放不同用途的文件。一个项目比较完整的目录结构通常应该包含以下内容：

（1）项目信息：包括业主提供的信息；现有图纸、图片资料；各专业资料（建筑、结构、机电及产品、设备信息，绿色建筑 LEED 信息等）以及其他项目相关信息。

（2）法规及报批：包括本项目适用的政府及行业法规、条例；向地方政府机构、行业主管部门申报及批复材料以及其他批复文件及许可证等。

（3）项目管理：包括项目目录、工程视图/图纸明细表、项目清单、项目费用分析、项目成本分析/估算、项目阶段划分及进度计划、已完成施工面积统计及审核、质保检查记录、电子媒体图纸发布、图形及其他电子文档的使用请求记录、项目合同文件、项目档案等。

（4）沟通交流/往来通信记录：包括业主往来记录、建筑师往来记录、其他各专业往来记录（结构、机电工程师，岩土、地质勘测人员，景观设计师等）、分包商、技术咨询顾问往来记录以及其他往来记录。

（5）会议记录、备忘、通知：包括会议记录/报告、业主—设计—施工三方会议纪要、其他会议纪要和电话往来备忘及电子邮件等。

（6）场地资料：包括场地现状/评估、岩土工程、现场勘测、场地环境评估等。

（7）项目规划：包括现状及规划勘查、可行性分析及项目规划信息等。

（8）工程图纸及补充图纸文件：包括图纸日志，工作图纸，外部参照图纸，各专业分类图纸（建筑、结构、机电、场地/景观等），专业顾问/业主顾问图纸，绘图输出文件，传递及压缩文件，从制造商处下载文件，图片/其他图形文件，设计草图，演示文稿等。

（9）技术规格、规范资料：包括一般技术资料，规范，分类技术规范（场地、混凝土、砌体、金属、木工及塑料、隔热及防潮、饰面、门窗、家具、机械、电气、设备、输送系统、暖通空调、给排水、消防等）。

（10）招标及工程采购：包括投标人清单、标书/竞标信息、招标范围内分包商信函/招标文件、承包商资质及评标信息、其他往来通信。

（11）施工管理：包括信息请求（施工交底）/附录、修改/补充说明、变更单/补充图纸/工程更改指令、付款申请、完工证明、项目记录文件、记录图集、工程进度文件等。

（12）交付记录：包括交付日志，验收通知/报告，一般交付资料，分类工程交付资料（场地、混凝土、砌体、金属、木工及塑料、隔热及防潮、饰面、门窗、家具、机械、电气、设备、输送系统及特殊工程等）。

（13）竣工查核事项及清单：包括场地工程竣工查核事项及清单、建筑、土建竣工查核事项及清单、机电竣工查核事项及清单以及其他竣工查核事项及清单。

2.2.1.2　BIM 项目信息管理的文件格式、命名规则及存储和安全管理
1. 文件格式

项目文件包括核心文件和辅助文件。核心文件是指 BIM 模型文件，其格式一般为所选用 BIM 建模软件的专有格式；辅助文件是指用于项目所需的某些特定应用，由 BIM 模型直接生成、导出或经转换产生的文件。这类文件的格式由所选定应用的软件工具决定。辅助文件通常包括：用于查看、展示设计效果或沟通交流的三维模型浏览、渲染效果图片文件和用于虚拟现实的动画漫游文件；用于编辑、打印、绘制输出二维工程视图的绘图文件；建筑性能/环境模拟分析和建筑工程算量/造价软件所产生的报告/报表文件；用于数据交换的国际开放标准格式 IFC 以及主要用于几何数据交换的国际标准 STP（产品数据标准交换格式，STEP – STandardized Exchange of Product data）等。

表 2.3 列出的是上安机电公司一般工程建设项目与 BIM 应用相关的核心（模型）文件和辅助文件常见格式。

表 2.3　BIM 项目常见核心文件及辅助文件格式列表

	文件格式	软件及厂商	说明
核心文件	RVT、RTE、RFA、RFT	Autodesk Revit 系列 BIM 建模软件	RVT：BIM 项目（模型）文件；RTE：项目文件模板；RFA：族文件；RFT：族文件模板
	DGN	Bentley MicroStation 软件平台	
	PLN	GraphisoftArchiCAD BIM 软件	

续表

	文件格式	软件及厂商	说明
核心文件	CATPart、CATProduct、CATdrawing；CGR、STL、Parasolid、IGS、STP	DassaultSystemesCATIA 建模软件	CATPart、CATProduct 和 CATdrawing 为 CATIA 专有格式；CGR 为轻量化模型浏览格式；Parasolid 格式用于降低版本，可以使用低版本软件打开由高版本软件创建的三维模型；STL 为点云格式，只能用于导入；IGS 和 STP 是用于实现文件交换的中间数据转化格式，其中 IGS 在转换过程中丢失元素少，但数据量大；而 STP（step）丢失元素多，但数据量小
	VWX	NemetschekVectorworks 的 BIM 建模软件，占有 MAC 平台 BIM 软件的大部分市场份额	
	INV	Innovaya 公司施工管理软件 Innovaya Visual BIM、Quantity Takeoff、Estimating、4D Sinulation 等所使用的项目模型文件格式	
辅助文件	NWD、NWC、NWF	Autodesk NavisWorks 模型合成及浏览软件	NWD 为轻量化模型浏览文件格式；NWF 为所使用的模型文件索引；NWC 为图形转换过程中的高速缓存文件格式
	DWF、DWFX	Autodesk Design Review 软件模型/视图浏览及转换文件格式	
	DWG	Autodesk 的二维视图及绘图输出文件格式	
	3DS、MA/MB	Autodesk 3DS MAX 和 Maya 软件制作，用于虚拟显示的三维渲染动画文件	
	JPEG、TIFF、RAW、BMP、GIF、PNG	渲染效果图片文件	
	EPW、WEA	EnergyPlus（E+）的气象数据文档格式	
	dxf	Autodesk Ecotect 建筑性能及环境分析软件分析报告文件格式	
	XLS、XLSX	许多分析模拟及工程算量造价软件支持的电子表格文件格式	

2. 文件命名规则

对于尚未采用 BIM 项目文件管理系统或应用软件的企业来说,项目文件的存储管理、交付、归档和查找一般是通过文件夹和文件名进行。为了安全有效地存储管理和准确快捷地查找使用项目文件,除了依照前述内容合理、适当地组织文件夹结构,还应建立明确、统一、标准的文件命名规则。

文件名一般应可清晰表示所属的项目、专业、项目阶段、工程类型、建筑物、楼层/分区等信息,并应尽可能简洁。

为了缩短文件名,项目可采用编码或企业项目代号表示;相关专业可采用表 2.4 推荐的代码表示;项目阶段、工程类型、建筑物、楼层/分区等也应设置相应的简短代码表示。

表 2.4 推荐使用的专业代码表

专业	专业代码
建筑(Architectural)	A
岩土工程(Borings/Geotechnical)	B
土木工程(Civil Works)	CW
结构(Structural)	S
电气(Electrical)	E
消防(Fire Protection)	FP
总图(General)	G
有害物质(Hazardous Materials)	H
室内/内饰(Interiors)	I
园林/景观(Landscape)	L
机械(Mechanical)	M
设施/运营(Facilities/Operations)	O
给排水(Plumbing)	P
设备(Equipment)	Q
自动喷淋/竖管(Sprinkler/Standpipe)	SP/SD
电信/通讯(Telecommunication)	T
安保(Security)	TY
场地勘测(Site survey)	V
暖通空调(Heating, Ventilating and Air Conditioning)	HVAC
其他专业(Other Disciplines)	X
分包商/施工图(Contractor/Shop Drawings)	Z

（1）一般规则

①文件名的字段之间应使用下划线"_"分割，不要使用空格。

②不要在文件名中使用操作系统或软件保留的特殊字符或符号，如"："、"/"、"\"和"."等。

③字符"."是用来分割文件名与文件名后缀的，除此之外，该字符不得用于文件名的其他地方。

④不得修改或删除文件名后缀。

（2）项目模型文件命名

项目模型文件的名称应可清晰表示所属的项目、专业、项目阶段、建筑物、楼层/分区等信息，并应尽量简洁。

示例2.5：上安机电公司内部项目模型文件命名格式

所有模型文件的命名均按以下格式，不同的数字代表不同的字段含义。

$$1\_2\_3\_4\_5\_6\_7$$

字段1—项目编号：用于识别项目的数字。

字段2—项目简称：用于识别项目的代码。

字段3—设计（施工）阶段：用于识别项目所处的阶段。

字段4—专业：用于识别模型文件所属的专业。

字段5—区块/系统：用于识别模型文件与项目哪个建筑、地区、阶段或分区相关（如果项目按分区进一步细分）。

字段6—楼层：如果项目按楼层进一步细分，用于识别模型文件与哪个楼层相关。

字段7—日期、后缀：表示模型创建、存储日期等信息，主要用于对模型文件版本的管理。

3. 项目文件的存储与安全管理

项目文件包含企业项目实施的技术依据、标准规范、组织管理、过程记录等内容，是项目实施的重要基础和保障，也是项目交付的内容之一。因此，对项目文件必须妥善存储和有效管理，以保证其具有真实准确、完整统一的高可靠性和查找快捷、使用便利的高可用性。同时，项目文件通常还包含有企业的技术诀窍、商业秘密等敏感信息，是企业的重要知识资产，在存储管理过程中必须保证足够的安全性。

项目文件的存储与安全管理应遵循以下四个基本原则：

（1）全程原则

建设项目通常具有复杂性高、周期长、参与者众多的特点，项目文件的使用须贯穿项目实施的整个过程。为了保证项目文件全程的安全、可用，应建立一个完整的管理体系，对项目文件进行全过程的管理，以确保项目文件的真实性、完整性和有效性。项目文件全程管理原则具体体现在项目文件管理体制与模式的确定、管理系统的设计与运行、管理制度的建立和执行等方面。

对于每个具体项目文件的存储管理和保护，应涵盖其从创建、存储、访问、修改、传输、使用、交付直到项目结束后归档保存的全生命周期。

（2）动态原则

随着项目的进行，项目文件会不断地增加、变换和修改，从产生、保存、发布、交换到使用是一个动态的过程，应采用与之适应的技术手段进行安全存储管理。没有任何一种存储安全技术手段可以一劳永逸，应根据存储安全技术的发展变化和项目管理需求的改变，对存储安全防范体系进行相应的改变，动态地、实时地对项目文件进行保护。

（3）便利原则

项目文件的"机密性"和"高可用性"是两个互相矛盾的目标，因为"机密性"而采取的强保护措施必然会严重地限制"高可用性"。应在两者之间寻找一个合理的平衡点，那就是便利原则，即在"机密性"得以保障的情况下，能够方便、快捷地使用项目文件。

（4）适度原则

适度原则是指项目文件在失去价值之前均应被保护，被保护的程度应与其价值相匹配。适度保护原则也可以理解为多级保护原则，即对不同价值的项目文件采取不同强度的保护措施。

①存储管理

项目文件应采用集中存储、统一管理的模式，即项目文件应集中存储在企业的主存储系统内，并由专人负责管理。

具体应用技术可选择多级协议存储架构的分级存储管理、集群存储和虚拟存储等。

项目文件应定期更新同步，为了保证协调一致性，在发布使用前，必须先对项目文件进行同步操作。所有对外交付的项目文件，均应由项目文件管理员提取、制作（组织、整理）、提交。

此外，还应重视对项目文件版本的管理。项目文件的版本管理包括三方面的内容：

● 项目文件所对应的软件版本，也就是创建该文件所使用的工具软件版本，如项目模型文件所对应的 BIM 建模软件版本，即创建该模型所使用的 BIM 建模软件版本。

● 在项目进行过程中，通常要根据项目需求，对项目模型进行修改。为了保证在项目各阶段，不同参与方共享、使用的是同一个协调一致的模型文件，必须对模型文件的修改过程进行管控、跟踪和记录，以保证所有的重大、关键修改过程可追溯。

● 在项目的里程碑、重要节点或项目文件有较大修改时，应为项目文件设置相应的版本号，以便于跟踪管理。

②安全管理

项目文件的数据可能会由于各种无意或者有意的原因而遭到破坏、更改、泄露、丢失及损毁。威胁项目文件数据安全的因素可能包括：自然灾害、系统管理维护及使用人员的误操作、计算机及存储设备故障、病毒感染造成的数据破坏、外部人员的恶意入侵攻击和内部用户的蓄意破坏等。

可采取的相应安全防范技术包括：加密存储设备、冷热备份及多备份、身份认证、访问控制、防火墙、数字签名、安全审计、安全监控和安全漏洞检测等。

下面简要列出针对各种安全隐患可能采取的管理措施：

- 为防止副本众多，可集中存储、归档；
- 为防止信息失窃，应加密保护；
- 为防止随意扩散，可隔离使用；
- 为防止违规操作，应对权限分级；
- 为防止内容泄漏，应进行流转分析；
- 为防止数据丢失，应制作多份可靠备份；
- 为防止管理漏洞，应严格监控审计。

示例 2.6：上安机电公司某项目 BIM 模型文件组织结构

以上安机电某项目为例，所采用的 BIM 模型文件组织结构如图 2.5 所示。

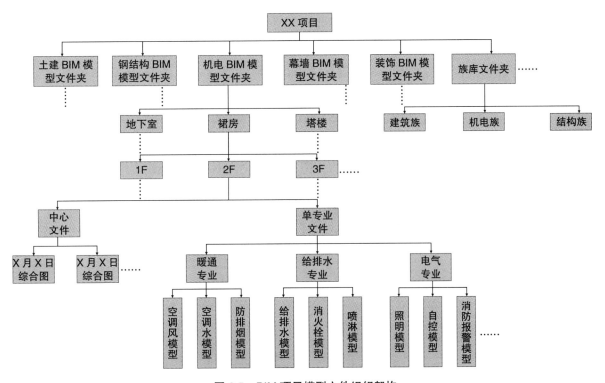

图 2.5　BIM 项目模型文件组织架构

从图 2.5 中可以看出，该项目按区域和楼层划分，分别建立中心文件。在每一个楼层中，分别针对不同专业采用工作集的方式进行区分，每个专业都有对应的工作集，各专业以绑定链接的形式绑定进入 Revit 中心文件。

图 2.5 中 BIM 项目模型文件组织架构主要是针对服务器端 BIM 模型信息进行分类，本地客户端 BIM 项目模型文件可参照服务器端的分类方法进行分类。

2.2.2 企业 BIM 信息资源管理

企业 BIM 信息资源是指与 BIM 应用相关、可供企业各部门重复使用的信息总称，是企业信息资源的重要组成部分。

企业 BIM 信息资源的建立和有效管理，可以为 BIM 应用提供共用的技术资源，提高项目实施的效率和质量，并为项目业务决策和关键技术方案选择提供有效支持。

在 BIM 实施初期，可重用的标准模型构件是 BIM 信息资源最主要的部分。因此在这个阶段，BIM 模型构件库的建设管理就是 BIM 信息资源管理的主要工作内容。

参数化构件是创建 BIM 模型的基本元素，企业应用 BIM 工作效率的提高取决于企业构件库的完备程度和管理水平。除了满足专业技术人员对构件库内容的需求之外，更应注重对构件库的有效管理和操作使用流程的优化，使技术人员通过查找、浏览、上传、编辑、下载等功能，可以按照不同权限更加简便、快捷地使用企业的标准构件，从而提高工作效率和质量并保障交付成果的准确、规范和完整。

构件库管理应根据企业的 BIM 应用目标和业务需求，对构件文件实行集中存储管理与共享调用，以防止分散存储管理易造成的副本过多、内容不统一、扩散泄露和丢失损毁等问题，进而实现对构件库的规范管理。

企业构件库的建设一般可分为：构件资源规划；构件分类；构件制作、审核与入库；构件库管理四个步骤。

1. 构件资源规划

构件资源规划是构件库建设的基础和前提，企业在开始建设 BIM 构件库之初，首先应做好构件资源规划。不同企业由于各自涉及的业务领域不同，对构件资源的需求也不相同，如工业工程类企业可能需要较多的工艺设备和机电类构件，而民用建筑类企业可能需要更多的建筑、结构类构件。因此，企业只有根据自身的业务特点，理清构件资源需求，做好构件资源规划，建立相应的标准，用标准统一、规范构件的制作、审核及入库，以及构件库管理等活动，才能最大限度地提高对构件资源的开发与利用效率。通常情况下，构件资源规划应首先根据企业业务需要，预测本企业对构件资源在数量和质量两方面的需求；通过统计分析现有构件资源，确定本企业需补充建设的构件资源；制定满足企业需求的构件资源建设方法与措施。

2. 构件分类

由于建设项目所涉及的构件种类繁杂、数量众多，对构件进行合理分类是构件入库和检索的基础，也是构件库建设的重要内容。构件资源规划完成之后，企业对构件的需求和构件库的内容基本确定。为了使构件库便于使用，并易于扩充和维护，必须对构件进行分类，并依据分类类目建立构件库的存储结构。构件分类应以方便使用为基本原则，可依据建筑行业习惯按专业划分，将构件资源分为建筑、结构、机电等专业大类，各专业大类可再按功能、材料、特征进一步细分。同时为了避免过度分类，应对分类类目等级进行控制，一般每个专业下分类类目最多不超过三级。

3. 构件制作、审核与入库

在构件制作或选用过程中，应根据 BIM 应用的建模深度需求，在构件中除了几何信息，还应包含技术规格、材质、防火等级、价格等一些非几何工程信息。但是每个构件包含的信息并非越多越好，满足应用深度需求即可，信息过多可能会导致最终模型的体量过大，过度占用设备资源，并且调用不便，难以操控。

以建筑专业为例，一般情况下，构件至少应包含以下信息：

（1）基本尺寸参数，如长、宽、高以及尺寸是否可变；

（2）构件的平立剖视图；

（3）主体部分的材质参数，用于材料清单统计和工程量统计。

为了避免构件库中构件文件的相互覆盖，构件命名应该准确、简短、清晰。企业可依据相关标准和实际需要，针对构件制定命名标准。依据企业标准命名后的构件文件，应先交由指定的审核人进行审核。通常，审核人应具备丰富的专业知识和构件制作经验，并对企业构件资源的规划、构件库的存储结构非常熟悉。审核人需要将构件加载到实际项目环境中进行测试，重点测试构件的三维结构及平立剖视图、参数设置等，并检查构件所包含的属性信息是否满足要求。只有通过审核的构件，才能上传存储到企业构件库中。

4. 构件库管理

构件库管理包括访问控制和维护两部分。构件库是企业重要的技术和知识资源，因此，必须对构件库采取有效的保护措施。通常应按照不同部门、不同专业对构件的使用需求，为使用者设置不同的访问权限。例如：建筑专业人员可查看并下载本专业的构件，对其他专业的构件则不可读；构件库管理员应具有最高权限，全面负责构件库的管理。为了防止构件库中数据损坏，构件库管理员需对构件库做日常备份。另外，随着构件库内容的不断扩容和 BIM 建模软件的升级，可能会出现库中构件文件版本不统一、数据冗余等问题。因此，构件库管理员还应定期升级库中构件文件，以统一版本，并删除不再适用的废弃构件。

为保证构件制作和构件库管理的规范性，确保构件属性信息设置的完整性和有效性，实现构件的统一、结构化存储管理，企业应制定《构件制作与构件库管理规范》，对构件的制作、审核与入库，以及构件库管理做出相应的规定。

示例 2.7：上安机电公司企业 BIM 构件库现有管理规范

构件库的容量包含企业甚至整个机电安装行业所涉及的设备、材料、配件等等所有内容，其内容的涵盖量为百万级，所以需要一套高效的、全面的、符合使用习惯的、可扩展的分类、检索方法来支持。对于众多厂家，众多类型的 Revit 族文件进行有效、合理的分类管理，并将这些分类信息录入计算机数据库系统，使之形成有效的数据库管理。同时提供方便的查找方法，使族用户能用最小的信息量和时间找到需要使用的族数据。族数据是提高设计质量、效率的关键数据，这些数据的采集、编制、分类都将花费众多的资源，而一旦数据库遭到侵入，几个小时内就可能流失，这些积累都会被转化成其他公司的生产力。族数据作为公共设计资源，某种程度上是公开的，但在一个公开的环境中去实现较高强度的数据防泄露还存在一定困难。族数据库的安全是 BIM 族库管理重点之一。

Revit 已经是现今国内使用最广泛的 BIM 软件，Revit 可扩展的族库已经成为 Revit 使用效率提高、图纸质量的关键，甚至影响到 BIM 技术在机电安装行业使用成败的关键，因为没有实际安装设备信息的 BIM 图纸完全无法指导施工，甚至误导施工。

上安机电已经积累了包含上千个族的族库。随着新建的族不断加入，如何有效地管理这些族数据的存储，如何高效、精确地查找到所需要使用的族数据，如何有效地控制这些族的授权使用等等，这些问题都摆在我们面前。所以我们需要一个族库管理系统来管理这些族数据，形成可高效查找、受控使用的应用环境，提高 Revit 的使用效率、提高施工图的准确性、提高 Revit 族数据的安全性。

目前上安机电通过一套专有的管理机制来控制族库（构件库），确保族库的有效性和安全性。族库的物理存放采用单机物理存放的方式，即用一台计算机脱离网络；同时该台计算机设定有较高密码强度的口令（大小写字母加数字，不低于 8 位）和 42 天强制密码修改的机制，以防族库被非法入侵。对此族的提资相应制定一套严格的制度，管理流程如图 2.6。

每当一个项目需要对族进行提资时，首先由项目人员按照族库列表选择所需要的族，并填写族库提资申请表，提交项目经理和 BIM 事业部经理签字。此申请签字核准后交族库管理员，族库管理员首先生成一个空白的 Revit 文档，将申请中所列的族逐一载入该文档，最后将该 Revit 文档交付给申请人。申请人在获得该 Revit 文档后自然就可以使用已经载入的所有族。另外，族库数据需定期备份，每天一次将新增的数据存储到移动硬盘中，每周一次将整个族库

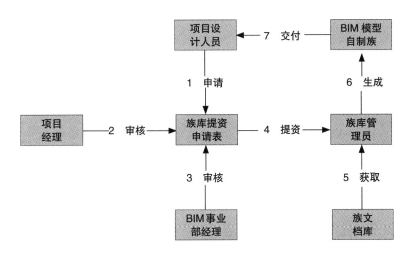

图 2.6 族的提资流程

保存到移动硬盘中,移动硬盘由族库管理脱机保管。在此流程中,族库管理员主要负责族库录入、族信息修改、定义自定义管理角色、分配自定义管理角色、族维度定义,拥有该角色的用户无法再拥有其他角色,无任何提资权限。

Revit 软件是由美国 Autodesk 公司所开发,软件本身自带的构件都无法精确地反映所有产品的设备外形与参数。上安机电为了使模型能符合实际情况,也为了提高深化设计的准确率,BIM 建族人员按照项目选用设备或管件,依照与实际尺寸 1∶1 的比例绘制 BIM 设备模型(族)。在建模的同时自制了部分族模型,包括弯头、三通、阀门、水泵、冷水机组等,在自制族时加入设备关键的尺寸参数,通过尺寸参数的修改来改变产品参数、尺寸规格等设备信息,确保模型能与产品参数完全一致。

上安机电从开始实施 BIM 项目至今,制作积累了包含大量族文件的族库,并建立了一套多级分类的族库存储检索管理体系。族库分类定义为六级:专业＞构件大类＞构件小类＞厂商＞系列＞构件。其中"专业"分为:"建筑"、"结构"、"暖通"、"给排水"、"电气";"构件大类"相对较多,如"空调"、"水泵"等;"构件小类"是对构件大类的再次细分,如在"空调"大类里再细分为"VRV"、"VAV"、"精密空调"等;"厂商"是以厂商的角度对构建小类的细分,如在"VRV"小类内细分为"特灵"、"大金"、"开利"等;"系列"是指该厂商在该小类里存在的系列,是厂商自己的一个自然分类;最下一级为"构件",是实际的一个实体。现规定实体的名称采用供厂商的 PN 代码来实现,没有 PN 代码的构建,会按照级别路径定义一个 CC（Component Code）来代替。目前所有的族都严格按照这个分类的办法存储在族库中。

要实现在建模过程中模型更加精细、准确、可靠,符合现场实际情况,使深化设计真正做到准确、高效、可行,应做到以下几点:

（1）形成族多维信息的标准，凡符合这个标准的族信息数据才可进入数据库。

（2）完成族多维度的信息数据库的建立，同时将现有的族数据都存入族信息库。

（3）实现 Web 方式、Revit 内建方式的族数据库查找界面。此查询界面可以自由组合各纬度的条件表达式，以最简便的方式供用户查询。

（4）实现精确到个人、角色的单一族数据的提资权限管理，达到精确管理族数据提资的安全。

（5）实现提资数据与存储数据库分离，确保族数据文档库的安全；实现单次提资后零时族数据自动销毁，以防止非法提资。

2.3　企业 BIM 实施的人力资源管理

BIM 技术在工程建设行业的推广应用，必将引起企业人力资源组织结构等方面的变化。因此，需要在企业原有人力资源组织结构的基础上，重新规划和调整，建立适合企业 BIM 实施的人力资源组织结构，这也是实现企业 BIM 实施战略目标的重要保证。为了确保 BIM 的顺利实施，明确与 BIM 相关人员的岗位职责，特制定本标准。

2.3.1　基于 BIM 应用的企业组织架构

企业全专业、全人员、全流程的 BIM 应用模式，是指企业依其发展战略制定的 BIM 规划所确定的整体推动 BIM 普及的方式。它要求在一定时限内实现企业内部全专业、全人员、全流程的 BIM 应用，即全体人员掌握并使用 BIM 工具从事业务活动，以 BIM 技术为核心制定全专业的业务流程，并依此建立与之配套的 BIM 资源和其相应的标准规范，使之在较短时间内成为企业新的核心竞争力。以此为基础，建立企业新的 BIM 人力资源组织结构。

这种模式的特点是，存在较为明显的企业 BIM 实施的启动阶段，即成立由企业主要决策者组成的 BIM 领导小组和由各部门 BIM 骨干组成的 BIM 工作小组。应当注意的是，领导小组、工作小组均不是企业的专职部门，也不是常设机构，仅为企业 BIM 实施启动而成立的暂时性工作组织。

BIM 领导小组的核心作用是从决策层面调动及配置企业资源，推动 BIM 的全面应用。BIM 工作小组由各业务部门的 BIM 骨干、信息部门 IT 人员、企业经营管理人员共同组成，其核心作用是通过若干典型项目实践，在各专业或各部门内部直接培养 BIM 应用的骨干成员，逐步积累 BIM 应用经验和 BIM 设计资源，最终共同完成企业全员 BIM 普及应用。

在这种模式下，典型项目实践的过程非常重要，企业应由简单到复杂、由小规模到中大规模，逐步进行不同类型、不同规模、不同复杂度的多种项目实践，并总结出适合企业自身的 BIM 应用方法，发挥出 BIM 技术的最大价值，建立好其他的相关机制。

这种方式的优点是企业全面动员，易形成对 BIM 的统一认识，加快 BIM 全专业的实施进程，企业能较为迅速地形成以 BIM 技术为核心的生产力和竞争力。但此种方式要求企业须有充分的资源投入，并在规定时间内要求全员掌握 BIM 技术的应用技能，快速摸索出一套整体的 BIM 业务流程、BIM 工作模式、BIM 价值分配方法，这些都是巨大的挑战。为了降低风险，初期企业可聘请专业 BIM 咨询公司协助完成 BIM 项目，弥补初期生产力水平降低、工作强度增大、项目周期难控制、成果交付不稳定等问题。

应当强调，这种方式虽然是从试点项目应用开始，但其实施范围是以全专业、全人员、全流程为特征，并真正基于业务部门的实际业务过程展开。因此，更有利于企业级 BIM 应用经验的快速积累、BIM 相关标准和制度的研究和建立，在此方式下形成的人力资源的组织结构也更接近未来企业级 BIM 应用的合理结构。

对于上安机电公司而言，企业内部的组织架构及人力资源也是实现企业级 BIM 实施战略目标的重要保证。随着 BIM 技术的推广应用，各承包企业内部的组织架构、人力资源等方面也发生了变化。因此，需要在企业原有的组织架构和人力资源基础上，进行重新规划和调整。企业级 BIM 在各承包企业的应用也会像现有的二维设计一样，成为企业内部基本的设计技能，应有健全的 BIM 标准和制度以及完善的组织架构和人力资源。图 2.7 是针对 BIM 应用的整体组织架构图。

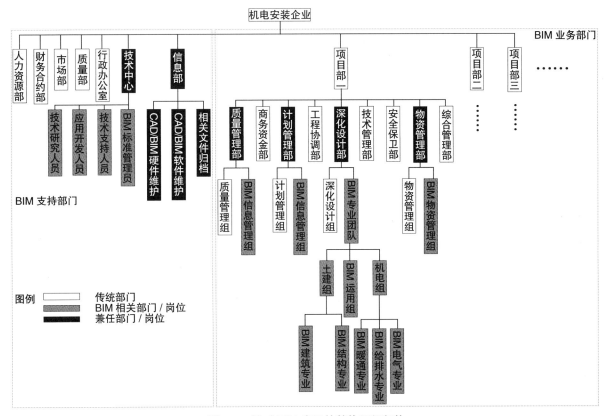

图 2.7　针对 BIM 应用的整体组织架构

从图中可以看出，BIM 设计主要由 BIM 业务部门和 BIM 支持部门组成。

1. 各个部门职能要求

BIM 业务部门的主要工作是使用传统设计和制图工作软件，完成 BIM 自身相关的项目承接、设计与校审、项目交付等业务工作。

BIM 支持部门主要职责是为 BIM 的应用和推广提供方便，并解决其在应用过程中碰到的各类问题，使 BIM 业务部门能顺利有序地进行 BIM 设计和 BIM 推广。

2. 部门间的组织关系

BIM 业务部门主要按项目来进行分类，每个项目平行运行。每个项目都包括土建组、机电组和 BIM 运用组三个组，其中土建组分为 BIM 建筑专业和 BIM 结构专业，机电组分为 BIM 暖通专业、BIM 给排水专业和 BIM 电气专业。

支持部门除了原有的人力资源部、财务合约部、市场部、质量部、行政办公室外，还有技术中心和信息部。技术中心主要负责 BIM 软件的开发和研究，对 BIM 业务部门进行技术支持，并管理 BIM 相关的规范和标准。信息部主要对 BIM 相关硬件和软件进行维护，同时对相关文档进行归档。

2.3.2 基于 BIM 的岗位设置

BIM 技术在工程建设行业的推广应用，必将引起施工单位人力资源组织结构等方面的深刻变化。因此，需要在施工单位原有的人力资源组织结构的基础上，重新规划和调整适合施工单位 BIM 实施的人力资源组织结构，这也是实现企业级 BIM 实施战略目标的重要保证。施工单位 BIM 实施中人员组织结构的调整，要依照 BIM 实施的类型及阶段，循序渐进地进行，还应与传统的方式做好衔接和融合，不可一蹴而就。

在引入 BIM 技术后，施工单位应增加与 BIM 业务直接相关的 BIM 项目经理、BIM 主任工程师和 BIM 工程师，BIM 实施阶段中应设立单独的 BIM 标准管理员，用于 BIM 相关标准的制定、整理与完善。还可根据项目及自身情况，设立 BIM 技术研究人员、BIM 应用开发人员、BIM 技术支持人员、BIM 运用人员、BIM 信息管理员等。图 2.8 是上安 BIM 专业内部组织构架图。

从图中可以看出，技术中心和信息部对 BIM 业务部门提供支持。BIM 项目经理隶属于深化设计部，主要负责与 BIM 相关的统筹工作、建立并管理项目 BIM 团队等。BIM 主任工程师在充分理解 BIM 经理分配工作内容的基础上，独立完成相关的内部人员的 BIM 建模任务的分配工作。BIM 工程师在了解 BIM 建模的专业知识，能基本看懂各专业的设计图纸的基础上，配合 BIM 主任工程师完成分配的 BIM 建模工作。BIM 运用人员在理解 BIM 运用组组长分配

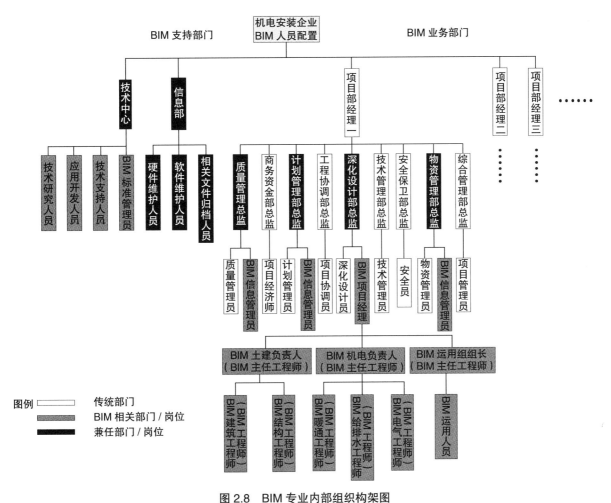

图 2.8　BIM 专业内部组织构架图

任务的基础上，独立完成 BIM 的后期制作工作。BIM 信息管理员在模型完成后对模型进行信息的维护，并对模型安全负责。

2.3.3　基于 BIM 设计的岗位职责

在引入 BIM 技术后的组织结构变化中，主要增加了与企业实际业务直接相关的 BIM 项目经理、BIM 工程师和 BIM 制图员，目的是更好地支撑项目的执行，完成与 BIM 相关工作的协调及对设计人员的辅助工作。同时，在 BIM 实施阶段中应设立单独的 BIM 标准管理员，用于 BIM 相关标准的制定、整理与完善。

此外，由于 BIM 技术的引入，信息化应用的复杂度及所产生数据的复杂度明显提高，因此信息管理部也须增设更高层次的信息化应用规划研究及数据综合管理团队才能够适应新的变

化,主要体现在 BIM 技术组和 BIM 资源管理组相关岗位的增设。以下给出具体岗位的主要岗位职责和能力要求:

1. BIM 项目经理

BIM 项目经理应做好各专业的设计协调和统一工作。具体如下:

(1)在工程项目设计中对项目各个参与方的设计质量和设计进度,以及提供的材料等讯息有协调管理的义务。有权代表 BIM 团队对外作出模型建议。

(2)协助工程设计总负责人编制"BIM 模型信息标准"以及"BIM 项目策略计划书"。

(3)主持编制 BIM 各阶段的汇报文件,协助工程设计总负责人协调各参与部门的设计。

(4)协助工程设计总负责人组织 BIM 模型及 BIM 图纸的确认。

(5)在工程的适当阶段组织本专业的相关人员参加与 BIM 有关的设计工作。

(6)组织 BIM 人员参加 BIM 设计答疑,设计技术交底和施工现场配合,解决有关的设计技术问题,参加施工验收并交付 BIM 竣工模型。

2. BIM 主任工程师

具备一定的专业素养,在充分理解 BIM 经理分配工作内容的基础上,能够独立完成相关的内部人员 BIM 建模任务的分配工作。具体如下:

(1)对工程项目中所承担 BIM 设计工作的建模精度和建模进度负责。

(2)严格执行国家和地方的有关规定、规范、标准,正确选用规范依据、BIM 深化工作应符合国家和地方有关规定要求。

(3)严格执行建模标准,演示准确、完整、清楚。

(4)主动做好 BIM 建筑、结构、机电等各专业系统的资讯传递工作,认真执行各专业设计接口标准的执行规定。

(5)对完成的 BIM 模型必须进行认真的自校,认真对待设计验证人员的校审意见,逐条修改执行情况。

(6)按照 BIM 文件保存归档的规定,对相关专业文件及模型认真分类归档。

3. BIM 工程师

了解 BIM 建模的专业知识,能基本看懂各专业的设计图纸,能够配合 BIM 主任工程师分配的 BIM 建模工作。具体如下:

(1)正确理解设计意图,认真执行设计人的指令,需作补充或优化时应得到设计人的确认。

(2)绘制的 BIM 模型应符合有关建模标准和模型设计的深度要求。

(3)建模人员必须对绘制的模型进行自校。

4.BIM 技术研究人员

岗位职责：负责收集并了解现有和新兴的与 BIM 相关的软硬件前沿技术，完成应用价值及优劣势分析，为企业整体信息化发展决策提供依据；根据企业信息化决策及实际业务需求，提供可采用的技术方案；对拟采用的技术方案及软硬件环境进行技术测试与评估；组织并协助业务部门对拟采用软硬件系统进行应用测试。

能力要求：具备计算机应用、软件工程等专业背景；具有良好的建筑设计领域信息化应用工作经验；具有 BIM 应用实施工作经验。

5.BIM 应用开发人员

岗位职责：负责针对企业实际业务需求的定制开发工作，现阶段重点开发方向为针对 BIM 应用软件的效率提升、功能增强、本地化程度提高等方面。其主要工作内容包括：需求调研、可行性评估、应用开发、测试、客户培训、技术支持、后续维护等。

能力要求：具备计算机应用、软件工程等专业背景，能熟练掌握 ASP.Net 等开发环境，熟悉企业所用 BIM 软件开发接口，具备一定的软件开发经验。

6.BIM 技术支持人员

岗位职责：负责新员工的 BIM 应用流程、制度及规范等培训；负责 BIM 软件使用的初级、中级培训；负责解决使用者在使用 BIM 软件时遇到的问题和故障。

能力要求：具备计算机应用、软件工程等专业背景，能熟练掌握 BIM 应用软件，具有良好的沟通能力及口头表达能力。

7.BIM 标准管理员

岗位职责：负责收集和贯彻国际、国家及行业的相关标准；负责编制企业 BIM 应用标准化工作计划及长远规划；负责组织制定 BIM 应用标准与规范；负责宣传及检查 BIM 应用标准与规范的执行；负责根据实际应用情况组织 BIM 应用标准与规范的修订。

能力要求：熟悉相关国家标准及行业标准，熟悉建筑设计领域的生产流程，熟悉 BIM 实施应用过程，具有良好的语言组织及表达能力。

8.BIM 运用人员

岗位职责：利用 Autodesk Navisworks、3D Max 等相关软件，制作 3D 漫游，辅助深化设计交底，指导现场施工；模拟施工进度，加强管理人员对项目的管控能力；模拟机电施工工序，提高现场施工效率；

能力要求：具备计算机应用、软件工程等专业背景，能熟练掌握 Autodesk Navisworks、3D Max 等相关应用软件，具有良好的沟通能力及口头表达能力。

9.BIM 信息管理员

岗位职责：负责收集、整理各部门、各项目的构件资源数据及模型、图纸、文档等项目交付数据；负责对构件资源数据进行结构化整理并导入构件库，同时保证数据的良好检索能力；负责对构件库中构件资源的一致性、时效性进行维护，保证构件库资源的可用性；负责对数据信息的汇总、提取，供其他系统及应用使用；对模型可添加相关批注，但无修改权限。

能力要求：具备建筑、结构、暖通、给水排水、电气等相关专业背景，熟悉 BIM 软件应用；具有良好的计算机应用能力。

第3章 机电安装企业 BIM 行为标准

建筑机电安装工程是建筑工程项目中的重要组成部分,其涵盖的内容众多,包括:机械设备、给排水、通风空调与洁净、电气、电子、自动化仪表、建筑智能、消防、电梯、管道、非标设备制造等专业工程内容。机电安装的施工过程从设计、设备材料采购检验、安装、调试、竣工验收到交付运行,可大致分为施工准备、施工安装和竣工验收三个大的阶段。

机电安装工程的 BIM 应用应贯穿整个施工过程,才能充分发挥 BIM 技术的优势,企业也才能从中获得最大收益。但是与设计行业相比,施工行业的 BIM 应用起步较晚,应用水平和普及程度也相对落后。为了尽快提高 BIM 应用水平,并通过在施工过程中成功应用 BIM 技术获取更高项目收益,企业必须建立一整套的科学管理机制、业务工作流程和标准来规范 BIM 应用。

下面按照实施顺序,分别介绍机电安装工程在施工准备、施工安装和竣工验收三个阶段 BIM 应用的要求、流程和规范,也就是在机电安装工程 BIM 施工应用的行为标准。机电安装企业 BIM 行为标准框架如图 3.1 所示。

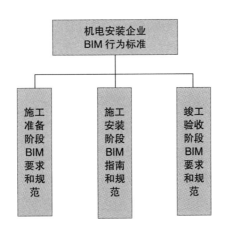

图 3.1 机电安装企业 BIM 行为标准框架

3.1 机电安装工程施工准备阶段 BIM 应用要求和规范

施工准备阶段是从施工单位与业主签订工程承包合同开始到工程开工为止。主要工作内容是为工程的施工建立必需的技术和物质条件，统筹安排施工力量和施工现场，使工程具备开工和连续施工的基本条件。施工准备工作也是建筑机电设备安装顺利进行的根本保证。对机电安装工程而言，施工准备就是分部、分项工程作业条件的准备。

施工准备工作通常包括技术准备、材料准备、劳动组织准备、施工现场准备以及施工的场外准备等内容。

施工准备是 BIM 施工应用的重要阶段。首先，BIM 技术对于深化设计和施工组织设计有着重要意义和应用价值，主要体现在：

● 利用 BIM 技术进行施工深化设计，可以提前发现、解决可能存在的施工图设计错误以及设备选型确定后带来的管线排布变化可能导致的碰撞问题，避免施工返工。

● 利用 BIM 的可视化功能，通过虚拟仿真分析，可进一步优化深化设计，提高深化设计质量。

● 深化设计过程也是一个创建和完善 BIM 施工模型的动态过程。在编制施工组织设计时，可以利用基于 BIM 的虚拟施工技术进行可施工性分析。即在真实工程开工之前，对建筑项目的施工方案进行检测，通过对施工方案进行模拟、分析与优化，可以提前发现问题、解决问题，直至获得最佳的施工方案，为实际的施工过程提供指导，从而大大减少返工，降低工程建设成本。

● 同时还可利用 BIM 施工模型制定施工进度、物资计划、生成施工平面布置图等，并可完成工程算量统计以及编制工程预算。

施工准备阶段 BIM 应用的首要工作就是创建 BIM 施工模型。下面章节将具体介绍 BIM 施工模型定义、创建方法及其要求和规范。

3.1.1　BIM 施工模型

一般来说，由设计方完成的 BIM 设计模型并不能直接用于现场来指导施工，也不能直接用于施工管理的其他应用。这主要是由设计方的工作职责和创建 BIM 设计模型的应用目的所决定的。设计方创建 BIM 设计模型的目的首先是为了准确、清晰地表达设计意图，而很少会考虑施工工艺、机电安装工序等实现方法。也就是 BIM 设计模型中通常并不包含施工方法、施工资源和施工现场环境等施工阶段 BIM 应用所需要的各种信息。因此，施工准备阶段 BIM 应用的首要工作就是创建 BIM 施工模型。

根据 BIM 模型的创建目的和在项目各阶段的不同应用，大致可以将其划分为设计阶段建筑信息模型（BIM 设计模型）、施工阶段建筑信息模型（BIM 施工模型）和运维阶段建筑信息模型（BIM 运维模型）（参见清华大学 BIM 课题组 2011 年出版的《中国建筑信息模型标准框架研究》一书）。

1. BIM 设计模型

BIM 设计模型是在设计阶段由建筑师和各个专业的工程师共同设计创建而成的，主要由三部分构成：由建筑师设计的建筑模型、由结构工程师设计的结构模型以及由水暖电工程师设计的机电模型。通过各个专业设计信息的流动传递之后，将三个专业的模型结合即构成了 BIM 设计模型。BIM 设计模型是项目后续阶段模型建立及应用的基础。关于 BIM 设计模型的定义、创建方法及其要求和规范，可参见清华大学 BIM 课题组 2013 年出版的《设计企业 BIM 实施标准指南》一书。

2. BIM 施工模型

在施工阶段，根据管理目标及应用的功能需求，可以以 BIM 设计模型为基础，经过机电设备选型后的合理修改、重构及附加信息录入或直接从 BIM 设计模型中提取项目决策和设计阶段的相关信息，并从进度、质量、资源等方面进行信息扩展，进而形成 BIM 施工模型。

3. BIM 运维模型

在本书第四章交付标准中，我们会对 BIM 运维模型有所提及。

下面围绕 BIM 施工模型的来源和创建方法展开介绍。

3.1.1.1 BIM 施工模型的来源

BIM 施工模型一般有三个主要来源如图 3.2 所示。

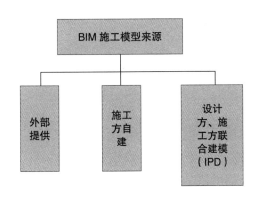

图 3.2 BIM 施工模型的主要来源

1. 外部提供

即以由业主提供的招标模型或由设计方完成的施工图设计阶段模型为基础，施工企业结合现场状况对模型进行细化、完善，并根据施工要求对相应构件或构件组进行重构、调整等处理，使之成为可以现场实施的施工模型。这样的工作，往往只能由施工企业自行完成，使 BIM 模型达到施工要求。这种方式的好处在于施工方不必从头开始建模，可以减少建模工作量，并减少建模过程中可能存在的人工错误。

施工方在接收外部提供的 BIM 模型时，应按照一定的验收标准对模型进行验收。外部模型需完整、按结构分层，且设计模型必须考虑施工要求。

2. 施工方自建

即施工企业根据设计施工图，组织人员自行创建 BIM 模型。这种方式的好处在于，施工方的建模人员了解施工需求，并对工程，特别是细部情况掌握得十分清楚，因而创建的 BIM 模型更容易满足施工应用的需要。但这种方式需要从头开始建模，工作量较大，并且在建模过程中存在产生人工错误的风险。

施工企业可根据企业自身条件和实际项目情况，从上述两种方式中选择适合自身应用的方式，如是否有设计模型可用以及设计模型的质量对重构模型工作量的影响等。

3. 设计方、施工方联合建模（IPD 方式）

即施工方在项目设计早期阶段就提前介入，根据施工需求对设计内容的表达方式和深度提出具体要求，并参与部分设计建模工作；或在施工图设计阶段的 BIM 模型创建完成后，紧接着完成深化设计建模。采用这种设计与施工双方联合建模的方式所创建完成的 BIM 模型可直接用于指导施工，这极大地降低施工方后续对模型进行调整重构及完善细化等深化设计的工作量。在条件允许的前提下，这是一种相对高效、合理的 BIM 施工模型创建方式。但采用这种方式，应具备几个必要的前提条件：

（1）设计和施工双方应预先确定统一的建模要求，规定模型提交的深度和细度，并制定满足设计施工 BIM 集成应用的建模规则，明确、细致地阐述建模总体原则和具体细则，包括创建模型应考虑施工分区及作业流水段划分，如以楼层为单位，分层、分构件建立。

（2）应明确模型构件之间的关系，使其符合施工作业的业务逻辑。

（3）应建立统一的模型构件库，保证构件的名称、表示及信息准确统一等。

然而这种方式要涉及项目主要参与方职责边界划分的改变、利益分配的调整以及彼此间充分的信任和协调配合，目前主要适用于"设计施工总包企业"或"设计施工一体化的集成项目交付（IPD）方式"。近几年发达国家和地区一直在大力支持和推广基于 BIM 的 IPD 模式，其目的就是通过在建设工程项目全生命周期中 BIM 的综合集成应用，实现 BIM 应用价值的最大化。IPD 模式在发达国家推广以来，已成功应用于一些工程项目，充分体现了 BIM 的应用价值，并取得了良好收益。基于 BIM 的集成项目交付（IPD）作为一种新型的工程项目管理模式，被认为具有广阔的发展前景。

在我国建筑行业现行的管理体制、行业结构、利益分配机制下，采用这种方式的项目尚不多见，应用推广也有一定的障碍和困难。但我们认为这种"设计施工一体化"的方式应当是今后 BIM 应用的发展方向。施工企业可根据企业自身条件和项目实际情况，从上述三种方式中选择适合自身应用的模型创建方式。

目前，国内 BIM 采用较多的是施工方自建模型的方式。这主要是因为施工企业一般不容易得到由业主或设计方提供的 BIM 设计模型。此外，即便能够得到由外部提供的 BIM 设计模型作为基础，但施工企业通过调整重构及完善细化模型进行深化设计的工作量，在很大程度上取决于所采用基础模型的创建方式和交付深度。长期以来，在建设工程项目实践中，通常是设计方会对施工方提出各种要求以满足设计需求，而施工方很少也很难对上游的设计方提要求。导致设计方交付的设计成果主要是为了准确清晰地表达设计意图，而很少考虑实现的施工需求。对于一个贯穿项目全生命周期的 BIM 应用来说，实现的关键是 BIM 模型在项目各个不同阶段之间的传递对接及共享互用，尤其是从设计到施工的流转。

设计与施工 BIM 模型的相互衔接和集成应用，目前的瓶颈主要是模型深度不一致的问题。从施工层面看，设计层面的深度即使是施工图设计模型，其深度仍达不到满足施工应用的要求，还需要施工方在设计层面的基础上再进行深化和完善。只有施工方提前介入，与设计方共同创建 BIM 模型，才能实现 BIM 模型从设计到施工的无缝流转和集成应用，使 BIM 应用效益的最大化。

但如前所述，采用这种设计施工一体化的 BIM 集成应用方式需要一定的条件。现阶段不具备设计施工总包能力和资质的企业，应尽量争取通过采用 IPD 项目交付的方式，实现设计施工一体化的 BIM 集成应用。

3.1.1.2　BIM 施工模型的创建

BIM 施工模型是以建筑构件、设备系统为基础，经过工作分解结构（Work Breakdown Structure，简称 WBS）处理，并附加了工程进度、资源、成本等信息作为扩展的用于施工技术指导和施工过程管理的信息模型。

根据所包含的信息、表达方式及应用范围，可以将 BIM 施工模型分解为两个部分：施工作业模型和施工过程模型。

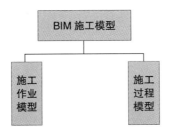

图 3.3　BIM 施工模型 = 施工作业模型 + 施工过程模型

● 施工作业模型是表示工程实体即施工作业对象和结果的 BIM 模型，包含工程实体的基本信息。

● 施工过程模型是表示施工过程中各种活动顺序、相互关系及影响、施工资源、措施等施工管理扩展信息的 BIM 模型。

施工作业模型通常是以 BIM 图形方式表达，即 BIM 模型中的建筑构件和设备系统等；施工过程模型则往往需要通过 BIM 模型构件属性中的扩展信息来表示。

施工深化设计是设计的一个分支，可看作设计阶段的延伸。因此，施工作业模型的创建过程和方法与 BIM 设计模型类似，可以使用与设计阶段相同的 BIM 建模软件并根据表达施工及加工制造细节的需要，配合选用适当的专用软件（如 Tekla、MagiCAD 等）来完成。主要的不同之处在于模型结构、细节表达和构件划分需考虑现场施工的需求。

施工过程模型需要在施工作业模型的基础上，根据施工阶段管理目标增加包括进度、成本、施工方案、质量、安全、资源等信息。施工作业模型和施工过程模型组合在一起，形成 BIM 施工模型，可以支持施工阶段的各种 BIM 应用需求。施工过程模型的创建过程主要是向作业模型中添加各种扩展信息，目前可采用的方法主要有两种：

（1）一种是手工操作方法，即施工单位安排人员，手工在三维 BIM 模型的构件属性中输入所需的信息。这种方式操作原理简单，只需将相关信息逐个手动添加。然而这种方式的工作量极其繁重，一个建设项目有成千上万个构件，如果一个个逐步添加，需要消耗大量的人力和时间资源，同时在实际操作过程中，可能由于操作失误产生一些人为错误，从而影响后期的 BIM 应用。由于这些错误不是由外部环境条件，而是人为因素造成的，因此应该采取一定的人工检查流程或使用软件算法查验来尽量避免这种失误。

（2）另一种方式是根据 WBS 的分解结果，将构件组合成与 WBS 工作包对应的构件组，另外选用适当的软件对要输入的信息进行组织、处理，然后将处理好的信息导入到 BIM 软件中，并通过软件设定的规则将导入的信息与对应的构件/构件组自动进行关联。这种方式在操作流程上比手工方式稍显复杂，但是整个操作过程会更加快捷，而且可以大大减少工作量和可能产生的人工错误。

下面是一个对 BIM 施工作业模型进行信息添加的方法示例。

示例 3.1：BIM 施工作业模型信息添加方法示例

下面我们以向作业模型中添加用于施工进度管理的进度数据为例，说明施工过程模型的创建方法。

在这个例子中，我们用微软的 Project 软件组织处理进度信息，使用 Autodesk 的 Navisworks Manage 处理模型构件并将进度信息与构件/构件组进行关联。

1. 利用 Project 编制进度计划

首先应收集项目的基本信息，然后确定项目的任务细节。对于明显的、项目所必需的工作，可以直接利用 BIM 模型，通过查看模型或者导出明细表确定。对于具有一定隐蔽性的工作，要以经验为基础，并参考历史的项目实践，列出完整的项目所必需的工作。在 Project 中建立项目文件后，就可以准备输入任务。输入任务的阶段在项目管理的过程中通常被称为活动定义。活动定义通常基于范围声明和工作分解结构 WBS 完成。根据项目情况，可以先建立 WBS，后建立任务列表，也可以同时建立 WBS 和任务列表。

向 Project 软件中输入任务的方法有多种，可以直接添加所想到的任务，而不必考虑是否符合顺序和相关任务组，随后再对其进行调整和组织；可以按顺序从头至尾对项目进行考虑，然后按顺序输入任务；可以先考虑项目的整个阶段，再添加任务和子任务；也可以依照里程碑和可交付成果确定项目要实施的工作，并把这些工作作为任务输入。输入任务后就建立了任务列表。

在完成任务列表，并对任务进行排序后，就建立了任务大纲。下一步是制定任务进度计划。项目进度计划是完成任务、提交可交付物、通过里程碑，最终按时完成项目目标的路线图。制定准确可行并真实反映项目运作情况的进度计划，需要在软件中输入任务工期，确定任务之间的关系和依赖性，必要时需单独安排个别任务进度以满足特定的时间要求。这样就得到一个真实项目进度计划的大纲。这时可以从 Project 中得到任务持续时间以及整个项目施工的持续时间。

项目任务的完成必须有所需的相应施工资源作保障。随着任务的明确和进度计划的排定，还必须在项目计划中分配实际需要使用的资源。进度计划中需要分配指定的资源包括材料、人工和设备机具等。通过向项目中添加资源信息可以提高进度计划的精确性和可执行性：提前了解在已分配时间段是否有资源超负荷分配了过多的工作；确认为所有任务都分配了恰当可靠的资源；并依照资源工时跟踪项目的进展情况，跟踪项目中材料的使用、成本和消耗情况。项目计划中有了任务和资源，需要通过 Project 创建"分配"，即把任务和资源匹配关联在一起。人员、设备和材料资源分配给任务后，利用 Project 生成一个项目进度表，不仅可以反映项目日历、任务工期、任务的依赖性和限制性，还可以反映所分配资源随进度的可用性，也就是 Project 的已分配资源日历及可用性。

下一步是将 Project 完成的进度数据导入 BIM 模型并与相应的构件/构件组进行关联。

2. 使用 Navisworks Manage 建立 4D 施工过程模型

用 Project 编制完成进度计划后，要在 Navisworks Manage 中根据 WBS 工作包的划分构造相应的构件选择集，即将分散的各个构件通过相互关系组合起来，与工作包一一对应。这样能够大大简化后期的数据输入过程，数据信息的关联是基于工作包而非单个构件，在后期的修改过程中也更加容易，同时也增强了项目的完整性。

构件选择集（构件组）构成后，通过 Navisworks Manage 的"数据源"功能，将由 Project 产生的进度信息导入。在字段选择器对话框中需要将 Project 中的任务名称即 ID 与 Navisworks Manage 中的构件选择集相关联，同时还包括计划开始日期、计划结束日期、实际开始日期和实际结束日期，其中实际开始日期和实际结束日期需要在工程开工后，根据工程实际情况添加。将这些字段相互关联后，就可将进度信息直接自动赋予到三维的构件选择集上。

在关联时，选择 Timeliner 功能的"规则自动关联"选项，并选择"使用相同名称、匹配大小写将 Timeliner 任务从列名称对应到选择集"，就自动生成了与进度信息关联的 4D 构件选择集。

至此，有关施工进度的施工过程子模型创建完毕。

深化设计和施工组织设计是施工准备阶段技术准备工作的重要内容。BIM 技术在这两项工作中的应用，可以有效提高设计质量及制定优化的施工方案，为施工过程的顺利进行提供可靠的技术保障。同时，在这个过程中创建完成的 BIM 施工模型也是后续施工和竣工验收阶段 BIM 应用的基础。

3.1.2 深化设计 BIM 应用要求和规范

深化设计是指在工程实施过程中以由开发方提供的招标图或在设计阶段完成的施工图为基础，并结合机电设备选型、机电安装工序和施工现场状况进行细化、补充和完善，使之成为可以现场实施的技术指导和依据。

深化设计的工作内容一般包括专业工程深化设计和管线布置综合平衡深化设计：专业工程深化设计是在确定设备供应商并选定设备品牌、规格后，由专业施工单位按原设计的技术要求进行二次设计并完成最后的施工图；管线布置综合平衡深化设计是将暖通、电气、给排水、消防、弱电等相关专业施工图中的管线综合到一起，发现其中可能存在的碰撞交叉点或无法施工的部位，在不改变机电工程各系统原设计的性能、技术参数以及在不改变原有使用功能的前提下，根据施工规范和管道避让的一般原则，对各设备系统的管路布置进行调整或重新布置，使整体布局更趋合理、优化，以达到既便于施工又节省工程造价的目的。

基于 BIM 的施工深化设计，首先应进行专业工程深化设计。即对由建设方提供或由设计方完成的施工图缺少或表达不够清晰完整的部分进行补充设计或细化完善，如管路上缺少的阀门、仪表等管件，安装节点细部，各种大型管道的支架（吊架和托架）的准确位置及详细结构，各专业机房设备位置的合理布置和设备基础结构、预留孔洞、预埋件的准确位置和构造等，以确保深化设计完成的各专业工程施工图可以真正作为现场施工的依据和指导性技术文件。其次，基于BIM技术的多专业管线布置综合平衡设计是BIM在深化设计中的重要应用，其具体工作内容包括：

（1）基于深化设计BIM模型进行碰撞检查，合理地综合调整、布置各专业管线，最大限度地增加建筑物内的使用空间，避免或最大程度减少由于管线冲突造成的二次施工。

（2）基于深化设计BIM模型综合协调机房、各楼层平面区域及吊顶内各专业管线的路由，确保在有效的空间内合理布置各专业的管线，以保证吊顶的高度，同时保证机电各专业的有序施工。

（3）基于深化设计BIM模型综合协调竖向管井的管线布置，使管线的安装工作可以顺利完成，并保证有足够的操作空间完成各种管线的检修和更换工作。

（4）基于深化设计BIM模型综合排布机房及各楼层平面区域内机电各专业管线，协调机电与土建、精装修专业的施工冲突。

施工企业的深化设计人员需明确"深化"的含义和几个基本原则：

（1）原设计的主干系统不可变更；

（2）原定的使用功能不可变更；

（3）不要增加大容量的设计变更。

其本质是在合约范围内，以便于施工、有利于降低工程造价为目的，在施工阶段对原设计施工图进行具体的补充、细化和完善。

在深化设计过程中，还应核对各种设备的性能参数，提出完整准确的设备清单，并核定各种设备的订货技术要求，以便于采购部门的采购。同时要根据选定的设备数据自行或与设计方协商核验设备基础、支架等是否符合要求，并协助设计方的结构工程师完成大型设备基础的设计。

此外，由于设备位置的移动，尤其是设备移动后造成的系统线路、管道和风管等发生相应移位或长度变化，会带来运行时电气线路压降、管道管路阻力、风管风量和阻力损失等变化，都应在深化设计时进行校验计算，以核算设备能力是否满足原设计的性能要求。如果性能不足或有过量富余时，需对原设计选型设备规格中的某些参数进行调整。例如管道工程中的水泵扬程、空调工程中的风机风量，电气工程中的电缆截面积等。总的调整原则是必须保持原设计的技术性能和预期的使用功能，并同时达到节省工程造价的目的。

基于BIM深化设计所创建完成的交付成果可作为现场实施依据和技术指导、完整协调的BIM施工作业模型。

下面以上安机电公司深化设计的 BIM 应用为例，说明在机电安装工程深化设计中，BIM 应用的方法、流程和规范。这些流程主要包括：

（1）机电深化设计 BIM 工作总流程；

（2）施工图设计阶段的业务流程；

（3）机电深化设计 BIM 基础建模流程；

（4）BIM 碰撞检测流程；

（5）BIM 辅助出图流程；

（6）BIM 深化设计建模及制图要求和规范；

（7）BIM 建模规范。

围绕上述流程，具体介绍如下。

3.1.2.1 机电深化设计 BIM 工作总流程

BIM 的技术流程对企业 BIM 的应用有着至关重要的作用。BIM 技术的应用将贯穿于整个项目中，图 3.4 是机电深化设计 BIM 工作总流程。

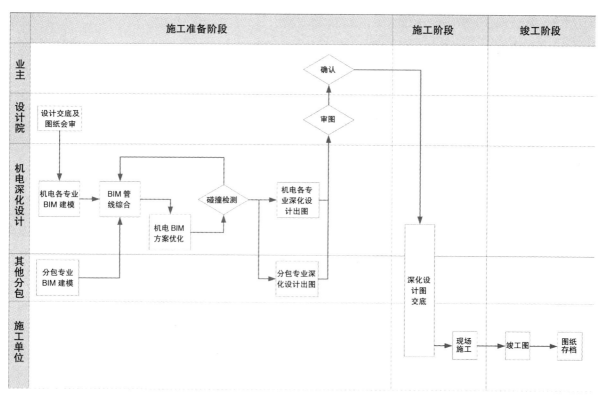

图 3.4　机电深化设计 BIM 工作总流程

可以看出，机电深化设计 BIM 工作的总流程如下：首先，根据现场实际情况，利用全站仪等测量工具，对测量数据进行比对分析，并将分析结果反馈给深化设计师，设计师利用 BIM 建模软件进行基础建模。其次，BIM 设计师将各专业建好的模型叠加，结合现场测绘得出的数据比对分析进行 BIM 管线综合。管线综合完成后，设计师利用自己的专业知识对各专业模型进行初步方案优化。随后，对优化过的模型进行碰撞检测，若碰撞检测不通过，则反馈给设计师，重新进行管线综合；若碰撞检测通过，则各专业进行深化设计出图、模型归档和交付工作，同时，进行预制加工方案设计，利用适当软件导出预制加工图纸，实现管段的预制加工。

3.1.2.2　施工图设计阶段的业务流程

在基于 BIM 技术的设计模式下，施工图设计阶段的大量工作已经前置到了初步设计阶段，在工作流程和数据流转方面会有明显的改变。对于不同专业的承包商，BIM 深化设计的流程更为细化，协作关系更为紧密。现以建筑、结构、机电专业的 BIM 综合协调工作流程为例，如图 3.5 所示。

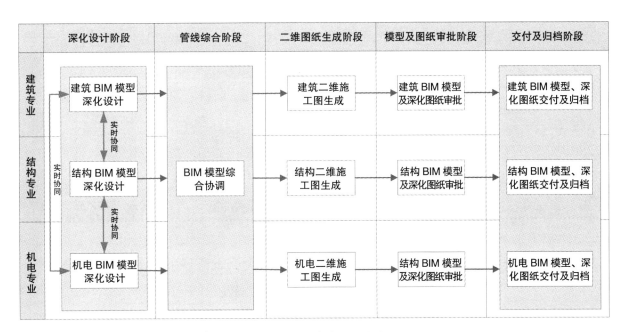

图 3.5　BIM 综合协调工作流程

基于上述流程图，BIM 技术在整个项目中的运用情况与传统的深化设计相比，BIM 技术下的深化设计更加侧重于信息的协同和交互，通过总承包单位的整体统筹和施工方案的确定，利用 BIM 技术在深化设计过程中解决各类碰撞检测及优化问题。各个专业承包单位根据 BIM

模型进行专业深化设计的同时，保证各专业间的实时协同交互，在模型中直接对碰撞实施调整，简化操作中的协调问题。模型实时调整，即时显现，充分体现了 BIM 技术下数据联动性的特点，通过 BIM 模型可生成各类综合平面图、剖面图及立面图，减少二维图纸绘制步骤。

3.1.2.3 机电深化设计 BIM 基础建模流程

BIM 模型是设计师对整个设计的一次"预演"，建模的过程同时也是一次全面的"三维校审"过程，BIM 技术人员发挥专业特长，在此过程中可发现大量隐藏在设计中的问题。这点在传统的单专业校审过程中很难做到，经过 BIM 模型的建立，使得隐藏问题无法遁形，提升了整体设计质量，并大幅度减少后期工作量。建模流程如图 3.6 所示。

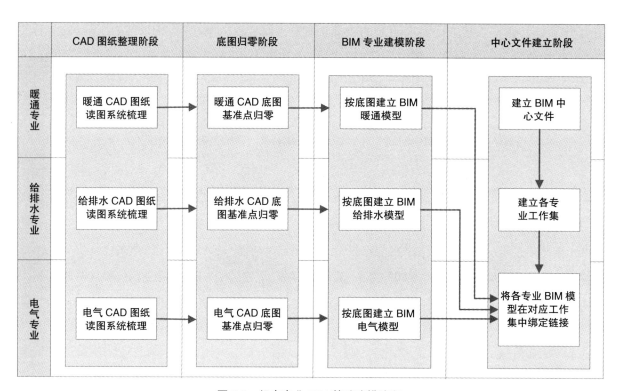

图 3.6 机电专业 BIM 基础建模流程

以 AutodeskRevit 为 BIM 建模平台为例，上述流程的具体过程如下：

（1）首先，将不同专业的深化设计图纸分到各个设计师手中，设计师针对各个专业进行图纸系统的理解，整理系统，确认管线设计的合理性。

（2）然后，在中心文件中根据不同专业建立不同的工作集，即各专业根据二维图纸，分别在本专业工作集中建立相应的 BIM 模型。

（3）最后，各专业设计师在本专业工作集中建立BIM模型。

对于某些项目来说，如果业主方无法提供建筑和结构专业的BIM模型，则施工方需要先对这两个专业进行BIM建模，并在此基础上再进行机电专业的BIM模型设计。主要流程如图3.7所示。

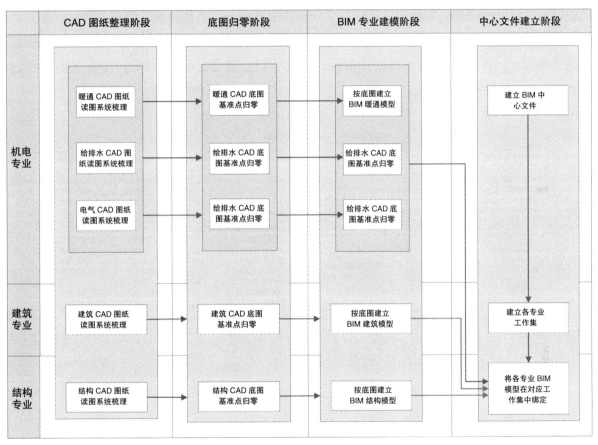

图3.7 各专业BIM基础建模流程

3.1.2.4 BIM碰撞检测流程

制定施工图纸阶段，若相关各专业没有经过充分的协调，则可能导致施工图出图进度的延后，甚至进一步影响到整个项目的施工进度。因此可利用BIM技术所建立的三维可视化模型，在碰撞发生处实时变换角度进行全方位、多角度的观察，便于讨论修改。BIM使各专业在统一的建筑模型平台上进行修改，使得各专业的调整实时显现、实时反馈。

BIM机电模型碰撞检测可以分为两大阶段：主干管碰撞检测和精细碰撞检测。

（1）主干管碰撞检测主要运用于机电项目深化的初期阶段，该阶段主要关注机电主管的布留及碰撞问题，目的在于解决机电主管道与土建之间的各类碰撞、机电各专业主管道间的碰撞，实现上述内容之间零碰撞。

（2）精细碰撞检测主要适用于项目精装、预制加工、测绘、虚拟吊顶等运用阶段，在上述阶段对机电管线的精度要求更高、更细致，故该阶段的碰撞主要解决机电支末端管线与土建、机电所有管线间的碰撞，在实现上述内容之间零碰撞问题后，方能确保后续工作顺利开展。

现阶段机电安装企业一般利用综合协作软件对模型中的建筑结构、结构构件、机械设备、水暖电管线等进行碰撞检测，再回到 BIM 建模软件里将模型调整至"零"碰撞，实施流程如图 3.8 所示。

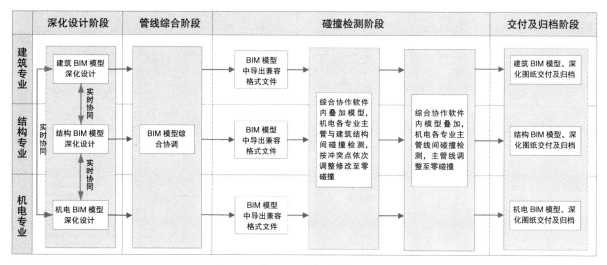

图 3.8 基于 BIM 的碰撞检测流程

上述碰撞检测的主要过程如下：

（1）将综合模型按不同专业分别导出。可根据 BIM 建模软件及综合协作软件选择合适的兼容格式文件。

（2）在综合协作软件里将各专业模型叠加成综合管线模型进行碰撞。

（3）将调整后的结果反馈给深化设计员；深化设计员调整深化设计图，然后将图纸返回给 BIM 设计员；最后 BIM 设计员将三维模型按深化设计图进行调整，碰撞检测。如此反复，直至碰撞检测结果为"零"碰撞为止。

（4）在模型综合叠加完成之后，便开始对模型进行碰撞检测。首先要求设计师先进行机电各专业与建筑结构之间的碰撞检测，在确保机电与建筑结构之间无碰撞之后再对模型进行综合机电管线间的碰撞。合理正确的 BIM 碰撞检测方案能够在迅速发现管线与建筑结构、管线与管线间的碰撞问题的同时有效避免新冲突的产生。

3.1.2.5 BIM 辅助出图流程

在项目实施过程中，企业 BIM 技术团队配合深化部门进行辅助出图，为了更好地对项目进行 BIM 出图，具体流程如图 3.9。

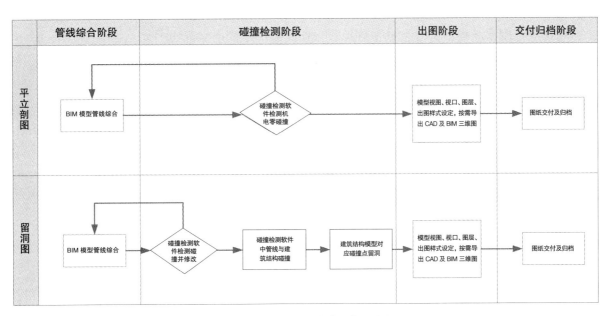

图 3.9 基于 BIM 的辅助出图流程

在上述流程，可以采用 Navisworks 等软件进行 BIM 模型的碰撞检测。当需留洞出图时，利用 Navisworks 软件，还要通过机电管线与建筑结构的碰撞点进行留洞处理。因此在进行 BIM 辅助出图流程会有相应变化，变化如图 3.10。

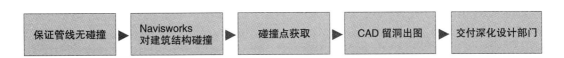

图 3.10 基于 BIM 的辅助留洞出图流程

3.1.2.6 BIM 深化设计建模及制图要求和规范

为了规范基于 BIM 的机电深化设计工作程序，提高模型创建和辅助制图质量，应统一建模和制图的规则、标准、表达内容和深度以及制作方式,以满足机电各专业施工需要。

在此提出建模及制图要求和规范的目的是为了使基于 BIM 深化设计工作做到"规范化"和"标准化",以有效提高机电深化设计的工作质量和效率,使机电深化设计交付成果的表达清晰、完整和统一。

3.1.2.7 BIM 建模规范

建模总则:应包含大项目实施的模型拆分目的和意义、拆分原则、文件名命名规则、统一的建模基准规则,如模型定位基点设置规则、轴网与标高定位基础规则等。其中,文件命名规则在第二章中已介绍过,此处重点介绍模型拆分原则和统一的建模基准规则。

1. 模型拆分(工作集和链接模式)

（1）目的和意义

项目模型在最初可以创建为孤立的、单用户文件,随着模型的规模不断增大或设计团队成员不断增多,应对该模型进行拆分,故模型拆分主要目的是为实现多用户访问,解决大型项目中因为模型文件体量过大,且硬件配置不够而影响项目操作效率等问题,从而实现不同专业间的协作。

通过模型拆分的形式可以实现多用户同时进行本地化操作,并根据合理的拆分和命名原则为下一阶段模型叠加、综合、修改提供便利,从而实现提高工作效率的目的。同时,模型拆分时应照顾到参与建模的所有内部和外部专业团队,并获得一致认可。

（2）一般性原则

本节介绍模型拆分的一般性原则,主要目的是:实现多用户访问、提高大型项目的操作效率以及实现不同专业间的协作。注意此处涉及的 Autodesk Revit 术语主要是工作集和链接,这两个术语在本文中统称为"模型拆分"。模型拆分的一般性原则如下:

- 模型拆分时采用的方法应照顾到参与建模的所有内部和外部专业团队,并获得一致认可。
- 模型在最初可创建为孤立的单用户文件。随着模型的规模不断增大或设计团队成员不断增多,应对该模型进行拆分。
- 一个文件中最多包含一个建筑体。
- 一个模型文件应仅包含来自一个专业的数据(只有当设备方面的多个专业同时汇集时可例外)。
- 根据硬件配置,可能需要对模型进行进一步的拆分,以确保其运行性能。
- 为了避免重复或协调错误,应在项目期内明确规定并记录每部分数据的责任人。但随着项目的进行，图元的责任人有可能改变。

● 如果一个项目中要包含多个模型，就应考虑创建一个"容器"文件，其作用就是将多个模型组合在一起，供协调、冲突检测时使用。

（3）工作集

借助"工作集"机制，多个用户可以通过一个"中心"文件和多个同步的"副本"，同时处理一个模型文件。若合理使用，工作集机制可大幅提高大型项目中多用户协调效率。

工作集的建立需要注意如下内容：应以合适的方式建立工作集，并把每个图元指定到工作集。可以逐个指定，也可以按照类别、位置、任务分配等属性进行批量指定。如果在打开的工作集中进行变更，并且在模型重新生成的过程中影响到关闭的工作集中的图元，Revit 也会自动更新关闭的工作集中的图元。因此，应通过 Windows 资源管理器将原模型复制到本地硬盘来创建一份模型的"本地"副本，而不是通过打开中心文件再进行"另存为"。在副本创建后，不可直接打开或编辑"中心"文件。所有要进行的操作都可以通过、也必须通过本地文件来执行。

在 Revit2010 及后续版本中，用户可通过自动化功能生成一个本地文件，从而降低意外打开"中心"文件的可能性。具体操作规范如下：

①细分

应以合理的方式分配工作集，使得设计团队中的成员能够配合进行模型深化，而无需借助复杂的说明文档；应将项目分为足够细的工作集，以避免工作过程中发生"拥塞"；应按照命名规则对工作集进行命名。

②保存多用户项目

所有团队成员应每隔一段时间"保存到中心"，应给每名团队成员分配一个事先确定的时间段，用于"保存到中心"，这能够避免设备在多名用户同时保存时死机的问题。在"保存到中心"过程中，用户不应离开电脑，以便及时解决可能出现的问题，避免延误其他成员的工作。

③借用或者获取工作集

在利用工作集实现模型文件的多用户协作时，可使用两种方法："借用图元"和"获取工作集"。一般情况下应采用"借用图元"方式。然而，一旦出现只允许某一个用户修改建筑中的某个特定部分，而用户需要在脱离网络的场所进行操作的情况，就需要非常谨慎，以确保该用户仅修改其"拥有"的工作集。在慢速或远程网络中进行协同工作的情况下，应采取"获取工作集"方式。

在实践中，可以依据项目情况，采用"图元借用"和"获取工作集"两种方法的任何一种。二者对比如下：

● 图元借用：多名用户相互独立地处理一个单用户文件；通过对中心文件的实时连接，申请修改图元的权限（可能被授予也可能被拒绝）；在"保存到中心"过程中，所有通过这种方式分配的修改权限都会被交回。

● 获取工作集：一名用户获得整个工作集的所有权；可在本地文件中修改该工作集中的任何图元，无需访问中心文件。

（4）文件链接

通过"链接"机制，用户可以在模型中引用更多的几何图形和数据作为外部参照。链接的数据可以是一个项目的其他部分，也可以是来自另一专业团队或外部公司的数据。

①单专业链接的文件

有时，项目要求将单一建筑模型细分为多个文件，并链接在一起，每个模型保持较小的体积，易于管理。

对于一些大型项目，可根据不同的目的使用不同的容器文件，每个容器只包含其中的一部分模型。在细分模型时，应考虑到任务如何分配，尽量减少用户在不同模型之间切换。划分方法应由首席建筑师和工程师共同决定。应在文档中记录模型分解的方式和时间。在复制模型之前，应在开放空间中使用模型线性创建十字形标记。以后可利用这些标记作为快速检查工具，确保链接的子模型是正确对齐的。在首次将多个模型链接到一起时,应采用"原点对原点"的插入机制。在与团队其他成员分解和链接的模型之前，应使用 Revit 中的"共享坐标"工具定义项目中某一点的世界坐标系，并将其发布到所有链接的模型；应重新打开每个子模型，并采用"通过共享坐标"的插入方法链接其他所需的子模型；正确建立"正北"和"项目北"之间的关系。

②跨专业的模型链接

参与项目的每个专业（无论是内部还是外部团队）都应拥有自己的模型，并对该模型的内容负责。一个专业团队可链接另一专业团队的共享模型作为参考。应在项目之初就共享坐标和"项目北方"朝向达成一致并记录在案。应在文档中完整记录所有与专业相关的详细需求,例如：建筑露面标高和结构露面标高之间的差别。Revit 中的"复制/监视"工具仅用于复制和关联"标高"、"轴网"。除非已经充分理解了"复制/监视"工具的限制（例如：某些图元的创建和更新不会反映在监视流程中），否则不应将其应用于其他类型的图元。

同时，应随着项目的不断进展，应合理地沟通和跟踪图元的责任人（例如：楼层可能由建筑专业创建，但之后就交给结构团队用于创建部分承重结构）。每个专业的人员都应该认识到，参照的数据是从创建者自身的角度创建的，因而如果要将其用于其他目的，就可能会缺乏某些需要的信息。在这种情况下，所有相关方应在 BIM 经理的指导下召开会议，讨论是否需要对图元的责任人进行调整,以补充必要的信息。如果一个专业要为另一个合作的专业开发一个"起始模型"（例如：需要建筑师在建筑模型之上为结构创建起始模型），那么应单独创建该模型，再将其关联进来。然后将该起始模型交给合作专业，后者随即拥有该模型的所有权。该合作专业应打开起始模型，并通过共享坐标把专业的模型链接进来作为参考。在为设备专业创建模型时，多个专业可能在一个模型中进行协同工作，因为有时一个设备可能同时被多个专业使用。在这种情况下，可通过多种不同方式细分模型。

（5）机电专业模型拆分原则

机电专业模型拆分原则如表3.1所示。

表3.1 机电专业模型拆分原则

	BIM 模型拆分		BIM 文档分割及储存
给排水专业	生活给水	生活中水；生活净水供水；生活净水回水；生活热水热媒回水；生活热水热媒；生活热水回水；生活热水；生活冷水管；自来水；除氧水等	给排水专业模型文档应按照楼层区域保存，分为地上及地下，逐层楼面分开建模保存
	雨水排水	溢流雨水管；雨水泵出水管；虹吸雨水；重力雨水等	
	废水排水	压力废水；废水管	
	工艺水系统	燃气；燃油注油；燃油排油；燃油回油；燃油供油等	
	污水排水	压力污水；餐饮污水；污水管；定期排污管；连续排污管等	
消防专业	消防系统	消防栓试水；消防栓	消防专业模型文档应按照楼层区域保存，分为地上及地下，逐层楼面分开建模保存
	喷淋系统	气体灭火；喷淋试水泄水；喷淋系统；水雾系统	
暖通专业	空调风管	空调送风管；空调新风管；空调排风管；排烟管；空调回风管	暖通专业模型文档应按照楼层区域保存，分为地上及地下，逐层楼面分开保存
	空调水管	冷却水回水；冷却水供水；冷凝水；冷冻水给水；冷冻水回水	
电力专业	强电系统	照明；动力；干线；低压配电干线；人防干线	电力桥架模型文档应按照楼层区域保存，分为地上及地下，逐层楼面分开保存

2. 统一的建模基准规则

为了更好地对项目实行 BIM 设计，明确 BIM 深度，应统一 BIM 机电各专业建模的规则，以保证模型质量，提高建模效率。具体要求如下：

（1）建模方法

BIM模型应按照符合工程要求的有序规则创建，使其成为后续深层应用的完整有效的数据资源，在设计、施工、运维等建筑全生命周期的各个环节中发挥出应有的价值。建模方法的具体要求应根据BIM建模软件、项目阶段、业主要求、后续BIM应用需求和目标来综合考虑和制定。

①模型的类型及用途

根据BIM模型的不同用途以及每种用途对模型的不同要求，可以建立各种不同类型的BIM子模型，一般可包括：前期、概要或体量模型，设计模型，可视化模型，建筑性能及环境分析模型，综合协调模型，施工模型，算量模型，建造模型，竣工模型，设施管理模型等。

其中，设计模型是整个BIM应用的重要基础。对设计模型进行适当的修改和调整，可用于创建可视化、建筑性能及环境分析以及综合协调模型；对设计模型进行必要的深化，并加入所需的必要信息，就可以创建和生成施工模型和设施管理模型；建造模型可直接创建，也可以先设计模型的相关部分为基础，再通过深化、细化来生成。

②建模前的准备工作

- 仔细了解并确定项目的BIM交付要求和交付计划。检查确定项目的BIM应用目标，包括BIM模型的预期目的和拟定用途；并与项目所有参与者进行沟通，以确保所有的项目参与者（包括建模人员）理解项目的BIM应用目标。
- 检查验证以确保相关的BIM建模工具可以为满足BIM需求提供足够的支持。
- 至少组织一次参与项目的所有专业及各方面人员的协调会，就BIM模型在项目选定的所有软件之间的交换需求来确定解决方案并达成共识。
- 创建一个涉及所有专业的测试模型，检验根据项目需求使用选定的BIM工具建模是否可行，并为建模工具尚不具备的功能找到替代的解决方案。
- 明确各专业及项目参与方之间的所有数据接口，包括每个专业模型所包含的内容和信息。
- 搭建一个所有项目参与者都可以访问到的最新版本模型的交互平台。
- 确定文件、模型构件、建筑空间（包括房间）、区域的命名规范；建立标高准则；确定模型对象的分组原则。

③建模遵循的原则

BIM基础模型的建立应遵循以下原则：

- 基础模型所包括的内容以最终确认的施工图为准，具体版本号由业主另行澄清。凡施工图中体现的要求，应尽可能地保存在模型中。
- 应制定基础模型的精度和信息要求。

CHAPTER 3 MEP ENGINEERING ENTERPRISE BIM IMPLEMENTATION STANDARD – GUIDELINES OF CONDUCT

- 基础模型的更新，应依据施工图设计签认的设计变更类文件和图纸，在项目执行过程中随时跟踪，并对模型进行更新。
- 机电在施工前，应由承包商负责完成该项工程深化设计阶段全部的BIM模型。
- 该模型建立前，承包商应与BIM咨询顾问和业主就其模型规划进行详细讨论，确定模型建立的精度、深度，模型应包括的信息，模型的后续使用需求。
- 涉及非机电专业的模型，应由BIM顾问咨询单位向机电承包商提供原基础模型。
- 建立完成的机电BIM模型，应提交项目的BIM管理组，由BIM咨询顾问负责审核该模型是否符合模型规划的要求。
- 建立的BIM模型文件不宜过大，并应根据施工和维护的要求分解到最小可更换单元。
- 模型中应提供该设备的安装及养护、维修指导信息。
- 模型中应建立该设备与其他设备连接部分或接口的部分信息，并要求参数化。
- 应提供模型使用说明书。
- 机电专业BIM模型的冲突报告，应由机电承包商向BIM咨询顾问单位和业主提供。
- 对于需要对原图（模型）进行改动的，应由机电承包商向业主提出书面报告和模型，再由总包单位组织各相关施工方予以确认。需要设计单位和业主参加时，应由总包单位提出要求。
- 经技术协调后进行模型检查，各单位调整各自的图纸，各承包商按照图纸要求进行施工，并以模型作为参照核查。

（2）模型深度

由于不同建筑项目在不同阶段对BIM模型的应用需求及用途不同（如：模型表现、出图、冲突检测、能耗分析、机电深化设计等），所需要的模型信息量也有所不同，应事先明确该模型所需的建模深度，才能使模型达到合理的使用性能，同时也能合理控制建模的成本。以下给出了深化设计阶段所需要的模型深度要求。

施工图设计阶段的模型应达到国家规范的施工图设计深度要求，主要用于指导施工。在建模过程中对BIM模型包含的构件及其建模详细程度标准的制定，使BIM模型数据信息达到良好完整性、规范性。对于建模过程中所遵循的建模深度标准一般应与模型交付深度要求一致，才能达到最终的交付要求。

目前国际上普遍采用的建筑信息模型详细等级标准是美国建筑师协会（AIA）所制定的建筑信息模型详细等级或模型深化等级（Level of Detail 或 Level of Development，简称LOD）。它描述了BIM模型在从最初粗略的概念化表达发展到最后精细的竣工模型过程中，各种不同详细程度表达的等级划分及定义，其初衷是为了确定BIM模型的阶段成果以及分配建模任务。本规范采用LOD模型深化等级表示方法，LOD具体定义详见清华大学BIM课题组编写的《设计企业 BIM 实施标准指南》一书。依据 LOD 定义，我们针对机电各专业制定了 BIM 模型深度标准（给排水、暖通、电等专业的 BIM 模型深度要求如表 3.2 ~ 表 3.7 所示）。

表 3.2 给排水专业各阶段 LOD 深度要求

给排水专业	方案阶段 LOD	初设阶段 LOD	施工图阶段 LOD	施工阶段 LOD	BIM 工作交付 LOD
管道	100	200	300	300	300
阀门	100	200	300	300	300
附件	100	200	300	300	300
卫生器具	100	200	200	200	200
设备	100	200	300	400	500

表 3.3 给排水专业 BIM 模型深度标准

详细等级（LOD）	100	200	300	400	500
管道	几何信息（管道类型、管径、主管标高）	几何信息（支管标高）	几何信息（加保温层、管道进设备机房）	技术信息（材料和材质信息、技术参数等）	维保信息（使用年限、保修年限、维保频率、维保单位等）
阀门	不表示	几何信息（绘制统一的阀门）	几何信息（按阀门的分类绘制）	技术信息（材料和材质信息、技术参数等）；产品信息（供应商、产品合格证、生产厂家、生产日期、价格等）	维保信息（使用年限、保修年限、维保频率、维保单位等）
附件	不表示	几何信息（统一形状）	几何信息（按类别绘制）	技术信息（材料和材质信息、技术参数等）；产品信息（供应商、产品合格证、生产厂家、生产日期、价格等）	维保信息（使用年限、保修年限、维保频率、维保单位等）
仪表	不表示	几何信息（统一规格的仪表）	几何信息（按类别绘制）	技术信息（材料和材质信息、技术参数等）；产品信息（供应商、产品合格证、生产厂家、生产日期、价格等）	维保信息（使用年限、保修年限、维保频率、维保单位等）

续表

详细等级（LOD）	100	200	300	400	500
卫生器具	不表示	几何信息（简单的体量）	几何信息（具体的类别形状及尺寸）	技术信息（材料和材质信息、技术参数等）；产品信息（供应商、产品合格证、生产厂家、生产日期、价格等）	维保信息（使用年限、保修年限、维保频率、维保单位等）
设备	不表示	几何信息（有长宽高的简单体量）	几何信息（具体的形状及尺寸）	技术信息（材料和材质信息、技术参数等）；产品信息（供应商、产品合格证、生产厂家、生产日期、价格等）	维保信息（使用年限、保修年限、维保频率、维保单位等）

表 3.4　暖通专业各阶段 LOD 深度要求

暖通专业	方案阶段 LOD	初设阶段 LOD	施工图阶段 LOD	施工阶段 LOD	BIM 工作交付 LOD
暖通风系统					
风管道	100	200	300	300	300
管件	100	200	300	300	300
附件	100	200	300	300	300
末端	100	200	300	300	300
阀门	100	100	300	300	300
机械设备	100	100	300	400	500
暖通水系统					
水管道	100	200	300	300	300
管件	100	200	300	300	300
附件	100	200	300	300	300
阀门	100	100	300	300	300
设备	100	100	300	400	500

表 3.5　暖通专业 BIM 模型深度标准

详细等级(LOD)	100	200	300	400	500
暖通风系统					
风管道	不表示	几何信息（按着系统只绘主管线，标高可自行定义，按着系统添加不同的颜色）	几何信息（按着系统绘制支管线，管线有准确的标高，管径尺寸、添加保温）	技术信息（材料和材质信息、技术参数等）	维保信息（使用年限、保修年限、维保频率、维保单位等）
管件	不表示	几何信息（绘制主管线上的管件）	几何信息（绘制支管线上的管件）	技术信息（材料和材质信息、技术参数等）；产品信息（供应商、产品合格证、生产厂家、生产日期、价格等）	维保信息（使用年限、保修年限、维保频率、维保单位等）
附件	不表示	几何信息（绘制主管线上的附件）	几何信息（绘制支管线上的附件，添加连接件）	技术信息（材料和材质信息、技术参数等）；产品信息（供应商、产品合格证、生产厂家、生产日期、价格等）	维保信息（使用年限、保修年限、维保频率、维保单位等）
末端	不表示	几何信息（示意，无尺寸与标高要求）	几何信息（具体的外形尺寸，添加连接件）	技术信息（材料和材质信息、技术参数等）；产品信息（供应商、产品合格证、生产厂家、生产日期、价格等）	维保信息（使用年限、保修年限、维保频率、维保单位等）
阀门	不表示	不表示	几何信息（尺寸、形状、位置，添加连接件）	技术信息（材料和材质信息、技术参数等）；产品信息（供应商、产品合格证、生产厂家、生产日期、价格等）	维保信息（使用年限、保修年限、维保频率、维保单位等）
机械设备	不表示	不表示	几何信息（尺寸、形状、位置，添加连接件）	技术信息（材料和材质信息、技术参数等）；产品信息（供应商、产品合格证、生产厂家、生产日期、价格等）	维保信息（使用年限、保修年限、维保频率、维保单位等）

续表

详细等级(LOD)	100	200	300	400	500
暖通水系统					
暖通水管道	不表示	几何信息（按着系统只绘主管线，标高可自行定义，按着系统添加不同的颜色）	几何信息（按着系统绘制支管线，管线有准确的标高、管径尺寸，添加保温、坡度）	技术信息（材料和材质信息、技术参数等）；产品信息（供应商、产品合格证、生产厂家、生产日期、价格等）	维保信息（使用年限、保修年限、维保频率、维保单位等）
管件	不表示	几何信息（绘制主管线上的管件）	几何信息（绘制支管线上的管件）	技术信息（材料和材质信息、技术参数等）；产品信息（供应商、产品合格证、生产厂家、生产日期、价格等）	维保信息（使用年限、保修年限、维保频率、维保单位等）
附件	不表示	几何信息（绘制主管线上的附件）	几何信息（绘制支管线上的附件，添加连接件）	技术信息（材料和材质信息、技术参数等）；产品信息（供应商、产品合格证、生产厂家、生产日期、价格等）	维保信息（使用年限、保修年限、维保频率、维保单位等）
阀门	不表示	不表示	几何信息（具体的外形尺寸，添加连接件）	技术信息（材料和材质信息、技术参数等）；产品信息（供应商、产品合格证、生产厂家、生产日期、价格等）	维保信息（使用年限、保修年限、维保频率、维保单位等）
设备	不表示	不表示	几何信息（具体的外形尺寸，添加连接件）	技术信息（材料和材质信息、技术参数等）；产品信息（供应商、产品合格证、生产厂家、生产日期、价格等）	维保信息（使用年限、保修年限、维保频率、维保单位等）
仪表	不表示	不表示	几何信息（具体的外形尺寸，添加连接件）	技术信息（材料和材质信息、技术参数等）；产品信息（供应商、产品合格证、生产厂家、生产日期、价格等）	维保信息（使用年限、保修年限、维保频率、维保单位等）

表 3.6　电气专业各阶段 LOD 深度要求

电气专业	LOD	方案阶段 LOD	初设阶段 LOD	施工图阶段 LOD	施工阶段 LOD	BIM 工作交付
强电						
供配电系统	母线	100	200	300	400	400
	配电箱	100	200	300	400	400
	变、配电站内设备	100	200	300	500	500
照明系统	照明	100	200	300	400	400
线路敷设及防雷接地	避雷设备	100	200	300	400	400
	桥架	100	200	300	400	400
弱电						
桥架线槽 通信网络系统 弱电机房	桥架	100	200	300	400	400
	线槽	100	200	300	400	400
	机房内设备	100	200	300	500	500

表 3.7　电气专业 BIM 模型深度标准

详细等级（LOD）	100	200	300	400	500
设备	不建模	几何信息（基本族）	几何信息（基本族、名称、符合标准的二维符号、相应的标高）	几何信息（准确尺寸的族、名称）；技术信息（所属的系统）	几何信息（准确尺寸的族、名称）；技术信息（所属的系统）；产品信息（供应商、产品合格证、生产厂家、生产日期、价格等）
母线桥架线槽	不建模	几何信息（基本路由）	几何信息（基本路由、尺寸标高）	几何信息（具体路由、尺寸标高、支吊架安装）；技术信息（所属的系统）	几何信息（具体路由、尺寸标高、支吊架安装）；技术信息（所属的系统）；产品信息（供应商、产品合格证、生产厂家、生产日期、价格等）
管路	不建模	几何信息（基本路由、根数）	几何信息（基本路由、根数、所属系统）	几何信息（具体路由、根数）；技术信息（材料和材质信息、所属的系统）	几何信息（具体路由、根数）；技术信息（材料和材质信息、所属的系统）；产品信息（供应商、产品合格证、生产厂家、生产日期、价格等）

3.1.3 施工组织设计 BIM 应用要求和规范

施工组织设计是以施工项目为对象编制的，用以指导施工的技术、经济和管理的综合性文件。施工组织设计的主要内容包括：工程概况、施工部署及施工方案、全场性施工准备工作计划、施工总进度计划、各项施工资源需要量计划、全场性施工总平面布置图设计和各项技术经济指标。

施工组织设计的基本原则如下：

（1）目标性原则；

（2）科学合理和切实可行原则；

（3）施工方案的技术适用性和经济合理性相结合原则；

（4）分工协作和统一性原则；

（5）效率和精简原则；

（6）管理跨度和管理层次平衡原则；

（7）以人为本、质量第一、安全至上原则。

工程项目单一性的特点，使得任何一个工程的施工特点、难点均不同。因此，不同工程项目施工组织设计的内容和重点也各不相同，但是其编制方法和基本步骤并无太大差异。施工组织设计一般可按以下步骤进行：

（1）收集编制施工组织设计依据的文件和资料，一般包括：工程项目设计施工图纸、工程项目的施工进度和要求、施工定额、工程概预算及有关技术经济指标、施工中可调配的施工资源（人员、材料和机械装备）情况、施工现场的自然条件和技术经济资料等；

（2）编写工程概况：主要阐述工程的概貌、特征和特点，以及有关要求等；

（3）选择施工方案、确定施工方法：主要确定工程施工的先后顺序、选择施工机械类型并合理布置。明确工程施工的流向及流水参数的估算，确定主要项目的施工方法等；

（4）制定施工总进度计划：包括对分部分项工程量的计算、制定进度计划以及对进度计划的调整平衡等；

（5）计算工程所需的各种施工资源需用量并制定供应计划（包括各种劳力、材料、机械及其加工预制品等）；

（6）绘制施工总平面布置图；

（7）其他：指出有关工程质量易出现问题和易发生安全问题的环节，并制订预防措施、制定控制、降低工程成本（如节约劳力、材料、机具及临时设施费等）的具体要求和措施，确定项目考核技术经济指标等。

其中施工方案的合理选择是施工组织设计的核心。施工方案是否合理，不仅影响到施工进度计划和施工平面图的布置，而且还直接关系到工程的施工安全、效率、质量、工期和技术经济效果。施工方案设计主要包括确定施工程序、确定单位工程施工起点和流向、确定施工顺序、合理选择施工机械和施工工艺方法、安排预制件的外包加工制作，并确定安装顺序以及相关的施工技术组织措施等内容。对于大型、复杂的工程项目，以往以个人经验为基础，使用传统的2D技术方法选择合理可行的施工方案具有一定的局限和难度。而基于BIM的施工组织设计则可有效弥补传统技术手段的局限和不足。尤其是在施工方案选择、施工平面图布置、施工进度和施工资源规划等方面，BIM技术有着巨大价值和优势。充分合理地应用BIM，可以大大提高施工组织设计的效率和质量。

下面具体说明机电安装工程施工组织设计BIM应用的方法、流程和规范。

3.1.3.1 基于BIM施工组织设计的模型创建

基于BIM的施工组织设计主要是利用BIM模型虚拟原型工程施工，通过对施工过程进行可视化仿真模拟，分析验证施工方案的可行性及施工平面布置的合理性等，并通过对不同方案设置的比较，确定优化的施工方案和施工平面布置方案，最终实现最优化的施工组织设计。因此，创建可用于可视化施工过程模拟的4D BIM施工模型是基于BIM施工组织设计以及后续BIM在施工现场动态管理中应用的首要工作。

在3.1.1节中已经介绍过，BIM施工模型是由施工作业模型和施工过程模型两部分组成。深化设计完成的BIM施工作业模型包含了表示工程实体的几何尺寸、功能要求、构件性能等基本属性信息，但为了表示施工过程，实现对施工过程的可视化模拟，还需要创建针对具体施工项目的技术、经济、管理等方面的过程附加信息，如建造过程、施工顺序和进度、施工资源的配置及供应等。所以，首先应完整地定义施工过程附加信息，并将这些信息添加到BIM施工作业模型中，完成施工过程模型的创建，并与施工作业模型集成，共同组合成为完整的BIM施工模型。

为了尽可能准确、真实地反应施工过程和现场情况，进行BIM可视化虚拟施工前，需事先确定以下信息：

- 表示工程实体和现场施工环境的4D模型；
- 根据安装施工需要选择施工机械并确定运行方式；
- 确定施工方法和顺序；
- 确定所需临时设施及安装位置等。

因此，除了完成上述的BIM施工过程模型外，根据应用需求可能还需要创建施工场地模型、施工机械模型和临时设施模型等，具体如下：

（1）施工场地模型

施工前，施工方案设计人员先进行详细的施工现场查勘，重点研究解决施工现场整体规划、现场进场位置、卸货区位置、施工机械位置及危险区域等问题，确保建筑构件在起重机械安全有效范围内作业；利用4D施工模型模拟施工过程、构件吊装路径、危险区域、车辆进出现场状况、装货卸货情况等。施工现场虚拟过程可以直观、便利地协助管理者分析现场状况，找出潜在的问题，并制定可行的施工方案。这有利于提高效率、减少传统施工现场布置方法中可能存在的漏洞，并及早发现施工图设计和施工方案存在的问题，进而提高施工现场的生产率和安全性。

（2）施工机械模型

施工方法通常由工程产品和施工机械的使用决定，现场的整体规划、现场空间、机械性能、机械安拆的方式又决定了施工机械的选型。选定施工机械后，可以用简化模型表示，不必创建详细、逼真的三维施工机械模型。

（3）临时设施模型

临时设施是施工过程所需的辅助性服务设施，并不是工程实体的一部分。但其布置将影响工程施工的安全、质量和生产效率，4D临时设施模型对施工管理很有价值，可以辅助实现临时设施的优化布置及使用，还可以帮助施工企业事先准确估算所需要的资源、评估临时设施的安全性及是否便于施工，并及时发现可能存在的设计错误。

为了保证施工组织设计所确定的施工方案的可行性，对施工过程的可视化模拟分析是其中重要的环节之一。尤其对采用新工艺、新技术、新材料的工程项目，由于没有以往积累的工程经验可供借鉴、参考，这时准确、真实的施工模拟对选择正确的施工顺序、工法和合理的施工用料都起着更为重要的作用。

为了准确真实地模拟施工过程，对关键部位和重点工序应包含对施工动作的模拟分析。施工企业应通过对以往工程项目的总结、归纳和分析，提炼、规定一些标准的施工动作，并逐步建立起企业的施工动作库，以规范和标准化施工工艺流程，并提高4D施工模型虚拟仿真的制作效率。

3.1.3.2 基于 BIM 模型的施工总平面布置

施工总平面布置是按照施工方案和施工进度的要求，对施工现场的道路交通、材料仓库、附属设施、临时房屋、临时水电管线等作出合理的规划布置，从而正确处理整个工地施工期间所需的各项设施和永久建筑、拟建工程之间的空间关系。

（1）施工总平面布置的内容

- 建设项目施工用地范围内全部地上、地下已有和拟建的建筑物、构筑物及其他设施的位置和尺寸；

- 为整个工地施工服务的临时设施布置位置，包括生产性和生活性两大类；
- 项目施工必备的安全、防火和环境保护等设施布置。

（2）施工总平面布置的一般原则

- 在满足施工需要的前提下，尽量减少施工用地，施工现场布置要紧凑合理；
- 合理布置起重机械及各项施工设施，尽可能减少施工机械的使用数量；
- 合理组织运输，尽量降低运输费用，保证运输方便通畅；
- 施工区域划分和场地确定，应符合施工流程要求，尽量减少专业工种和各工种之间的干扰；
- 尽量利用各种永久性建筑物、构筑物和原有设施为施工服务，降低临时设施建造费用；尽量采用装配式施工设施，提高其安装速度；
- 各项施工设施布置都要满足：有利生产、方便生活、安全防火和环境保护要求。

然而，传统的 2D 施工总平面图存在一些不足。使用传统技术方法的施工平面布置，是以 2D 施工图纸传递的信息为依据，并最终以 2D 制图形式表示施工平面布置，不能直观、清晰地表现施工过程中的现场状况。随着施工进展，三维工程实体被逐步建造起来，而二维施工图纸及施工平面布置图无法直接反应工程进展的实际情况。因此，用 2D 施工图来指导实际的三维工程建造过程有其固有的局限和不足。

（3）BIM 的施工总平面图布置流程

基于 BIM 的施工总平面布置，首先要建立施工场地的所有地上、地下已有和拟建建筑物、库房、现场加工场地、管线道路、施工设备和临时设施等实体的 3D 模型；然后将动态时间属性赋予已创建的各 3D 实体模型，实现各实体对象的实时交互功能，使各实体对象随时间动态变化以形成 4D 场地模型；最后在 4D 场地模型中，根据现场变化修改各实体的位置和造型，使其反应施工场地的实际情况。基于 BIM 的施工总平面布置所使用的 BIM 模型，具有集中统一的工程数据库，记录了各实体的设备型号、位置坐标以及存在持续时间等信息，包括材料堆放场地、材料加工区、临时设施、仓库等设施的存放数量及时间、占地面积和其他各种信息。通过漫游虚拟场地，可以直观地了解施工现场布置，并查看各实体的相关信息，这为布置和优化施工场地提供了极大的方便；同时，当出现有影响施工布置的情况时，可以通过修改数据库的相关信息来更改需要调整之处。

（4）基于 BIM 施工总平面布置的优势

可结合施工现场的实地情况，并依据施工进度计划和各专业施工工序之间的关系，合理规划物料的进场时间、数量、进场顺序、堆放位置，并规划出清晰合理的取料路径；还可有针对性地布置临水、临电位置，保证施工各阶段现场的有序性，提高施工效率；即使现场临时出现施工顺序变动或工种工作时间拖延的情况，也可以根据 BIM 模型信息实时分析调整，做出最优的选择。基于 BIM 的施工总平面布置还可有效地积累和利用历史资料，根据工程数据库存储的全面、规范的场地信息和历史数据，协助施工组织设计人员参照以往的工程经验优化施工场地布置，为选择更为合理的施工场地布置方案提供技术支持。

3.1.3.3 基于 BIM 模型及虚拟施工技术的施工方案选择

施工方案选择是施工组织设计的核心，其主要工作内容包括确定施工程序、施工起点与流向、施工顺序，合理选择施工机械、施工工艺方法以及制定相关施工技术组织措施等。

（1）传统施工方案选择方式

施工过程的顺利实施是在有效的施工方案指导下进行的。目前，使用常规技术方法选择施工方案主要是基于项目经理及项目技术管理人员的经验来进行。然而，面对规模越来越庞大且日趋复杂的建设工程项目，仅凭经验编制施工方案已无法满足工程需求，而且很难对不同的方案进行比选、优化。同时，由于建筑项目的单一性和不可重复性，施工方案同样具有不可重复性，也就是不能像制造业那样，同一生产方案可用于某项产品的批量生产。现在常见的情况是，当某个工程即将结束时，一套完善的施工方案才会出现，但为时已晚。导致施工进度拖延、修改返工率高、建造成本超支等现象成为目前工程项目的常见问题。因此，在施工开始之前，选择合理可行的施工方案十分必要也极其重要。在虚拟施工技术出现之前，这一问题很难找到有效的解决方案。

（2）虚拟施工技术

所谓虚拟施工技术就是在计算机上利用创建的三维工程实体模型虚拟仿真实际建造过程，以便发现施工中存在或可能出现的问题并验证施工方案的可行性，是一种可控制、无破坏性、耗费少、风险低并且可多次重复进行的试验方法。虚拟施工技术不仅可以测试、比较不同的施工方案，还可以优化施工方案。

BIM 的引入为虚拟施工提供了有效的技术保障和支撑。深化设计完成的三维 BIM 施工作业模型已集成了拟建工程的几何模型、功能要求、构件性能等基本信息。经过施工组织设计对该模型进行处理，加入与施工进度相关的时间因素、构件的施工工序及相互之间关系以及所需的施工资源等表示施工过程的扩展信息后，形成完整的 4D BIM 施工模型。再结合使用仿真优化工具，如 Autodesk 的 Navisworks Manage 等，便可进行虚拟施工分析，即在实际工程施工之前先在计算机上对施工过程进行三维仿真演示。

（3）BIM 施工模拟流程

模拟过程通常包括施工程序、施工顺序、技术方法、设备调用和资源配置等运行情况。这样，一方面可以精确直观地展现施工状态、方法和工艺流程，有利于施工技术人员对整个工序的把握；另一方面，在模拟过程中如果发现问题，工程技术人员和施工人员可以提出新的替代方法对施工方案进行调整，并对新方法进行模拟以验证其是否可行，做到在工程施工前识别并有效解决绝大多数施工风险和问题。

通过对施工全过程的模拟，可以验证施工方案的可行性，有助于选择更为合理、有效、安全的施工方案。而对施工重点部位和关键工序可以反复模拟，通过各专业技术人员的分析协商提出针对施工重难点的专项工程指导方案，并通过模拟保证其在实施过程中的可行性和细节上的可靠性。

施工工艺流程标准化是施工企业综合能力的体现，基于BIM技术的标准化模型为建立施工工艺标准提供了技术支撑和有利条件。利用BIM技术的可视化特点模拟施工流程，由各方专业工程师合作，经过协商讨论及精细规划建立标准化施工工艺流程，保证专项施工技术在实施过程中细节上的可靠性，以达到专项施工技术在施工过程中切实可行和可靠的目标。然后在施工方案技术交底过程中，通过直观、详细的可视化施工模拟，使施工操作人员准确、清晰地理解工作内容、流程、方法和要求；再由施工人员按照虚拟施工流程和工艺进行施工，并确保施工技术信息的传递没有偏差（即施工时的实际做法与虚拟建造做法相同），以减少不可预见情况的发生，进而保证施工的顺利进行。

（4）BIM施工模拟用途

基于BIM模型并结合虚拟施工技术的施工方案选择可以得到：规划良好的施工程序、施工起点和流向、施工顺序、合理配置的施工资源、切实可行的施工工艺方法以及相关的施工技术组织措施等。

3.1.3.4 基于BIM的重点难点施工指导流程

面对一些局部情况非常复杂的地方，例如多家机电专业管线汇集并行或交叉的地方，往往是谁先到谁先做，不管别的专业是否能够在本专业做完之后施工，以至于造成后到的施工专业无法施工，或已经安装的设备管线必须拆除。此类情况应就局部部位进行深化设计，运用BIM的碰撞检测和施工顺序模拟，则可提前告知所涉及专业需要注意的地方，通过各方协调和模拟的施工顺序有效地指导施工，减少协调的工作量和不必要的施工成本。

BIM重点难点施工方案的模拟，用于重要的施工区域或部位，以BIM方式表达、推敲、验证施工方案的合理性，检查方案的不足，协助施工人员充分理解和执行方案的要求。模拟内容包括但不限于节点大样、几何外观、内部构造、工作原理、作业工艺、施工工序等。

企业通过BIM软件平台，采用立体动画的方式，配合施工进度。精确描述专项工程概况及施工场地情况，依据相关的法律法规和规范性文件、标准、图集、施工组织设计等模拟专项工程施工进度计划、劳动力计划、材料与设备计划等，找出专项施工方案的薄弱环节，有针对性地编制安全保障措施，使施工安全保证措施的制定更直观、更具有可操作性。

基于 BIM 的重点难点施工指导流程如图 3.11 所示。

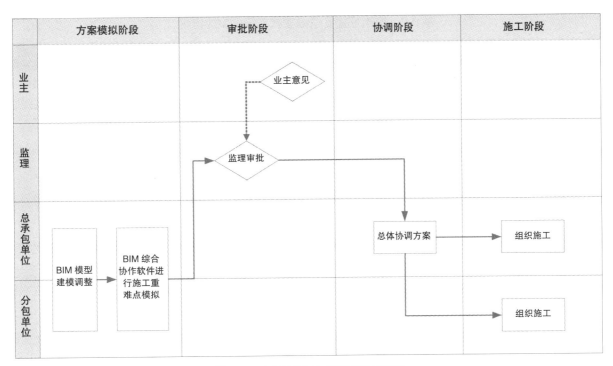

图 3.11　BIM 重点难点施工指导流程

通过三维、四维 BIM 模型演示，管理者可以更科学、更合理地对重点难点进行施工方案模拟及施工指导。施工方案的好坏对于控制整个施工工期的重要性不言而喻。BIM 的应用提高了专项施工方案的质量，使其更具有可建设性。表 3.8 是传统施工与 BIM 模拟下的施工比较。

表 3.8　传统施工与 BIM 模拟下的施工比较

传统施工	BIM 模拟施工
管线较为复杂的区域经常会存在安装时各专业的协调问题	直接体现施工界面和顺序，使得总承包和各专业施工之间的施工协调变得清晰明了
安装过程中没有很好地考虑到设备、管线安装进出空间，往往导致安装至一半，设备、管线无法安装摆放的问题	将四维施工模拟与施工组织方案结合，使设备材料进场、劳动力配置、机械台班等各项工作的安排变得最为经济、有效
安装后期，一旦专业间发生冲突，回转协调的余地非常小，常常出现安装完后需拆管返工的现象	避免专业之间冲突，有效提高一次安装成功率，大大降低返工现象

通过 BIM 软件平台，可把经过各方充分沟通和交流后建立的四维可视化模型和施工进度计划作为施工阶段工程实施的指导性文件。具体作用如表 3.9。

表 3.9　四维可视化模拟在施工阶段中的作用

序号	作用
1	在施工阶段，各专业分包商都将以四维可视化模型和施工进度为依据进行施工的组织和安排，清楚地知道下一步的工作时间和工作内容，合理安排各专业材料设备的供货和施工的时间，严格要求各施工单位按图施工，防止返工、进度拖延的情况发生
2	借助 BIM 技术进一步加强了文明施工的管理，施工组织方面严格实施标准化管理，实现流程、设施标准化
3	项目的施工管理对项目施工进行动态控制，在施工管理过程中，可以通过实际施工进度情况与四维可视化模型进行比较，直观了解各项工作的执行情况
4	当现场施工情况与模型有偏差时，及时调整并采取相应的措施。通过将施工模型与企业实际施工情况不断地对比、调整、完善企业施工控制能力，提高施工质量，确保施工安全，使企业在现场施工管理工作上能全面掌控

施工方案模拟展示应能真实充分地反映施工重点难点，并对实际操作起到良好的指导作用。

3.1.3.5　BIM 预制加工流程

管道预制加工是预先在设计建模的时候就将施工所需的管材、壁厚、类型等一些参数输入到模型当中，然后将模型根据现场实际情况进行调整，待模型调整到与现场一致的时候再将管材、壁厚、类型和长度等信息导成一张完成的预制加工图，将图纸送到工厂里面进行管道的预制加工，等实际施工时再将预制好的管道送到现场进行安装。这就对 BIM 模型的准确性和信息的完整性提出了很高的要求。从某种意义上讲，BIM 模型的准确性决定了预制加工的精确程度。BIM 预制加工的主要工作流程如图 3.12 所示。

在深化设计阶段，利用 BIM 软件制作一个较为合理、完整，又与现场高度一致的 BIM 模型，将其导入适当的应用软件，通过必要的数据转换、机械设计以及归类标注等工作，可以把 BIM 模型转换为预制加工设计图纸，指导工厂生产加工。

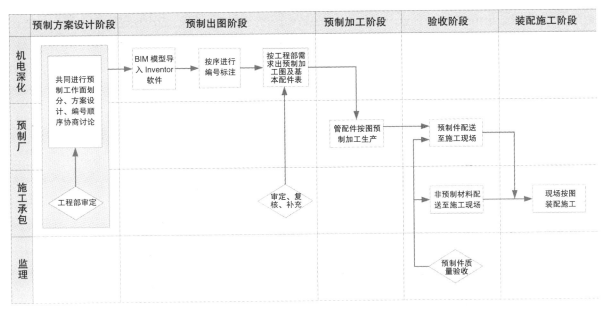

图 3.12　BIM 预制加工流程（深化设计方、施工分包、预制加工、监理）

3.1.4　基于 BIM 应用的分析及优化规范

在深化设计和施工组织设计过程中创建的完整的 BIM 施工模型集成了项目相关的所有工程信息，并且基本上都是可计算信息，结合使用相应的分析软件工具，可进行多种分析计算。同时，通过适当修改模型或更改模型中的属性信息，便可对多种设置或方案进行分析模拟及比选优化。

为了充分发挥 BIM 技术在深化设计和施工组织设计中的优势，确保施工过程顺利进行，特制定分析及优化规范。目前，分析规范主要包括标高分析、复核分析和施工可行性分析规范；优化内容则包括深化设计方案优化、施工进度优化、拼装优化、管线布留优化、支架预埋布留优化及空间优化。

3.1.4.1　标高分析及空间优化

施工深化设计在工程中是一个多专业协调的阶段，其深化结果的优劣直接决定了施工的进度控制和工程的质量控制，在整个工程的建筑过程中是非常重要的一环。而标高问题是影响深化设计结果的一个重要因素。运用 BIM 技术可以对模型的标高进行分析，使机电管线、桥架和设备等设计合理、美观，尽可能提高楼层的层高。

通过 BIM 技术，能合理排布各种管线，进而提升空间价值感。空间净高的认定以管线设备最下缘到地面的高度为准,图 3.13 是基于 BIM 技术提升某冷冻机房净高的示意图,图中通过空间优化手段,将原来净高 3100mm 提升到 3450mm。最终,冷冻机房不仅实现零碰撞,还通过 BIM 技术优化了空间设计。

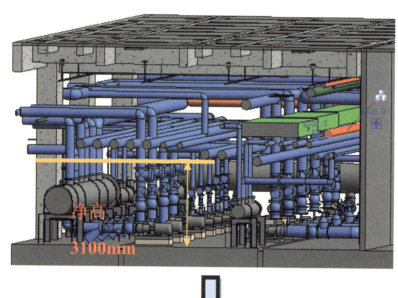

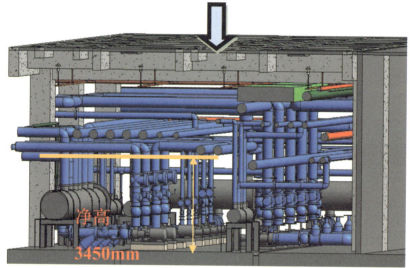

图 3.13 基于 BIM 技术提升某冷冻机房净高的示例

3.1.4.2 复核分析及深化设计方案优化

复核分析包括深化设计传统复核和深化设计 BIM 模型复核。

深化设计传统复核在深化设计前,须对各系统功能及设备各项参数有充分的理解。掌握当前各系统的适用规范及行业标准,同时了解相关行业类似产品的情况及行业发展动态。在明确这些特殊专业的需求后，通过发挥BIM模型的及时性、正确性及完整性的特点，详细核算给排水、电气、消防、通风空调等系统的各项参数，配合设备材料选型，使工程深化设计更先进、合理。如果在深化设计过程中对管线布局、走向进行调整，则将会对设备负荷造成影响，因此需对系统进行复核计算。在深化设计初期，企业应运用BIM技术对各专业系统内的设备、管线进行复核验算并提交相关计算书，如表3.10所示。

表3.10 深化设计传统复核计算书示例

序号	计算书内容	使用专业
1	管道支架选型及计算	给水、热水空调、消防、燃气、发电机
2	消音计算	空调
3	风机静压复核计算	空调
4	水泵扬程复核计算	水、空调、消防
5	风量平衡（正、负压）等	空调、厨房、洗衣房等
6	垂直电缆固定支架等	电气

深化设计BIM模型复核应包括：主体钢结构、幕墙、机电（包括地下室、设备层）。以下详细介绍机电专业BIM复核相关内容。

机电专业BIM复核应遵循以下原则：

- 机电在施工前，应由承包商负责完成该项工程深化设计阶段全部的BIM模型。
- 该模型建立前，承包商应与BIM咨询顾问和业主就其模型规划进行详细讨论，确定模型建立的精度、深度、模型应包括的信息、模型的后续使用需求。
- 涉及非机电专业的模型，应由BIM顾问咨询单位，向机电承包商提供原基础模型。
- 建立完成的机电BIM模型，应提交给项目BIM管理组，由BIM咨询顾问负责审核是否符合模型规划的要求。
- 机电专业BIM模型的冲突报告，应由机电承包商向BIM咨询顾问单位和业主提供。
- 对于需要对原图（模型）进行改动的，应由机电承包商向业主提出书面报告和模型，再由总包单位组织各相关施工方予以确认。需要设计单位和业主参加时，应由总包单位提出要求。
- 经技术协调后进行模型检查，各单位调整各自图纸，各承包商按照图纸要求进行施工，并以模型作为参照核查。

上述深化设计BIM复核流程图如图3.14所示。

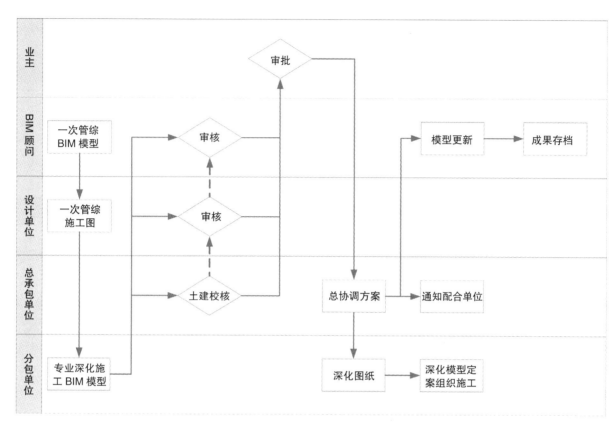

图 3.14　机电深化设计 BIM 复核流程图

实时反映的数据更能进一步为变更后的参数进行校核。在深化设计工作中往往通过管线的上下翻转来作管线综合的调整，若未对调整变更后的设备参数进行复核并与原设计参数进行比较，则可能导致实际运行效果不理想的情况。用传统方法对设计参数进行复核是一项很复杂的工作，而通过 BIM 技术进行实时的参数检测，则能提高调整后设计的准确性。

全程变更 BIM 模型复核应遵循以下原则：

● 依据施工图设计签认的设计变更类文件和图纸（包括洽商单等），随时跟踪进行模型更新。

● 一次输入：应由业主提供变更设计图纸。

● 模型建立：应由 BIM 咨询顾问完成该项变更的模型建立。

● 模型复核：完成变更模型与原设计模型之间的叠合、碰撞检查的等工作。

● 应提交该项变更的碰撞检查报告和优化建议报告。

● 由业主提供业主确认的最终版变更设计图纸，按图更新模型。

上述机电全程变更 BIM 模型复核流程如图 3.15 所示。

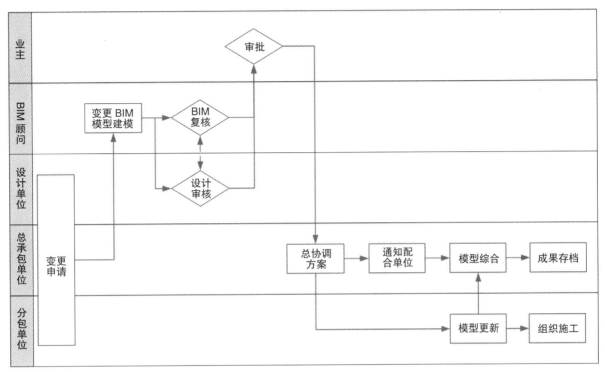

图 3.15 机电全程变更 BIM 模型复核流程图

利用 BIM 技术首先在企业应对工程变更上能起到促进作用，通过具有实时性的建筑模型，实时更新的工程量统计结果，无需重复统计。针对多次调整的情况，BIM 技术可以利用其可视化的特点，直接模拟多种调整方案并进行比较，在源头上杜绝可能产生的多次调整。在深化设计的早期阶段，充分利用 BIM 技术所具有的优势进行设计方案的优化与比选，是 BIM 技术应用的核心价值之一。

在正式接收设计阶段的 BIM 模型后，应根据实际施工图纸对模型进行深化工作，根据图纸中所示的管线走向重新深化模型中的管线，特别是高弯头、接口、支架等。其次，根据阀门、设备等厂商提供的设备信息，将模型中的各类阀门设备等进行更新（具体内容将根据总包制定的 BIM 模型标准）。然后，在模型中输入与施工有关的信息，例如：安装时间、管道的类型、标高、管径、管材、保温、阀门及设备的型号、厂商、地址、电话信息。上述规范化操作能保证在日后的运维管理过程中方便地查找到相关信息。

3.1.4.3 施工可行性分析及施工进度优化

一般情况下，在施工前需要对项目建设进行细致规划，分析项目整体或局部的施工方案的可行性，这对今后管理、协调工作的开展具有指导意义。BIM 技术的应用使施工方案可行性的分析更具有针对性和可操作性。施工方案的编排一般由手工完成，繁琐、复杂且不精确，在通过 BIM 软件平台模拟应用后，这项工作变得更加简单、易行。而且，通过三维、四维 BIM 模型演示，管理者可以更科学、更合理地对重点难点进行施工方案模拟预拼装及施工指导。施工方案的好坏对于控制整个施工工期的重要性不言而喻，BIM 的应用提高了专项施工方案的质量，使其更具有可建设性。

在机电设备项目中，通过 BIM 的软件平台，采用三维动画的方式，配合施工进度，精确描述专项工程概况及施工场地情况，依据相关的法律法规和规范性文件、标准、图集、施工组织设计等模拟专项工程施工进度计划、劳动力计划、材料与设备计划等，找出专项施工方案的薄弱环节，有针对性地编制安全保障措施，使施工安全保证措施的制定更直观、更具有可操作性。如深圳某超高层项目，结合项目特点拟在施工前将不同的施工方案模拟出来，例如钢结构吊装方案、大型设备吊装方案、机电管线虚拟拼装方案等，并向该项目管理人和专家讨论组提供分专业、总体、专项等特色化演示服务，给予更为直观的感受，帮助确定更加合理的施工方案，为工程的顺利竣工提供保障。图 3.16 为深圳某超高层建筑施工虚拟吊装方案示例。

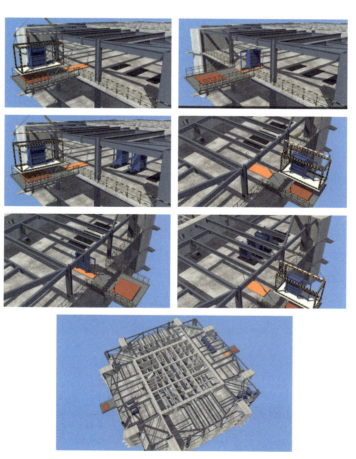

图 3.16 深圳某超高层建筑施工虚拟吊装图

通过 BIM 软件平台可把经过各方充分沟通和交流后建立的四维可视化虚拟拼装模型和施工进度计划作为施工阶段工程实施的指导性文件。通过三维 BIM 模型演示，管理者可以更科学、更合理地制定施工方案，直接体现施工的界面及顺序。图 3.17 是某项目走道管线不同排布方案的对比图。

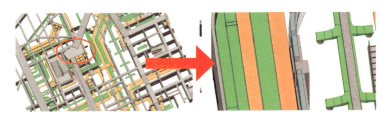

(a) 某项目 B1 层走道管线排布方案一

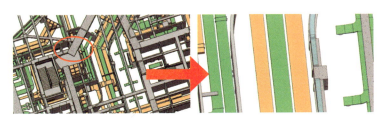

(b) 某项目 B1 层走道管线排布方案二

图 3.17　不同方案对比图

机电设备工程可视化虚拟拼装模型在施工阶段中实现了：在施工阶段各专业都将以四维可视化虚拟拼装模型和施工进度为依据，进行施工的组织和安排，清楚地知道下一步的工作时间和工作内容，合理安排各专业材料设备的供货和施工的时间，严格要求各施工单位按图施工，防止返工、进度拖延的情况发生。借助 BIM 技术在施工进行前对方案进行模拟，找寻问题并给予优化，同时进一步加强施工管理对项目施工进行动态控制；在施工管理过程中，可以通过实际施工进度情况与四维可视化虚拟拼装模型进行比较，直观了解各项工作的执行情况。当现场施工情况与模型有偏差时应及时调整并采取相应的措施。通过将施工模型与企业实际施工情况不断地对比，调整、改善企业施工控制能力，提高施工质量，确保施工安全，使企业在现场施工管理工作上能全面掌控。传统进度管理方法虽然可以对工程项目前期阶段所制定的进度计划进行优化，但是由于自身存在着缺陷，所以项目管理者对进度计划的优化只能停留在一定程度上，即优化不充分。这就使得进度计划中可能存在某些没有被发现的问题，当这些问题在项目的施工阶段表现出来时，项目施工就会相当被动，甚至产生严重影响。

BIM 设计成果之一是高仿真的三维模型，设计师可以从自身或业主、承包商、顾客等不同角度进入到建筑物内部，对建筑进行细部检查；可以细化到对某个建筑构件的空间位置、三维尺寸和材质颜色等特征进行精细化的修改，从而提高设计产品的质量，降低因为设计错误对施工进度造成的影响；还可以将三维模型放置在虚拟的周围环境之中，环视整个建筑所在区域，评估环境可能对项目施工进度产生的影响，从而制定应对措施，优化施工方案。

施工进度模拟的目的，用于在总控时间节点要求下，以BIM方式表达、推敲、验证进度计划的合理性，充分准确显示施工进度中各个时间点的计划形象进度，以及对进度实际实施情况的追踪表达。

基于BIM的进度管理，通过反复的施工过程模拟，让那些在施工阶段可能出现的问题在模拟的环境中提前发生，逐一修改，并提前制定应对措施，使进度计划和施工方案最优，再用来指导实际的项目施工，从而保证项目施工的顺利完成。上述主要流程如图3.18所示。

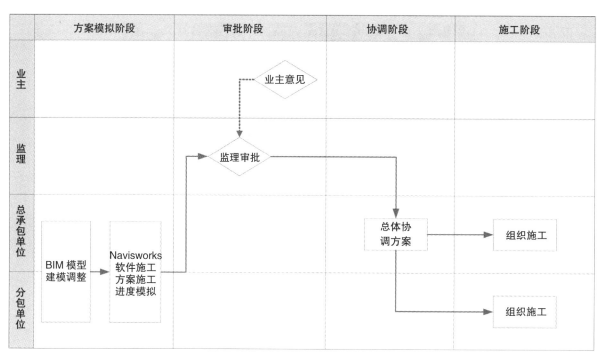

图3.18　BIM施工进度模拟流程

企业施工进度模拟优化主要利用适当软件对整个施工工期进度进行模拟，方便现场管理人员及时地对部分施工节点进行有效的控制。当现场施工情况与进度预测存在偏差时，通过BIM施工进度模拟演示能够及时调整并采取相应的措施。再通过将进度规划与企业实际施工情况不断地对比，调整进度规划值，完善企业进度控制能力，使企业在施工进度控制管理工作上能全面掌控。

BIM技术对企业施工进度的优化主要体现在以下几个方面：

- BIM 对施工方案的模拟：根据业主提供的施工方案计划，企业利用 BIM 三维演示功能为业主提供施工方案的三维模拟。模拟内容包括机电设备吊装模拟（主要指冷冻机、锅炉、冷却塔等大型设备）和机电管道、支架、末端设备等方案模拟。
- BIM 对物流配送的支持：利用 BIM 模型进行工作面划分，再通过 BIM 的材料功能，对单个工作区域的材料进行归类统计，要求材料供应商按统计结果将管道、配件分装后送到材料配送中心。BIM 模型的精确归类统计大幅度减少了材料发放审核的管理工作，能有效控制领用过程，减少不必要的人员与材料运输成本。
- 施工进度模拟：当项目施工体量大、建设时间长时，在建造过程中各种变化因素都会对施工进度造成影响。因此，企业利用 BIM 的 4D、5D 功能，将修改后的三维建筑模型和优化过的四维虚拟建造动画展示给项目的施工人员，可以让他们直观了解项目的具体情况和整个施工过程，更深层次地理解设计意图和施工方案要求，减少因信息传达错误而给施工过程带来的不必要的问题，并可加快施工进度和提高项目建造质量，保证项目决策尽快执行。

利用三维动画对进度计划方案进行模拟，更容易让人理解整个进度计划流程，对于不足的环节可加以修改完善，对于所提出的新方案可再次通过动画模拟进行优化，直至进度计划方案合理可行。表 3.11 是传统方式和 BIM 方式下进度掌控的比较。

表 3.11 传统方式与 BIM 方式进度掌控比较

项目	传统方式	BIM 方式
物资分配	粗略	精确
控制方式	通过关键节点控制	精确控制每项工作
现场情况	事前无法预测	事前可模拟预判
工作交叉	以人为判断为准	各专业按协调好的图纸施工

- 劳动力配置：为科学、合理配置劳动力，错开施工的高峰与低谷，企业利用 BIM 模型将工程量提取出来，与工程进度匹配后形成劳动力配置表，对劳动力分配进行优化。
- 质量、安全管控模拟：根据监理部门的需要，把机电各专业施工完成后的影像资料导入到 BIM 模型中进行对比。将系统运行、完成标高以及后道工序施工等问题，以三维图解的方式详细记录到报告中。为监理单位的下一步整改提供依据，确保施工质量达到深化设计的既定效果。

3.1.4.4 管线布留优化

在 BIM 模型中，不仅可以反映管线布留的关系，还能结合软件的动画设计功能模拟施工效果。在模型调整完成后，BIM 设计人员可提供模拟施工效果服务。通过现场实际施工进度和情况与所建模型进行详细对比，并将模型调整后的排列布局与施工人员讨论协调，充分听取施工人员的意见后确定模型的最终排布并加以演示。一旦系统管线或末端有任何修改，技术人员都可以通过调整反映在模型中，及时模拟出施工效果，在灯具、风口、喷淋头、探头、检修口等设施的选型与平面设置时，除满足功能要求外，还要兼顾精装修方面的选材与设计理念，力求达到功能和装修效果的完美统一。

企业通过调整模型和现场勘查对比，辅助施工部门做到合理布局，达到空间利用率最大化的要求；在满足施工规范的前提下，兼顾业主的实际需求，实现其使用功能和布局美观的完美结合。最终演绎布局合理、操作简便、维修方便的理想效果。图 3.19 是一个 BIM 施工模拟效果图示例。

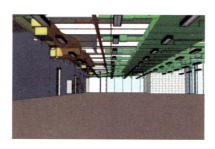

图 3.19　BIM 施工模拟效果图

3.1.4.5　支吊架布局优化

在深化设计中，支架预埋布留也是不可或缺的一部分。在管线情况较为复杂的地方，经常会存在支架摆放困难、无法安装的问题。对于剖面未剖到的地方，支架是否能够合理安装，符合吊顶标高要求，满足美观、整齐的施工要求就显得尤为重要。其次，从施工角度而言，部分支架在土建阶段需要在楼板上预埋钢板，如走道管线较多的地方，支架为了承受管线的重量就需要在楼板进行预埋，但在对机电管线未仔细考虑的情况下，具体位置无法控制定位，现在普遍采用"盲打式"预埋法，在一个区域的楼板上均布预留。针对上述问题，提出了以下解决方案（表3.12）。

表 3.12　支架预埋布留问题及解决方案

存在的问题	解决方案
1. 支架未对机电管线量身定造，支架布留无法保证100% 成功安装 2. 预埋钢板利用率较低，管线未经过地方的预埋板造成大量浪费 3. 对于局部特殊要求的区域可变性较小，易造成无法满足安装或吊顶要求	1. 利用 BIM 三维模型模拟出支架的布留方案，在模型中提前模拟出施工现场可能会遇到的问题，对支架具体的布留摆放位置给予准确定位 2. 对剖面未剖到、未考虑到的地方，在模型中都可以形象具体地进行表达，确保100% 能够实现布留及吊顶高度

在项目中，需要进行支架、托架安装的地方很多，结合各个专业的安装需求，我们将通过 BIM 模型直观反映支架及预埋的具体位置及施工效果，尤其对于管线密集、结构突兀、标高较低的地方，通过支架两头定位，中间补全的设计方式辅助深化出图，模拟模型，为深化的修改提供良好依据，使深化出图图纸更加精细。图 3.20 是一个 BIM 三维模型支架布留图，图 3.21 为 BIM 模型生成的支架点位图。

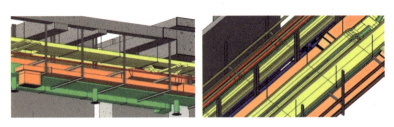

图 3.20　BIM 三维模型支架布留图

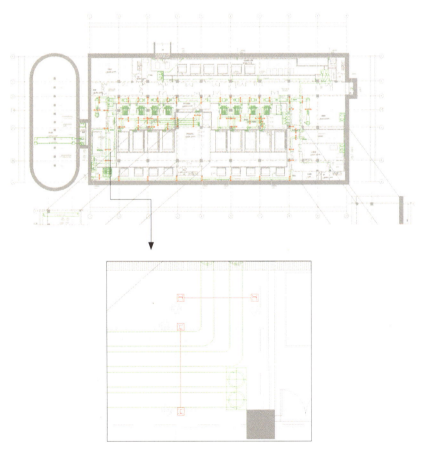

图 3.21　BIM 模型生成的支架点位图

3.1.4.6 人性化设计

在深化设计中除了满足施工安装外,还需有以人为本的思想。虽然在施工上不存在问题,但从使用和后期维护上来说仍然存在诸多不便。在卷接包管道层及辅房二层的 BIM 设计中,上安机电 BIM 技术团队就考虑到这方面的问题,提出在本层中设置检修通道的方案。如何在管线繁多的本层中设置出一条检修通道?这是对 BIM 团队专业技术的一大挑战。

首先,BIM 团队通过建模的方式模拟出几个布留方案进行评判选择,通过多次比较讨论,协商确定预留检修通道具体位置及走向,检修通道基本设置在靠近门楼梯的区域,方便设备装卸和运输。在方案后期加以 BIM 技术的运用,成功模拟出预留检修通道模型。该人性化的设计方案不仅方便工作人员以及机械设备进出,还体现出通过 BIM 建模提前在施工前模拟出现场的管线布置,有效表现出三维空间内管线配置的各种可能性,最大程度体现人性化设计。图 3.22 是卷接包管道层及辅房二层检修通道 BIM 模型示例。

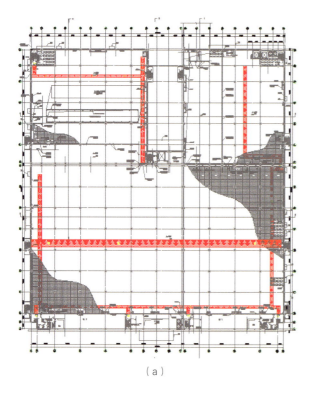

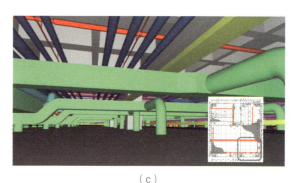

(a)

(b)

(c)

图 3.22　卷接包管道层及辅房二层检修通道 BIM 模型示例

3.2 机电安装工程施工安装阶段 BIM 应用指南和规范

机电安装施工安装阶段是指自开工至竣工的实施过程。这一阶段的目标是完成合同规定的全部施工安装任务，达到验收、交工的条件。

建筑施工是一个以现场管理为核心的生产行业，主要生产活动都集中在施工现场。因此，科学有效的现场管理是施工过程顺利进行并按时完成的重要基础和保障。有效的施工现场管理必须在项目建设过程中合理制定施工计划、精确掌握施工进程，优化使用施工资源及科学地进行场地布置，对整个工程的施工进度、资源和质量进行统一管理和有效控制，以达到缩短工期，降低成本，提高质量，为企业创造更高效益的生产目标。

建筑工程的施工是一个非常复杂、动态和综合的过程。尤其是现代的大型工程项目，具有规模大、复杂性高和工期长的特点，通常涉及多个专业、工种的协调，大量资金和材料的调度以及施工机械、设备的管理等内容。面对这样的建设项目，依靠以往积累的工程经验和传统的技术手段已经难以对工程施工的进度、质量和成本，以及合同、工程信息等进行有效管理。例如：通常用于表示进度计划的横道图（又称甘特图），表示资源计划的直方图，无法清晰描述不同工种施工进度之间的各种复杂关系，难以准确表达工程施工的动态变化过程，更不能动态地优化分配所需要的各种施工资源和场地。因此，合理地选择新技术以提升施工现场的管理手段，并进而提高生产效率和工程质量是目前工程建设的现实需求。

BIM 作为建设行业一项新兴的变革性技术，为提高施工现场的管理水平提供了新的途径和技术支撑。BIM 是以三维数字技术为基础，集成了建筑工程项目各种相关信息的工程数据模型，是对建筑工程项目设施实体及功能特性的数字化表达。BIM 记录和连接了建筑项目生命期不同阶段的过程、资源和成果等信息，是各参与方共享的项目协同平台和工程信息资源。

基于 BIM 技术的施工现场管理，一般是基于施工准备阶段完成的 BIM 施工模型和 BIM 场地模型，配合选用适当的 BIM 施工管理软件进行的。这样的技术组合不仅是一种可视的媒介，既可以观察建筑实体变化过程的图形化模拟，而且能对整个变化过程进行优化和控制。这样就有利于提前发现并解决一些潜在的问题，减少施工过程中的不确定性和返工风险；按照施工顺序和流程模拟施工过程，可以对工期进行比较精确的计算、规划和控制，也可对人、机、料、法等施工资源统筹调度、优化配置，实现对工程施工过程的交互式可视化和信息化管理。

项目成本、进度和质量是工程建设项目管理的三大目标和工程项目在各阶段的主要工作内容，也是整个施工过程的中心任务。尽管在长期的工程实践中，行业已经积累了大量有关工程项目三大目标管理的理论和方法，并利用这些理论和方法指导了大量的工程项目建设。以往的工程实践也已经证明了这些方法具有一定的有效性和可行性，并形成了稳定、成熟的工作体制和流程。但是随着现代建设项目日益趋于大型化和复杂化，传统的管理方法和技术手段由于其自身的局限性，已很难满足对于项目管理水平不断提高的要求。因此，迫切需要引入新的管理方法和技术手段，迅速提高工程项目的管理水平，以满足建筑行业快速发展的现实需求。

BIM 技术的出现，为建筑行业提供了新的管理方法和技术手段，将 BIM 技术用于工程建设项目管理，具有其独特的优势和重要价值，可以有针对性地解决现有方法存在的问题和不足，提高项目整体的管理效率和水平。

目前在国际上比较流行的施工管理 4D BIM 商用软件主要有：美国天宝公司（Trimble）的 Vico Office Suite 施工管理套件、Innovaya 公司的 Innovaya Visual 4D Simulation、英国 Synchro 软件公司的 SynchroProfessional / SynchroScheduler 和德国 RIB 公司的 RIB iTWO 等。国内软件有理正、金汇、珠海等。施工企业可根据自身特点和业务需求选用适当的软件系统用于施工管理。

下面分别介绍在机电安装工程项目进度、成本、质量以及安全管理中，BIM 应用的要求和规范。

3.2.1　机电安装工程项目进度管理 BIM 应用指南

英国皇家特许建筑师学会在《建设工程项目管理实践指南》中对项目管理的定义是：项目管理是贯穿于整个项目的一系列计划、协调和控制工作，其目的是为了在功能与财务方面都能满足客户的需求；客户对项目的需求表现为，项目能够在认可的成本和要求的质量标准前提下及时完成。在项目整个建设周期内，要对资源不断进行调配，及时做出科学决策，使项目在满足进度要求的前提下处于最佳运行状态，并产生最佳效果。项目管理的目的是使项目得到不断增值。

施工项目的进度管理是施工项目管理的重点内容之一，在现代工程项目管理中，进度已与工程项目的任务、资源、工期、质量和成本等有机地结合起来，被赋予了综合含义，是一个全面反映项目实施状况的综合指标。施工项目进度管理的实质就是合理安排资源供应，有序地实施施工项目各项活动，保证施工项目按业主的工期要求以及施工企业投标时对进度的承诺完成。施工项目进度管理的总目标是施工承包合同中目标工期的实现。

施工项目进度管理是指根据施工项目工期目标要求编制出最优的施工进度计划，并在经确认的进度计划的基础上全面实施工程各项具体工作，在一定的控制期内检查实际进度完成情况，并将其与进度计划进行比较，若出现偏差，要分析产生的原因和对工期的影响程度，并采取必要的调整措施或修改原进度计划，不断如此循环，直至工程项目竣工验收。

一般情况下，施工项目进度管理主要包括进度计划编制和进度计划在施工活动中的实施与控制两个方面的内容。

CHAPTER 3 MEP ENGINEERING ENTERPRISE BIM IMPLEMENTATION STANDARD – GUIDELINES OF CONDUCT

施工项目进度管理应建立以项目经理为责任主体，由各子项目负责人、计划和调度人员、各作业队长及施工班组长参加的项目进度管理体系。

施工项目进度管理一般按下列程序进行：

（1）确定施工进度目标，明确计划开工日期、计划总工期和计划竣工日期，并确定各子项目分期分批的开工、竣工日期；

（2）编制施工进度计划，并得到各个相关方，包括施工企业、业主和工程监理方的批准；

（3）实施施工进度计划，由项目经理部的工程部调配各项施工生产要素，组织和安排各工程队按进度计划的要求实施项目施工；

（4）施工项目进度控制，在施工项目部计划、质量、成本、安全、材料、合同等各个职能部门的协调下，定期检查各项活动的完成情况，记录施工项目实施过程中的各项信息，通过对实际施工进度与进度计划的比较，判断施工项目的进度完成情况，如果施工进度出现偏差，则应采取适当措施调整施工作业安排或调整进度计划，以实现对施工项目进度的动态管理；

（5）全部施工任务完成后应进行进度控制总结并编写进度控制报告。

在目前通常采用的传统施工项目进度管理方式中，进度计划编制使用的方法主要有：关键日期表、横道图、网络计划技术［包括关键路径法（CPM）、计划评审技术（PERT）］等；进度控制的主要方式是通过收集实际施工进度信息，与进度计划进行对比分析，发现问题并及时采取调整措施。进度计划比较所采用的主要方法有：横道图比较法、S形曲线图比较法、香蕉曲线比较法、横道图与香蕉曲线综合比较法、垂直比较法和前锋线比较法等。一般配合使用的软件有：Oracle公司的P6（Primavera 6.0）和Microsoft公司的Project等。

但采用这种进度管理尤其是进度计划编制方式，在很大程度上还是依靠施工企业的现场施工经验和项目管理者的个人经验。虽然有施工合同、工程图纸、施工方案等技术文件为基础，并有相应的项目管理软件作为技术支撑，但是由于工程项目的唯一性、个人经验的主观性以及现有技术方法和软件工具的局限性，使制定的进度计划经常会有某些不合理之处，导致施工不能准确按进度计划组织实施，最终造成工程进度延误，无法实现项目工期目标。可见现有技术方法的局限性，已难以满足对工程项目管理不断提高的要求，必须采用新的技术方法和管理方式。将BIM技术引入施工项目进度管理，利用其技术特点和功能优势，并综合应用传统技术和方法可有针对性地解决现存问题，进而达到提高进度管理效率，保证实现项目工期目标的目的。

基于BIM的进度管理是在现有进度管理体系中引入BIM技术，综合发挥BIM技术和现有进度管理理论与方法的价值。BIM技术在施工项目进度管理中的应用主要是利用4D BIM施工模型并通过虚拟施工过程实现的。4D BIM施工模型是将使用传统技术方法编制的进度计划和表示工程对象的三维BIM模型链接生成的。基于4D BIM施工模型的施工过程模拟是在三维可视化虚拟环境中，根据设定的时间信息将模型构件按照实际施工顺序装配成整体建筑，直观地展示整个施工进程。从而使得项目管理人员在三维可视化环境中查看施工作业过程，可以更容易识别出潜在的作业次序错误和作业安排冲突等问题。而且在处理设计变更或施工作业次序变更时会更准确和更有针对性。此外，施工过程可视化还可使项目管理人员在计划阶段更易分析、预测建造可行性以及相关资源分配的合理性，如现场作业空间、施工设备机具和劳动力的安排配置等，使编制的施工进度计划科学合理并切实可行。

因此，基于BIM的进度管理体系是建立在传统进度管理体系之上，以BIM模型为核心，通过建立BIM、WBS、网络计划之间的相互关联，集成应用传统进度管理理论、技术方法和BIM技术，改善进度管理流程，实现进度管理最优化。在传统工程项目进度管理中，Project、P6等专业管理软件为项目管理者提供了很大帮助。引入BIM应用后，项目进度管理同样需要相关项目软件系统的支持，而并非仅靠BIM软件就能够完成所有管理工作。表示工程对象的三维BIM模型是项目实施、管理的综合共享信息平台，也是进度管理BIM应用的核心与基础，而创建包含表示进度时间信息的4D BIM施工模型是实现进度管理BIM化核心功能的关键。施工项目进度管理BIM应用主要包括：工程进场前的进度计划编制和施工过程中的进度计划实施及控制。

3.2.1.1 基于BIM的进度计划编制

施工进度计划是施工过程的时间序列和作业进程速度的体现，是在确定的施工项目目标工期的基础上，根据相应完成的工程量，对各项施工过程的施工顺序、起止时间和相互衔接关系以及所需的劳动力、各种技术措施、物质资源的供应所作的具体策划和统筹安排，从而保证施工项目能够在规定的工期内，以尽可能低的成本和高的质量完成。

施工进度计划可根据编制对象、功能、深度及周期等划分为不同的进度计划体系：

（1）不同层次的进度计划体系，包括：控制性进度计划、指导性进度计划和实施性（操作性）施工作业进度计划等，应分别由施工企业或施工项目经理部中不同层次的责任人负责编制，并分别应用于不同层次的责任人对施工项目的进度控制；

（2）不同深度的进度计划体系，包括：施工项目总进度计划、单项工程施工进度计划、单位工程（或专项工程）施工进度计划、分部分项工程作业进度计划；

（3）不同计划周期的进度计划体系，包括：年、季、月施工进度计划，旬、周、日作业计划等；

（4）不同施工阶段的进度计划体系，包括：准备工作计划、实施阶段进度计划、竣工验收计划等；

（5）不同施工单位编制的进度计划体系，包括：总承包施工进度计划、分包商施工进度计划、各工种作业计划、材料及设备供应商供应进度计划等。

通常使用较多的是按不同深度编制的进度计划，有时根据需要结合使用按不同计划周期编制的进度计划。对于机电安装工程一般需要编制具有控制性的施工总进度计划、指导性的单位/主要分部工程进度计划、实施操作性的分部分项工程或以工序为单元的作业进度计划。作业进度计划通常按计划周期用月计划、旬（周）计划和日计划表示。

在进度计划编制中引入 BIM 应用并不改变原有的工作内容和相关人员所承担的责任，只是采用了新的技术方法和手段，以及为配合新技术方式需部分改变原有的工作流程。基于 BIM 进度计划的编制是以 BIM 施工模型为基础，结合应用传统进度管理方法和软件，通过建立工作分解结构（WBS）、工期估算以及工作逻辑关系安排等步骤实现的。图 3.23 是机电安装工程项目进度管理 BIM 应用流程。

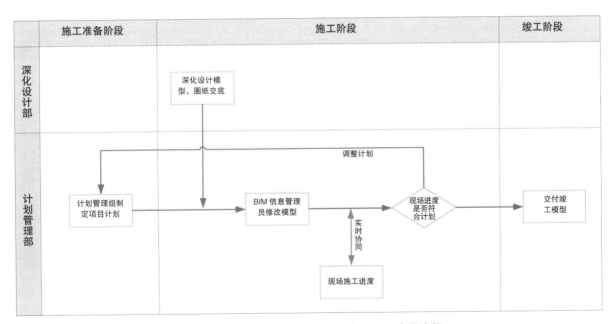

图 3.23　机电安装工程项目进度管理 BIM 应用流程

1. 进度计划编制流程

施工进度计划编制的基本流程为：

①分析明确施工项目任务、范围及施工条件，确定施工进度总目标。根据施工合同定义施工任务和范围以及对施工条件进行分析调查，对施工进度总目标进行分解。可将施工进度总目标按不同项目内容、不同施工阶段、不同施工单位、不同专业工种等分解为不同层次的进度分

目标，并分别编制施工进度计划。

②制定施工部署，拟定主要施工项目的工艺组织方案。不同的施工部署和主要施工方案，直接影响施工项目的进度目标及施工进度计划的安排，须仔细研究，反复比选。

③确定施工活动的内容或名称，并计算其工作量、资源需用量等。根据工作分解结构（WBS）的要求，分别列出各进度计划的活动（WBS工作包）内容。施工进度计划中工作的划分可粗可细，应根据实际需要而定。对于控制性施工总进度计划，工作宜划分得粗一些，一般只列出单位工程或主要分部工程；对于实施性施工分进度计划，为了便于指导实际施工，并使计划得到贯彻，工作应划分得细一些，一般宜划分到分项工程及主要工序。

④根据施工部署及施工方案，确定控制性主要施工活动的施工流程，并分析各项施工活动之间的逻辑关系。施工项目各项工作之间的逻辑关系可根据施工项目的WBS及其关系确定。

⑤确定各项施工活动的持续时间。确定各项工作持续时间采用的方法，主要有定额计算法和经验估算法。

⑥制定初步施工进度计划。运用流水施工原理、网络计划技术等，根据上述各项分析结果制定初步的施工进度计划。对于网络计划需进行时间参数计算、确定关键路径及计算工期，应采用相应的项目管理软件（Project、P6及国产软件，如梦龙、博科、易利等）进行进度计划的编制。

⑦施工进度计划的优化与调整。将进度计划与三维BIM模型链接关联，生成4D BIM施工模型，并利用4D BIM施工模型进行可视化施工模拟。根据施工资源、工期目标和成本等约束条件分析施工模拟过程，检查施工进度计划是否满足约束条件、是否达到最优状况。否则，需要进行优化和调整；施工进度计划在编制过程中应充分与各部门、各专业施工队协商，做好计划的协调工作，以便于计划的执行。调整优化后的计划可作为编制完成的正式施工进度计划，经项目经理批准后，报业主及工程监理审批，用于指导施工项目的实施。

（1）施工总进度计划

施工总进度计划是以工程建设项目为编制对象，并用于整个建设项目施工全过程的进度控制。按照总体施工部署，总进度计划应确定每个单项工程、单位工程在整个项目施工组织中所处的地位；安排各单项工程和单位工程的计划开工和竣工日期、工期、搭接关系及其总体实施步骤；估算各类施工资源的需要量并编制供应平衡表等。施工总进度计划由于涉及的内容较多，工期较长，故其综合性强，主要强调整体控制性，而较少涉及作业性。根据项目规模、复杂程度及施工组织形式，总进度计划可在施工总承包企业的总工程师领导下或由项目部经理负责组织编制。

对于一般的施工项目，由于施工总进度计划节点较大、划分较粗，并且各单位工程之间相互制约的依赖关系和衔接的逻辑关系比较清楚,用横道图表示较为简便、适宜。若项目规模较大,制约因素众多,组织实施复杂,应采用网络计划图表示,以便于优化调整。

施工总进度计划的内容应包括:编制说明,施工总进度计划表(图),分期(分批)实施工程的开工、竣工日期及工期一览表,资源需要量及供应平衡表等。

编制步骤如下:

①根据独立交工系统的先后顺序,明确划分项目的施工阶段;按照施工部署要求,合理确定各阶段各个单项工程的开工、竣工日期;根据合同确定各分包单位工程的施工期限及搭接时间;

②对BIM模型进行高层级的WBS分解,列出每个单项工程的单位工程和每个单位工程的分部工程,计算每个单项、单位(及其分部)工程的工程量;

③根据工程量确定各单项工程/单位工程和分部工程的持续时间;

④使用Project、Primavera 6.0(P6)或国产进度计划工具软件编制初始施工总进度计划;

⑤将施工进度计划与BIM模型关联生成4D BIM施工模型,利用4D BIM模型对施工过程进行可视化模拟,并通过对虚拟施工过程的分析,调整和优化施工总进度计划。

总进度计划编制一般应在施工组织设计过程中完成。

(2)单位工程进度计划(二级进度计划)

单位工程施工进度计划是施工项目指导性施工进度计划,是在施工总进度计划的指导下,以单位工程为对象进行工作分解,在既定施工方案的基础上,根据施工总进度计划确定的开工、竣工时间或合同规定的工期要求,根据各种资源供应条件,遵守各施工过程的合理顺序及组织施工的原则,对单位工程各个施工项目的开工、竣工时间及项目之间的搭接关系作出安排,确定单位工程的全部施工过程在时间和空间上的安排和相互间配合关系。单位工程施工进度计划主要用于指导单位工程实施,控制其施工进度,并为编制分部分项工程施工作业计划及资源计划提供依据。

单位工程施工进度计划应在单位工程开工前,由项目经理组织,在项目技术负责人领导下进行编制。

单位工程进度计划的编制步骤:

①单位工程工作分解及其逻辑关系的确定

单位工程施工进度计划是指导性计划,用于指导单位工程施工,所以与施工总进度计划相比其工作分解宜详细一些,对BIM施工模型进行的WBS分解其WBS节点一般应分解到分项工程。工作分解应全面,不能遗漏。同时应注意适当简化工作内容,避免分解得过于琐碎,重点不突出。可考虑将某些穿插性分项工程合并到主要分项工程中去;而对同一时间内,由同一工程作业队施工的过程（不受空间及作业面限制的）可以合并；对于次要、零星的分项工程可合并为"其他工程"；对于分包工程主要是确定与施工项目的配合，可以不必继续分解，而由分包商根据进度要求自行分解。

根据施工方案确定的拟建工程各个施工过程（分部分项工程或工序）在施工实施中的流程和顺序，可确定各项工作之间的逻辑关系。在确定各项工作之间的逻辑关系时，还应通过适当的施工组织形式，如顺序（依次）施工、平行施工或流水施工等对各施工过程进行合理衔接。单位工程工作分解及其逻辑关系的确定应根据项目特点、施工条件，在既定施工方案（包括施工段、施工流程、施工方法、施工机械等）的基础上进行，不能脱离施工方案而重新进行安排。

②划分施工过程、确定施工顺序

施工过程是进度计划的基本组成单元，其包含的内容多少，划分的粗细程度，应该根据进度管理的需求决定。一般说来，单位工程施工进度计划的施工过程应明确到分项工程或更具体的作业工序，以满足指导施工作业的要求。通常划分施工过程应按顺序列成表格，编排序号，以免遗漏或重复。凡是与工程对象现场施工直接有关的内容均应列入，辅助性及服务性内容可不必列入。划分施工过程应与施工方案一致。

确定施工顺序是为了按照施工技术规律和合理的组织关系，解决各施工过程之间在时间上的先后顺序和搭接关系。施工顺序是在施工方案中确定的施工流向和施工程序的基础上，按照所选施工方法和施工机械的要求确定的，应突出主要工程和工作，并满足先地下后地上、先深后浅、先干线后支线等施工基本顺序要求；满足工程质量和施工安全的需要，同时考虑生产辅助装置和配套工程的安排。安排施工顺序必须遵循工艺关系，优化组织关系，以保证工程质量，安全施工，并充分利用工作空间，争取时间，实现优化工期的目的。

利用4D BIM模型通过施工过程模拟，可提高划分施工过程和确定施工顺序的效率及合理性。

③计算工程量并安排施工资源供应计划

利用BIM模型可快速计算工程量，工程量应针对划分的每一个施工过程分段计算，通过计算得到工程量后，应根据企业定额、历史项目数据，或参照地方、行业定额标准，估算每个施工过程对各种施工资源的需用量，包括劳动力、原材料、设备、周转材料、施工设备机具等，并配合施工进度安排相应的资源供应计划，即施工过程所需各种资源的采购（人员调集）、运输、进场、现场安置等的数量和时间安排，从而保证施工项目可按进度计划实施。

④确定施工过程的持续时间

确定各项工作持续时间可采用定额计算法和经验估算法。按照实际施工条件来估算项目的持续时间是较为简单常用的方法。通常可参照企业定额或历史项目数据，并结合施工技术管理人员在工期与进度管理方面的实际工程经验，确定工作的持续时间。各项工作持续时间的计算与确定必须考虑项目特点、施工条件以及资源供应的需求和约束，如施工队伍的劳动组合和投入量，即在完成指定的施工过程中需要什么工种的劳动力以及什么样的班组组合（人数、工种级配和技术级配）；所需安装的设备、构配件、材料以及施工设备机具是否可准时供应到位等。

采用定额方法计算时，应注意：如果某项工作的主导作业是由机械完成的，则应根据机械的产量定额进行计算；如果某项工作包括了若干个子作业，则可首先计算出各个子作业的综合平均产量定额。

⑤制定初步单位工程进度计划

确定各施工过程的持续时间后，即可根据施工总进度计划的工期要求，制定初步单位工程进度计划。如果单位工程施工进度计划节点较大，划分较粗，且相互的制约依赖关系和衔接的逻辑关系比较清楚时，用横道图表示较为简便；若工程规模较大、制约因素多，且工程设备、特殊材料和大宗材料采购供应尚未全部确定时，为便于调整计划，应当用网络计划图表示较为适宜。

⑥分析、优化初步进度计划形成正式的单位工程施工进度计划

对编制完成的初步单位工程进度计划，应利用4D BIM模型进行施工过程模拟。通过对模拟过程的分析，可检查验证进度计划的合理性，并对计划进行优化，上报批准后即可成为正式进度计划。

（3）施工作业进度计划

施工作业计划是直接实施、最具有可操作性的进度计划，可按分部分项工程或工序为单元进行编制。

施工作业进度计划通常由项目部专业工程师或负责分部分项的工长在掌握和了解单位工程中各分部分项工程的施工现场条件、作业面现状、人力资源配备、物资供应约束等情况的基础上，通过必要的计算和平衡后进行编制。按照计划周期施工作业进度计划可分为月计划、旬（周）计划和日计划三个层次，但一般不需要单独编写日计划，而是施工班组长通过周进度计划获知当天的工作计划安排。为了便于使用，也可以用一个特定的BIM模型视图显示每个施工班组当天的任务。

施工作业进度计划应明确：具体的计划任务目标、所需要的各种资源量、各工种之间和相关方的具体搭接与接口关系、存在问题及解决问题的途径和方法等。施工作业进度计划应具体体现施工顺序安排的合理性，即满足先地下后地上、先深后浅、先干线后支线、先大件后小件等基本要求。由于施工作业计划已充分考虑了工作间的衔接关系和符合工艺规律的逻辑关系，所以适宜用横道图表达，其表达的单位应当是形象进度的实物工程量。

2. 建立工作分解结构（WBS）

编制项目进度计划之前，首先要完成项目的范围管理和工作定义。WBS 是目前规划和控制项目工作内容及范围最主要的工具之一。基于 BIM 项目进度计划编制的第一步是建立工作分解结构，一般通过相关软件或系统辅助完成。建立 WBS 及编码是链接 BIM 模型构件与作业进度、资源、费用等信息的关键，可以实现 BIM 模型信息在进度管理中的直接应用。

（1）WBS 的作用

工作结构分解（Work Breakdown Structure，简称 WBS）是把项目目标、工作任务、范围、合同要求等按照系统原理，以树形结构自上而下分解成相互独立、相互影响、相互关联的项目单元。

WBS 的目的是将项目主要工作任务及可交付成果分解成为更小、更易于管理的组成部分。一般要将项目任务逐级分解到最底层工作包，对应实施活动的 WBS 工序节点就是工程流水作业的单元。这些分解活动需要从包括持续时间、质量、技术要求、成本、负责人等各个方面进行详细定义和说明，从而形成项目计划、实施、控制、信息传递等一系列管理工作的对象。

WBS 是项目管理中编制进度计划的基础。通过对分解出的 WBS 工作包进行工时估计、工期估计、资源分配、建立搭接关系、时间优化，可以达到对项目时间计划的最优化管理，在项目实施过程中进行时间控制也是以 WBS 工作包为基础。

WBS 为信息化项目管理创造了有利条件。在项目实施过程中，通过 WBS 编码系统收集分类资源、进度信息，保证信息通过统一一致的注释方法表示；利用 BIM 软件，通过向 BIM 施工作业模型输入各层次 WBS 工作包的编码（或名称）及搭接关系，可以创建 4D BIM 施工过程模型，并可借此自动生成横道图、网络图等，以备在项目实施过程中随时查看项目进展状态或自动生成周期性进度报告。

（2）WBS 的创建过程

创建 WBS 可以借助目前常用的进度计划软件如 Project 或 P6 等进行。第一步是建立工作任务列表。对于明显的、项目必须的工作，可以直接利用 BIM 模型中的信息，查看模型或者导出构件明细表来确定；对于 BIM 模型没有表示、具有一定隐蔽性的工作，如措施工程等，要以经验为基础，并参照先前的项目实践，列出完整的项目所必须的工作任务。然后使用 Project 或 P6 等软件完成对输入的工作任务列表 WBS 分解和编码。如果没有 WBS 编码系统可用，可以暂时先根据命名规则，用 WBS 工作包名称作为标识。完成 WBS 分解和编码后，使用 Navisworks 或其他适当的 BIM 软件将 WBS 工作包与对应的 BIM 模型构件组进行关联。关联依据的是 WBS 编码，如果没有使用 WBS 编码，则相互对应的构件组和 WBS 工作包名称必须一致。

WBS 编码具有十分重要的作用，是项目计划、实施、控制、信息交换等管理工作的重要基础。在项目实施过程中，通过 WBS 编码收集分类资源、进度等信息，可以保证信息通过统一致的方法表示和交换，并可利用 WBS 编码建立 WBS 工作包与对应 BIM 模型构件组的关联。因此，企业应当建立自己的 WBS 编码系统。

3. 进度计划的调整与优化

为了使编制的施工进度计划科学合理、切实可行，应对上述编制完成的初步施工进度计划进行分析和检查，发现可能存在的问题和缺陷，并通过采取技术和组织措施对计划进行改进和调整；然后进一步检查分析，发现新的问题再次进行调整。如此反复调整优化，直到计划达到预期要求，可确定并建立项目的进度目标。

计划的检查与调整工作应让更多的相关现场人员（如计划执行实施者及管理控制者）参与。请经验丰富的一线人员参加，听取他们的意见，可以发现可能存在的更多潜在问题和缺陷。这种方法可减少计划在执行过程中的修改、调整，保证计划的顺利实施。

进度计划的检查、调整和优化应通过对 4D BIM 模型的可视化施工模拟，分析每个施工过程的具体实施流程，并结合考虑施工资源约束及施工现场情况来进行。

计划检查的内容主要包括：

①工作安排：计划的各项工作的施工顺序、搭接和技术间歇是否合理；

②工期：计划工期的总工期以及重要的里程碑事件是否满足合同要求和进度目标；

③劳动力：主要工种的人工是否满足可连续、均衡施工，高峰期的劳动力人数是否能得到保证；

④物资：主要设备、构配件及材料等的使用是否均衡，施工机具否充分利用，物资供应能否根据进度要求及时到位。

进度计划的优化主要包括工期优化、费用优化和资源优化三个方面的内容：

（1）工期优化

工期优化也称时间优化，其目的是当计划的计算工期不能满足要求工期时，通过压缩关键线路上关键工作的持续时间等措施，达到缩短工期、满足要求的目的。选择优化对象应考虑下列因素：

①缩短持续时间对质量和安全影响不大的工作；

②有备用资源的工作；

③尽量选择缩短持续时间所导致增加的资源、费用最少的工作进行工期压缩。

（2）资源优化

资源优化是指通过改变工作的开始和完成时间，使资源根据使用时间均衡、按需用量足额供应以符合优化目标。通常采用"资源有限、工期最短"或"工期固定、资源均衡"两种模式进行优化。

资源优化的前提条件是：

①优化不改变计划中各项工作之间的逻辑关系；

②优化不增加计划中各项工作的持续时间；

③计划中各项工作在单位时间所需的资源数量应为合理常量。

（3）费用优化

费用优化也称成本优化，其目的是在一定的限定条件下，寻求工程总成本最低时的工期安排，或在满足工期要求的前提下，寻求最低成本的施工组织过程。

费用优化的目的就是使项目的总费用最低，优化应从以下几个方面进行考虑：

①在既定工期的前提下，确定项目的最低费用；

②在既定最低费用限额下实现项目目标，确定最佳工期；

③若需要缩短工期，应考虑如何使增加的费用最小；

④如增加一定数量的费用，可将工期缩短多少。

3.2.1.2　基于 BIM 的施工进度控制

无论计划制定得如何详细，都不可能预见到全部的可能性，在项目计划实施中仍然会产生偏差。跟踪项目进展、控制项目变化是实施阶段的主要任务。基于 BIM 的进度计划编制完成后，进入项目实施阶段。实施阶段主要包括跟踪、分析和控制三项内容。跟踪作业进度，了解分配的资源实际完成任务的时间；检查原始计划与项目实际进度之间的偏差，并预测潜在的问题；采取必要的纠偏措施，保证项目在完成期限和预算的约束下稳步推进。

在进度计划编制阶段，基于 BIM 的进度管理方式，综合应用 WBS、横道图、网络计划、BIM 等多种技术，完成进度安排、分配资源和预算费用。在实施阶段，可使用基于 BIM 施工模型生成的进度曲线、横道图和 4D 模拟功能，并结合虚拟设计与施工（VDC）、增强现实（AR）、三维激光扫描（LS）、施工监视及可视化中心（CMVC）等技术，实现可视化项目管理，对项目进度进行更有效的跟踪和控制。

1. 项目进度跟踪

（1）管理目标计划

经过分析并调整后的项目计划，实现了范围、进度和成本间的平衡，可以作为目标计划。项目作业均定义了最早开始时间、最晚开始时间等进度信息，所以应提供多个目标计划，以利于进度分析及优化。项目目标计划并不能一成不变，伴随项目进展，需要发生变化。在跟踪项目进度一定的时间后，目标进度与实际进度间偏差会逐渐加大，此时原始目标计划将失去价值，需要对目标计划作出重新计算和调整。在系统中输入相应进度信息后，项目计划会自动计算并调整，形成新的目标计划。

基于 BIM 的进度管理软件系统可提供目标计划的创建与更新，还可将目标计划分配到每项工作。更新目标计划时，可以选择更新所有作业，或利用过滤器来更新符合过滤条件的作业，还可以指定要更新的数据类型。更新目标计划后，软件系统会自动进行项目进度计算，并平衡资源分配，确保资源需求不超过资源可用量。平衡过程中，系统将所有已计算作业的资源需求作为平衡过程中的最大可用量。在作业工期内，如果可用资源不足，则该作业将延迟。选择要平衡的资源，并添加平衡优先级后，可以指定在发生冲突的情况下将优先平衡的项目或作业。另外，对资源信息进行更改后，需要根据 BIM 模型提供的工程量重新计算费用，以便得到正确的作业费用值。

（2）进度计划的可视化控制

在项目计划创建后，需要继续跟踪项目进展。基于 BIM 的进度管理系统提供项目表格、横道图、网络图、进度曲线、四维模型、资源曲线与直方图等多种进度计划视图。获取现场实际进度数据后，即可进行跟踪分析。

目前已经有多种方式和技术手段，可以快速获取现场实际情况。如通过现场安装的照相、摄像设备，或现场管现人员使用平板电脑、智能手机等移动设备获取现场数字照片或视频，事后或必要时实时传回公司进度管理平台。

有条件的公司还可建立施工监测及可视化中心（CMVC, Construction Monitoring and Visualization Center）。CMVC 是在项目管理信息平台的基础上建成的，可以看作是扁平化的工程项目管理办公设施。其建立的目的是对工程现场进行实时监测和后台项目管理的可视化表达。

施工监测及可视化中心（CMVC）是 BIM 技术应用于工程项目信息化管理的重要技术设施，能够实现建设项目各方所有参建人员的实施交流互动，可用于施工现场的进度、资源、质量、安全等各种管理。最简单的应用是公司专业工程师与现场一线施工班组之间或者不同的施工班组之间的互动交流。如在公司管理部门和施工现场都设置一组大屏幕显示器或投影设备，能够显示施工现场所有正在进行的施工情况，施工现场工作人员可以通过移动设备，如平板电脑、智能手机等上传现场的施工情况。如果现场管理人员发现有部分计划应该开工而未能按时开工的现象，则可以在现场通过移动设备实时上传到中心和现场的大屏幕上。公司进度控制信息平台的管理人员可以立刻发起召开小型临时会议，由影响工程原因的相关专业工程师和现场管理人员共同协商制定纠偏措施。

2. 进度偏差分析

实施阶段，在维护目标计划、更新进度信息的同时，需要不断地跟踪项目进展，对比计划与实际进度,分析进度信息,发现偏差和问题,通过采取相应的控制措施,解决已发生的问题,并预防潜在问题。几乎所有基于BIM的进度管理软件系统都可以从不同层次提供多种分析方法,实现对项目进展的全方位分析。

实施阶段需要审查进度情况、资源分配情况和成本费用情况,使项目发展与计划趋于一致。

(1)进度情况分析

进度情况分析主要包括里程碑控制点影响分析、关键路径分析以及计划与实际进度的对比分析。通过查看里程碑计划以及关键路径,并结合作业实际完成时间,可以查看并预测项目进度是否按照计划时间完成。关键路径分析,可以利用系统中横道图或者网络图进行。关于计划进度与时间进度的对比一般综合利用横道图对比、进度曲线对比、模型对比完成。可同时显示三种视图,实现计划进度与实际进度间对比。

(2)资源情况分析

项目进展中,资源情况的分析主要是在审查工时差异的基础上,查看资源是否存在分配过度或分配不足的情况。基于BIM的进度管理体系,可通过系统中提供资源剖析表、资源直方图或资源曲线进行资源分配情况分析。资源视图可结合横道图跟踪视图显示资源在选定时间段中的分配状况和使用状况,并及时发现资源分配问题。

(3)费用情况分析

大多数项目,特别是预算约束性项目,实施阶段中预算费用情况的分析必不可少。如果实际进展信息表明项目可能超出预算,需要对项目计划作出调整,那么基于BIM的进度管理系统,大多可利用费用剖析表、直方图、费用控制报表来监控支出。在系统中输入作业实际信息后,系统会自动利用计划值、实际费用,计算赢得值来评估当前成本和进度绩效。长期跟踪这些值,还可以查看项目的过去支出与进度趋势,预测未来费用。

3. 纠偏与进度调整

在选用的进度管理软件系统中输入实际进展信息后,通过实际进展与项目计划间的对比分析,可发现较多偏差,并指出项目中存在的潜在问题。为避免偏差带来的问题,项目过程中需要不断地调整目标,并采取合适的措施解决出现的问题。项目时常发生完成时间、总成本或资源分配偏离原有计划的现象,需要采取相应措施,使项目发展与计划趋于一致。若项目发生较大变化或严重偏离项目进程,则需重新安排项目进度并确定目标计划、调整资源分配及预算费用,从而实现进度平衡。

项目进度的纠偏可以通过赶工等改变实施工作的持续时间来实现,但需要增加工时消耗等资源投入,可利用"工期—资源"或"工期—费用"优化来选择工期缩短、资源投入少、费用增加少的方案。另一种途径是改变项目实施工作间的逻辑关系或搭接关系来实现的,不改变工作的持续时间,只改变工作的开始时间和结束时间。如果这两种途径难以达到工期缩短的目的,而出现严重工期拖延时,需要重新调整项目进度,更新目标计划。

项目进展中,资源分配的主要纠偏措施为:调整资源可用性;调整分配,如增加资源、替换资源、延迟工作或分配等;拆分工作以平衡工作量;调整项目范围。成本纠偏的主要措施为:重新检查预算费用设置,如资源的每次使用成本、作业的固定成本等;缩短作业工期或调整作业依赖性,降低成本;适当添加、删除或替换资源,降低成本;缩小项目范围,降低成本。

对进度偏差的调整以及目标计划的更新,均需考虑资源、费用等因素。只有采取合适的组织、管理、技术、经济等措施,才能达到多方平衡、实现进度管理的最终目的。

3.2.2 机电安装工程项目成本管理 BIM 应用指南

与制造业不同,建筑行业的每个产品都是独特的,具有其唯一性。由于建设项目"唯一性"特性的存在,建设工程项目在实施的全过程中存在包括成本(投资)、工期、质量及其他诸多不可预见的风险。而在所有这些风险中,成本风险是建设项目各参与方最为关注的,对成本风险的管控是评价项目是否成功的核心指标之一。

项目的成本管理是工程建设项目成功实施的经济前提和效益保证。成本管理包括成本预测、成本计划、成本控制和成本核算等,成本管控的各个阶段相互印证、相互关联,任何一个环节的疏忽或者失误都会为整个项目实施带来不可预见的风险。

项目成本对于不同的建设参与方来讲是不同的。从业主角度看,工程项目费用就是对建设项目的投资;对施工承包商来说,工程项目成本是指承包商在整个工程中所花费的所有费用和成本的总和。

工程项目成本的计算是施工承包企业一项十分复杂、困难的工作。首先是由于项目成本构成的复杂性,项目成本不仅包含企业在工程施工过程中直接耗费的材料、人工、机械费用以及实施施工所必需的措施费用,还包括企业用于项目管理及支付各种政府规定费用等间接费用,同时还必须考虑企业利润和应缴纳的税金。其次是计价模式的不同,我国建筑行业现行的计价体系有两种计价模式,定额计价和工程量清单计价。定额计价模式是传统上使用的定额加费用的指令性计价模式,即依据政府统一发布的预算定额所规定的消耗量和单价,以及配套的收费标准和材料预算价格,计算出相应的工程量,套用对应的定额单价计算出定额直接费,再计算出各种相关费用及利润和税金,最后汇总形成项目成本。而工程量清单计价则是由投标企业根据招标文件提供的工程量清单,并结合企业自身特点和综合实力,自主报价的市场计价模式。这两种计价模式在单价构成、费用划分和计价规则方面均有不同:

（1）单价构成

定额计价：采用的单价为定额基价，只包含完成定额项目工程内容所需的人工费、材料费及机械费，不包括间接费、计划利润、独立费及风险，其单价构成是不完整的，不能真实反映建筑产品的真实价格，与市场价格缺乏可比性。

工程量清单计价：采用的单价为综合单价，包含了完成规定的计量单位项目所需的人工费、材料费、机械费、管理费、计划利润，以及合同中明示或暗示的所有责任及一般风险，其价格构成完整，与市场价格十分接近，具有可比性，而且直观，简单明了。

（2）费用划分

定额计价：工程费用划分为定额直接费、其他直接费、间接费、计划利润、独立费用税金。

工程量清单计价：工程费用划分为分部分项工程量清单费、措施项目清单费、其他项目清单费、规费、税金。

（3）计价规则

定额计价：工程量不仅包含净用量，还包含施工操作的损耗量和采取技术措施的增加量。计算工程量时，要根据不同的损耗系数和各种施工措施分别计量，避免引起不必要的争议。

工程量清单计价：工程量一般指净用量，是按照国家统一颁布的计算规则，根据设计图纸计算得出的工程净用量。不包含施工过程中的操作损耗量和采取技术措施的增加量，其目的在于将投标价格中的工程量部分固定不变，由投标单位自报单价，这样所有参与投标的单位均可在同一条起跑线和同一目标下开展工作，可减少工程量计算纠纷，节约投标时间。

使用综合单价法的工程量清单计价模式又分为全费用综合单价法和部分费用综合单价法两种方式。全费用综合单价法的清单项目单价包括了直接工程费、管理费、利润、措施项目费、其他项目费、规费、税金，单价乘以工程量汇总得到整个工程的总造价；而部分费用综合单价法是由分部分项工程费、措施项目费、其他项目费、规费、税金构成整个工程总造价，即分部分项工程清单项目的单价构成中包括人工费、材料费、机械费、管理费、利润，不包括措施费、其他项目费、规费和税金。目前，我国越来越多的工程项目采用部分费用综合单价法的工程量清单计价模式。

建设工程是一个长期复杂的动态过程，在进行过程中会有各种因素影响工程造价，如设计变更、施工变更、工期改变等。在项目进行过程中只有多次计算核对，才能及时发现问题，采取调整措施，控制项目成本，以最终实现项目成本目标。但由于项目成本计算的复杂性和技术手段的限制，目前大多数施工企业还无法在项目进行过程中根据需要多次计算工程造价及进行多算对比，通常只是"算两头"，即施工前的造价预算（合同价）和竣工交付的工程结算。这样做的结果常常导致竣工时发现资源使用过量和成本超支，却已无法采取有效措施补救。

BIM 技术的引入为改变这种状况提供了有效的技术手段和支撑。利用 BIM 的参数化模型及其包含的可计算信息特点，任意组合构件及其他相关的施工资源信息，可以按进度、工序、施工位置及构件类型等统计计算工程量，为快速准确编制工程造价提供便利，有助于实现项目的成本管理目标。图 3.24 是机电安装工程项目成本管理 BIM 应用流程。

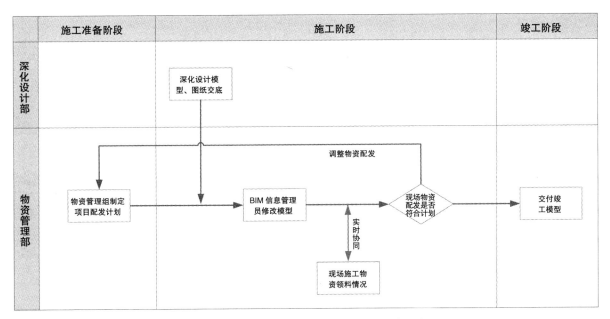

图 3.24　机电安装工程项目成本管理 BIM 应用流程

3.2.2.1　BIM 在工程成本管理中的价值

针对传统方法的局限和不足，将 BIM 应用引入工程成本管理有着巨大优势，可以有效提高管理效率和水平。根据构成造价的基本要素，BIM 在工程成本管理中的应用价值包括微观和宏观两个层面。

1. 微观层面

（1）提升工程量计算的效率和准确性

工程量计算是进行工程造价编制的基础工作，其计算过程繁琐枯燥、工作量巨大而且容易产生人为错误。同时，由于我国各地的定额计算规则及其定额量不同，更增加了手工计算的工作难度。

引入 BIM 技术后，基于参数化模型，依据空间拓扑关系和 3D 布尔运算规则，造价人员只需依据当地工程量计算规则，在 BIM 软件中设定相应的调整扣减计算规则，系统将会自动完成构件扣减运算,可更加精确、快速地统计出工程量信息。由于现代建筑工程规模越来越大、结构越来越复杂,借助 BIM 完成工程量计算工作,可以使预算人员从繁琐枯燥的手工算量中解放出来,把更多的时间和精力用于询价、风险评估、编制精准预算等更有价值的工作,并有效降低因人为因素而导致的错误。

(2)更加合理地计划、配置资源

传统成本控制模式下,基本都是凭借项目经理或者工程师的经验判断来分配资源,安排进度。然而,建筑工程周期长,涉及方方面面的工程信息,管理极为复杂,单凭借个人经验已无法适应现代建筑项目的管理要求,不仅容易导致工期延误、人员调度不均窝工等现象,甚至会引发质量和安全事故。

利用三维 BIM 模型,加入时间、成本维度等信息创建的 4D/5D 施工模型,可以实现动态实时监控。基于 BIM 施工模型可以更加合理地安排资金使用、人工劳力、材料采购调度以及机械台班计划等。从 BIM 施工模型中可以获取任意时间段的各项工作量,能够直观而清晰地获得工程进展以及施工资源管控情况。这种数据的获得不只改变了以往滞后于施工进度的工程总结方式,更可对施工进展进行预期性管理,可以对剩余工程进行调整作出更合理的计划安排,其数据可以精确到每个施工工序所需的人、材、机数量。

(3)有效管控设计变更及索赔

在传统模式下,遇到设计变更、签证索赔时,通常都需要设计人员通过手工制图确认位置及做法,之后造价工程师根据图纸中设计变更以及工程现场的情况确认变更所涉及的增减量,一般这个过程还需要设计师、工程师、造价师的反复确认。不但费时耗力,还容易产生错误,给后期工程结算造成隐患。

引入 BIM 技术,通过将设计变更内容直接与 BIM 模型关联,可以很好地解决这一问题。当发生变更时,只要对 BIM 模型根据设计变更要求进行相应调整,便可精确记录和表示设计变更涉及的位置、时间、资源等信息,软件将自动汇总相关工程量的变化情况,快捷而且准确,并且日后可跟踪、查询,以减少工程结算时可能产生的纠纷。

(4)实现多算对比

BIM 技术的应用将彻底改变传统模式下只重视算两头(合同价、结算价)的情况。通过对 BIM 施工模型中各种构件参数信息的拆分、组合及汇总,可以实现对时间、材料、人工及机械台班、施工工序、施工位置、设计变更及工程变更指令签证等一切与成本相关的信息按照规则进行计算,经汇总得出整个工程项目在任何一个时间节点的成本信息。并且 BIM 施工模型已经实现了对工程项目的构件化拆分,因而即使在经历过数量较多设计变更及现场签证的情况下,仍可借助模型中的数据准确了解现场的施工进展及成本现状。

2. 宏观层面

将 BIM 引入工程成本管理，不仅仅是一项简单的技术应用。更重要的是，基于 BIM 的工作模式，打破了以往建设工程造价管理的横向、纵向信息共享与协同的壁垒，促使工程造价管理进入实时、动态、准确分析时代。BIM 的应用，增强了工程项目业主、设计、施工及咨询企业等各参与方对成本的管控能力，同时也为各方节约了成本。

BIM 技术与互联网的关联，有效地提高了建筑市场的透明度，有利于规范我国建筑行业的行为。由于整个建筑行业的成本将变得更加清晰、透明，伴随我国建筑行业多年的寻租、招投标及采购过程中的贪污腐败等问题将得到有效遏制，建筑行业一直挥之不去的"关系化"经营模式也将失去生存条件，进而促进整个行业优胜劣汰机制的有效运行及产业结构的转型升级，加快我国建筑业由粗放型向集约型转变，以提高我国建筑行业的产业集中度和竞争力，符合新时期我国经济发展的趋势和总体战略。

3.2.2.2　基于 BIM 的工程造价编制

建筑工程预算（或造价编制）工作包括两部分内容，即工程量计算和计价（有时也称为组价或套价），其中工程量计算占据了大部分工作量且耗时最多。虽然随着工程项目的不同工程量计算时间也会有所不同，但是据统计：工程量计算一般要占据整个造价编制工作的 50%～80%。可见对于造价人员来说，提高工程量计算的效率是提高工程造价编制效率的关键。

从前面介绍的内容我们知道：在传统工作模式下，采用常规技术方法计算工程量是一项费时耗力的艰巨工作，而引入 BIM 技术则可有效提升工程量计算的效率和准确性，彻底改变工程量计算目前面临的这种困难局面。

目前已有多种途径可以应用 BIM 进行工程量计算。许多常用的国外 BIM 建模软件或其他 BIM 应用软件都具有工程量计算功能，国内也出现了一些直接面向 BIM 工程的算量软件。因此应用 BIM 进行工程量计算目前已具备了现实的技术条件，并且国内已有企业在一些项目实践中实现了基于 BIM 的工程量计算。

但目前国内工程计价的 BIM 应用尚不成熟。首先，国内目前还没有出现直接利用 BIM 技术计价的工程造价软件产品。使用最广泛的广联达和鲁班公司的工程造价软件，目前还都不能直接针对 BIM 模型计算工程量和计价。如广联达的 GBQ4.0 需先将 BIM 模型从建模软件中以开放的标准交换格式 IFC 导出，生成广联达自有格式 GCL 工程文件，在此基础上进行算量后完成工程计价。这种工作模式很难在施工过程中随时根据需要提供动态造价数据。其次，尽管目前国外的软件厂商已经开发出了一些基于 BIM 技术的工程造价软件，如美国 Innovaya 公司的 Innovaya Visual Estimating、U.S. Cost 公司的 Success Design Exchange、Sage 公司的

Timberline Extended、MC2 公司的 ICE、WinEstimator 公司的 DesignEst Pro、Tokmo 公司的 Tokmo Production System、Vico 公司的 Vico Estinator 等，但是由于受各国及地区工程造价规范和编制方法不同的制约，这些软件并不适用于所有的国家和地区。

上述的美国工程造价软件目前都还不能直接用于我国的建筑工程实践，主要原因如下：

（1）编码体系不同

工程编码体系是编制造价预算的基础。美国建筑业广泛使用的编码体系主要是 Uniformat II、MasterFormat 和 OmniClass，而我国目前还没有普遍使用的统一编码体系，常用的主要有用于清单计价法的《建筑工程工程量清单计价规范（GB50500）》，以及用于定额计价法的《全国统一建筑工程基础定额》和各地方颁布的预算定额编码体系。

（2）工程量计算方式不同

美国工程量的计算没有统一的计算规则，基于 BIM 工程造价软件，其工程量的计算主要根据 BIM 模型的构件信息，即以往通常由施工图表示的实际工程量。而在我国不管是清单计价法还是定额计价法，都有统一规定的工程量计算规则，除了考虑实际工程量还要考虑施工工艺、施工方法等产生的消耗附加量。

（3）计价依据不同

美国没有统一的建筑工程预算定额，其价格是由市场决定的。而在我国，计价依据主要是国家和地方政府颁布的预算定额，企业不能脱离预算定额自行定价编制工程预算。

由此可见，要想将基于 BIM 技术的国外建筑工程造价（预算）软件引入我国并在国内工程项目中使用，还有大量工作要做，包括编码体系植入、工程量计算功能调整及价格数据库准备等，导致国外软件本地化所需的工作量和难度都很大。因此，造价人员目前应根据工作需要和实际情况选择一种变通方法，基于 BIM 完成工程计价。一般来说有以下三种方法可供选择：

（1）首先选择或定制开发一款计价软件工具，利用应用程序接口（API）在 BIM 软件和计价软件之间建立连接，这里的应用程序接口是 BIM 软件系统和计价软件之间数据交换方式的约定。这种方法通过计价软件与 BIM 系统之间直接的 API 接口，将所需要获取的工程量信息从 BIM 软件中导入到造价软件，然后造价人员结合其他信息计算造价。

（2）利用开放数据库互连（ODBC）直接访问 BIM 模型数据。作为一种经过实践验证的方法，ODBC 对于以数据为中心的集成应用非常合适。这种方法通常使用 ODBC 来访问建筑模型中的数据信息，然后根据需要从 BIM 数据库中提取所需要的计算信息，并根据工程造价解决方案中的计算方法对这些数据进行重新组织，得到工程量信息。与上述利用 API 在 BIM 软件和计价软件建立连接的方式不同的是，采用 ODBC 方式访问 BIM 模型的计价软件需要对所访问 BIM 数据库结构有清晰的了解，而采用 API 进行连接的计价软件则不需要了解 BIM 软件本身的数据结构，这是因为通常 API 函数是由 BIM 软件厂商提供的。

（3）由 BIM 软件以普遍使用的电子表格格式输出所需的造价信息。大部分 BIM 软件都具有自动算量的功能，同时，这些软件也可以将计算的工程量按照某种指定格式导出。目前，最常用的是将 BIM 软件提取的工程量导入到 Excel 表中进行汇总计算。与以上两种方法相比，这种方法更实用，也更便于操作。但是，要采用这样的方式进行造价计算就必须保证 BIM 的建模过程非常标准，对各种构件都要有非常明确的定义，只有这样才能保证工程量计算的准确性。

从以上介绍可以看出：基于 BIM 的工程造价编制，由于计价方法的限制，目前还很难在施工过程中随时根据需要提供动态造价数据。施工企业基于 BIM 的工程项目成本管理可以先从 4D 动态施工资源管控入手，通过对施工材料、人员和机械的合理使用调配，精细化管理，达到减少施工费用、实现项目成本目标的目的。

3.2.2.3 基于 4D BIM 的施工资源动态管理

在上一节中我们说过，由于计价方法的限制，目前基于 BIM 的项目成本管理，尽管利用 BIM 可以提供工程量计算，但还并不能完成所有的成本计算、管理工作。施工企业可以先从 4D 动态施工资源管控入手，逐步实现完全基于 BIM 的项目成本管理。有分析数据表明：在施工中，材料费用通常占预算费用的 70%、直接费的 80%，是工程项目成本的最主要部分。因此，如何合理有效地控制材料消耗是施工成本控制的关键，也是施工企业目前非常关注和亟待解决的问题。

传统的施工资源管理由于技术手段和方法的限制，很难实现有效管理。目前施工阶段资源管理存在的问题包括：

1. 静态的资源管理难以适应施工过程的动态变化

由于施工过程的复杂性，当前的施工资源管理存在以下几方面问题。

（1）施工资源计划难以随工程变化而变化。工程的施工过程并不是按照开工时的计划一成不变地进行，而是一个不断变化的动态过程。如设计变更、施工方案变更、进度变更等等，都将改变人、材、机资源的使用计划。例如，因为工期需要临时赶工，某个关键工程节点工序的进度被压缩到了原进度的一半，这时就需要投入原计划两倍的人工、材料、机械资源，才能保障顺利执行进度变更。

（2）施工资源用量难以准确计算。传统的计算方法根据二维施工图纸很难及时、准确计算资源用量，如果发生变更，计算会更为困难。

2. 施工过程难以及时发现资源和成本的超预算使用

目前，施工企业承包工程的利润是比较低的，在施工过程中，管理好人、材、机等施工资源，控制好工程成本是非常重要的工作，也是企业生存和发展的基础。施工企业可以根据工程预算制定人、材、机资源的使用目标和成本目标，但目标管理往往难以在施工过程中及时发现问题，待完工时发现资源使用过量导致成本超支，往往已无法采取有效措施补救，给企业造成损失。

（1）资源超预算使用。采用目标管理方式的施工资源管理，是在工程开工时制定使用计划和目标，工程结束时进行核算考评。施工企业难以在施工过程中及时发现资源超预算使用等问题。在施工过程中，随着进度的推移，资源的投入量逐步累积，越到后期，施工企业能够改变的空间就越小。

（2）成本超预算。基于目标管理的项目成本管理，在开工时制定成本目标，结束时进行核算，施工企业难以在施工过程中及时发现成本超支等问题。同样，在施工过程中，随着进度的推移工程成本逐步增加，越到后期，企业能够改变的空间和余地就越小。

3. 工程进度款分期支付存在的争议较多

施工过程中，工程进度款是开发业主方和施工承包方都非常关注的问题，双方也往往对此存在许多争议。工程进度款的分期支付计算涉及因素很多，包括当期的实际发生工程成本、预付款的扣减、质量保修金扣减、业主提供的设备材料以及变更索赔等等。

引入 BIM 后，利用 BIM 技术的特点和优势可以有针对性地解决上述各种问题。

4D 施工资源信息模型是基于 4D BIM 施工资源动态管理的基础。所谓 4D 施工资源信息模型是以建筑构件为基础、WBS 为核心、进度信息和预算资源信息为扩展的用于施工阶段资源计划管理和资源用量与造价成本计算的信息模型。当发生施工方案变更、进度变更、设计变更时，WBS 节点、BIM 基础模型、进度信息都会发生变化，通过 4D 施工资源信息模型的关联，资源使用信息也将发生相应变化，因此可以实现资源的动态管理。4D 施工资源信息模型可以用本章第一节中介绍的方法创建并完善。

创建完成 4D 施工资源模型后，便可结合虚拟施工技术，对施工资源进行动态规划及管理。在基于 BIM 技术的虚拟系统中，随着虚拟建造过程的进行，虚拟资源被分配给具体的施工任务，以实现对施工资源消耗过程的模拟。基于 BIM 技术的 4D 虚拟建造，是将模拟的施工过程分解为各个阶段及各种材料，因此可利用 BIM 软件计算出任意里程碑节点或施工阶段的工程量以及相应施工进度所需的人工、材料消耗和施工设备台班等资源信息。

利用 4D 施工资源模型可生成施工过程中动态的资源需求量及消耗量报告，帮助项目管理者分析掌握施工过程中各阶段的资源分配使用情况。项目管理者可依据资源需求量及消耗量报告，及时调整资源供应和分配计划，避免出现资源分配不足、超额分配或资源使用不均衡造成有高峰和低谷出现等现象。利用 BIM 模型编制的施工资源计划集成了资源、费用和进度，能够有效地为施工管理提供决策信息。通过将资源分配到指定的 BIM 作业模型，可为施工过程建立资源动态供应与分配模型的"资源直方图",进而为施工过程中所需要的资源进行动态合理的配置。

通过向 BIM 基础模型中添加资源信息建立的 4D 施工资源模型,可以保证各项施工任务都能够分配到可靠的资源,从而保障施工过程的顺利进行。同时,在施工过程中,利用 4D 施工资源模型跟踪施工过程中材料的使用消耗状况,可及时警告或提示采取措施,尽早安排采购供应以避免在施工过程中出现资源供应不足、停工待料的风险。

通过 WBS 分解,可以将资源管理细化到工序节点并与施工流水作业对应,从而真正实现有效的限额领料。目前施工企业在施工管理中的限额领料流程、手续等制度虽然健全,但实际效果并不理想。其中主要原因是在配发材料时,无法快速得到所需资源的准确数量,审核人员仅凭个人经验和以往工程积累的历史数据大概估计,无法准确判断报送的领用数量是否合理。而通过 4D 施工资源模型可以快速获得这些数据,并进行信息共享,相关人员可以调用模型数据进行审核以杜绝浪费。

以往工程进度款支付争议多的重要原因之一是当期进度工程成本的计算问题,尤其是大型工程,每期都需要为多个 WBS 节点任务支付工程进度款,业主方和施工承包方均无法准确计算出当期进度的实际发生成本,双方各自进行估值,且估值往往不一致,从而引发争议。基于 4D BIM 施工模型,业主方和承包方之间每天应对实际工程进度进行日报录入,当需要进行工程进度款支付时,通过日报数据、资源信息,可自动计算出当期的实际进度工程量,以此为依据进一步计算当期需要支付的工程进度款,可减少争议。

3.2.3 机电安装工程施工质量管理 BIM 应用指南

我国国家标准 GB/T 19000-2000 对质量的定义为:一组固有特征满足要求的程度。工程项目质量的主体不但包括建筑产品本身,还包括实施过程、活动的工作质量和质量管理体系运行的效果。

工程项目由于持续时间长、参与方众多,导致影响质量的因素多、变动大且具有一定的隐蔽性。因此,工程项目的质量管理是一项非常复杂、艰巨的系统工作,常常需要投入大量的人力和财力。而施工质量管理是工程项目质量管理的重要环节。工程项目施工阶段是工程实体最终形成的阶段,也是工程项目质量和工程使用价值最终形成和实现的阶段。施工阶段是根据设计图纸的要求,通过施工手段实现设计意图,即形成设计图中所描述的工程实体形态。本阶段是整个项目中工作量最大,耗时最长,投入的人力、物力和财力最多的阶段,质量管理的难度也最大。因此,施工阶段的质量管理是实现项目整体质量目标的关键。

经过长期的理论研究和工程实践积累,我国建筑行业已逐渐形成了一系列的质量管理方法和体系，并在以往大量工程项目的实际应用中取得了一定效果。但工程实践表明，大部分管理方法在理论上的作用很难在工程实际中得到充分发挥。由于受实际条件、技术手段和操作工具、方法的限制，这些管理方法的理论作用只能得到部分甚至基本得不到发挥，影响了工程项目质量管理的工作效率和实际效果。尤其随着现代工程项目日益趋于大型化和复杂化，传统质量管理方法和技术手段已表现出了许多不足和缺陷。目前在施工质量管理方面存在的问题主要表现在：施工人员专业技能不足、材料使用不规范、不严格按设计或规范施工、不能准确预知完工后的质量效果以及各专业工种之间沟通不畅、相互影响等。

将 BIM 技术引入工程施工质量管理，可以为有针对性地解决现存的某些问题提供有效的技术手段和支撑。与进度管理和成本管理不同，质量管理常涉及更多的人为因素。许多工程质量问题的产生往往都与人的主观因素有关，这样的问题很难通过改进工具和方法的手段来避免。而对于由传统方法的局限性所造成的工程项目质量管理问题，则可以通过 BIM 应用全部或部分有效解决。

目前专门用于工程项目质量管理的 BIM 软件工具尚不多见，BIM 在项目质量管理中的应用主要是利用 BIM 所具有的功能特点和技术优势，在传统的管理体系中辅助进行质量管理。图 3.25 是机电安装工程项目质量管理 BIM 应用流程。

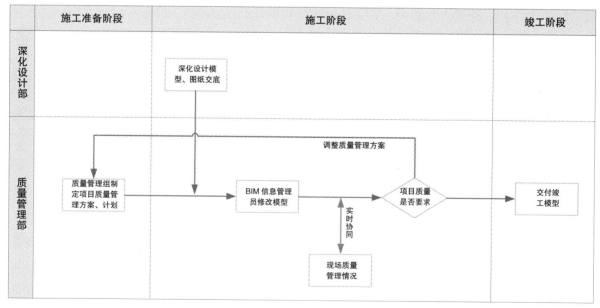

图 3.25　机电安装工程项目质量管理 BIM 应用流程

3.2.3.1 BIM 在项目质量管理中的应用

BIM 平台集成和共享了项目管理所需的完整信息，为项目施工质量管理提供了重要的技术支持。通过 4D 可视化施工流程模拟及优化，项目参与方可以清晰了解施工各阶段需要做什么、怎么做以及各工序间需要怎样配合等内容。增强项目管理者对工程内容和质量的掌控，以及加强操作人员对工作内容、流程、方法和要求的理解。基于 BIM 技术的工程质量管理既包括对构成建筑产品物料的质量管理，又包括对工作流程中施工技术质量的管理。

1. 施工物料、机械质量管理

施工物料和机械质量是建筑产品质量的基础。BIM 模型包含了拟建建筑大量的建筑构件、设备信息。利用 BIM 模型中的信息，施工单位从物料采购部、管理层到施工人员可快速查找所需要的材料及构配件规格、材质、尺寸要求等信息，采购和使用符合设计要求的物料和机械设备。根据 BIM 模型还能跟踪现场使用的产品是否符合设计和相关规范要求，借助新测量技术及工具的辅助，可对现场施工作业进行追踪、记录和分析，掌握现场施工的实际情况，排除不确定因素，避免不良后果的出现，实时监控施工产品质量。

BIM 应用还可提高预制安装构件的质量。BIM 模型是建筑构件预制加工工业化的基石，由 BIM 模型生成的细节化构件模型（shop model），可以用来指导预制件的加工生产和施工安装。由于构件是以三维形式创建，使用相应软件适当处理，可自动生成数控代码，便于数控机械化自动生产。目前，这种自动化的生产模式已经成功地运用在钢结构及金属板件等的加工制造方面，用于生产金属预制构件。基于 BIM 技术的混凝土预制构件应用也在逐渐增多。基于 BIM 的预制加工便于供应商基于设计模型对所需构件进行细节化深化设计及制造，在提高准确性的同时还可减少造价、缩减工期；同时，避免了依据 2D 图纸加工由于无法准确表示与周围构件及环境的关系，而导致的构件安装不便甚至无法安装需重新制造的问题。

2. 施工技术质量管理

施工技术是施工质量的基本保障，施工工艺流程标准化是施工企业建筑施工综合能力的表现。尤其是面对新工艺、新技术、新材料时，正确的施工顺序、工法和合理的施工用料对施工质量起着关键作用。基于 BIM 技术的标准化模型为施工工艺标准的建立提供了条件。利用 BIM 技术的可视化特点可模拟施工流程，由各方专业工程师合作，经过协商讨论及精确计算建立标准化工艺流程，保证专项施工技术在实施过程中细节上的可靠性，以达到专项施工技术在施工过程中切实可行和可靠的目标。再由施工人员按照虚拟施工流程和工艺进行施工，并确保施工技术信息的传递没有偏差，即施工时的实际做法与虚拟建造做法相同，以减少不可预见情况的发生，进而保证施工质量。

同时，可以通过 BIM 模型与其他技术和工具相结合的方式，如：三维激光扫描、RFID 射频识别、智能手机、数码摄像探头、增强现实等，对现场施工作业进行追踪记录，第一时间掌握现场的实际施工活动，及时发现潜在的不确定性因素，避免不良后果的出现，有效监控施工质量。

3.2.3.2 BIM 在质量控制系统过程中的应用

施工质量控制实质上是一种过程性、纠正性和把关性的质量控制。只有采用系统控制方法，严格对施工全过程进行质量控制，才能实现项目质量目标。

施工项目质量控制的系统过程主要分为：事前质量控制、事中质量控制和事后质量控制。

（1）事前质量控制

所谓事前质量控制是指：在施工前的准备阶段进行的质量控制，而且施工准备工作要贯穿于施工全过程中。它主要体现在管理层面上。事前控制是事中控制的基础，是实现质量控制目标的前提和保障。工程质量的控制应该是积极主动的，应事先对可能影响质量的各种因素加以控制，而不应该消极被动，等出现质量问题以后再进行处理，以避免给工程造成不必要的损失。做好事前的预防性控制可以及时发现在施工过程中可能出现的质量问题，将问题消灭在萌芽状态，也可以提出相应的应对措施，指导施工人员在可能出现问题的环节提高警惕以保障施工质量。

（2）事中质量控制

事中质量控制是指：在施工过程中进行的所有与施工过程有关的各方面质量控制，也包括对施工过程中间产品（工序产品或分部、分项工程产品）的质量控制。它主要体现在操作层面上，要求施工人员在施工过程中明确施工内容、施工流程以及施工构件的质量控制要点，避免因误操作使所完成的构建质量达不到要求。事中控制要求工程项目各个层面上的工作人员都要完成好本职工作。管理者要明确指定工作内容和流程，操作者负责严格按照质量控制要点施工，供货商提供合格、符合要求的材料，这样才能保证事中控制的有效性，使最终完成的工程产品符合预先设定的质量标准。

（3）事后质量控制

事后质量控制是指：对于施工过程所完成的具有独立功能和使用价值的建筑产品及其有关方面的质量进行控制。主要体现在检查的层面上。事后控制实际上是对前段工作的补救和总结。通过组织检查、验收等方式，将预先设定的质量标准、有关规定和已经完成的工作进行对比，找出差距，提出弥补措施，并总结经验。事后控制虽然对当前项目的质量控制只是起到事后弥补的作用，但是为以后的工程项目质量管理工作积累了资料和经验，所以也有着重要作用。

BIM 技术在质量控制系统过程中的应用，主要体现在事前控制和事中控制，但对事后控制也有重要的应用价值。

首先对于事前控制：在深化设计中经过碰撞检查步骤完成的BIM模型通过会审后，最大限度地减少了"错、漏、碰、缺"等设计错误，提高了施工图纸质量，可以减少施工过程中的设计更改及返工。利用BIM的可视化功能可以准确、清晰地向施工人员展示及传递建筑设计意图。然后，可以通过多次4D施工过程模拟，帮助施工人员理解、熟悉施工工艺和流程，避免由于理解偏差造成的施工质量问题。

对管理者来说，应用BIM的虚拟施工技术，可以通过4DBIM模拟施工过程，对工程项目的建造过程在虚拟环境中进行预演，包括施工现场环境、总施工平面布置、施工工艺、进度计划、材料周转等情况都可以在模拟环境中表现，从而找出施工过程中可能存在的质量风险因素，或者某项工序的质量控制重点。对可能出现的问题进行分析，从技术、组织、管理等方面提出整改意见，并反馈到模型中进行修改，然后通过虚拟过程再次预演，反复进行，使指导发现的施工质量问题都得到有效规避。用这样的方式进行工程项目质量的事前控制比传统方法有着明显的优势，项目管理者可以依靠BIM平台做出更充分、更准确的预测，从而提高事前控制的效率和质量。

BIM技术在事前控制中的作用同样体现在事中控制中。以事前控制为基础，在施工过程中，要落实在事前控制中提出的各项措施，并可应用BIM技术对施工物料、机械质量和施工技术质量进行管理。结合使用相应的技术方法和手段对现场施工活动进行实时、有效的监控，实现BIM在施工质量事前控制中的成功应用。

对于事后控制，利用BIM可以对已经实际发生的质量问题，在BIM模型中标注出发生质量问题的部位或工序，进而分析原因，采取补救措施，并且记录、收集每次发生质量问题的相关资料。积累对相似问题的预判和处理经验，可以为日后工程项目更好的事前、事中控制提供基础和依据。BIM技术的引入更能发挥工程质量系统控制的作用，使得这种工程质量管理方法能够为实现项目质量目标发挥更大效益。

3.2.3.3 BIM在工序质量控制中的应用

工程项目的施工过程是由一系列相互关联、相互制约的工序所构成的，工序质量直接影响项目的整体质量。要实现工程项目施工的质量目标，必须控制工序的质量。

影响工序质量的主要因素即通常所说的"五大因素"，包括人工、机械、材料、方法和环境。工序是工程施工中质量特性发生变化的基本单元。工序质量控制，就是利用各种手段控制好施工过程中影响工序质量的这五大要素。工序质量控制包含对工序活动条件的质量和工序活动效果的质量的控制。一方面要控制工序活动条件的质量，即每道工序的投入质量是否符合要求；

另一方面又要控制工序活动效果的质量,即每道工序施工完成的可交付产品是否达到有关质量标准。工序质量控制是施工过程中非常重要的质量控制手段,是施工阶段的质量控制重点。

1. 工序质量控制内容

工序质量控制的内容主要包括:

(1) 确定工序质量控制流程

事先应该拟定工序质量控制工作计划,当每道工序完成后,施工单位应该根据规范和合同要求进行自检,然后通知业主代表或监理单位。监理单位对待检工序进行现场检查,检查合格后才可以进行下道工序,否则施工承包单位需返工。

(2) 控制工序活动条件

工序活动条件控制是指对工序质量产生影响的施工方法、施工技术、施工手段、施工环境的控制,通常包括施工准备控制、投料控制和工艺过程控制等。

(3) 检测工序作业效果

工序作业效果的检测,是指用一定的方法和手段对工序的一部分或样本进行检测,以判断工序的作业效果。

(4) 设置工序质量控制点

控制点是指为了保证工序质量而需要进行控制的重点、关键部位,或薄弱环节。对所设置的控制点,事先分析可能造成质量隐患的原因,针对隐患原因,制定对策,采取措施加以预控制。质量控制点要根据重要性、复杂性、精确性和质量标准要求并结合工程特点全面合理地进行设置。

选择质量控制点是要确定在一定的工序中,某些需要着重控制的重点部位、重点工序和重点质量因素,应该根据工程项目的性质和特点,结合施工工艺的难易程度、施工单位的操作水平,进行全面分析后确定。一般情况下应该重点设置质量控制点的是:

①对工序质量具有重要影响的工序、关键环节,或薄弱环节;

②隐蔽工程;

③施工中质量不稳定或不合格率较高的部位或工序;

④对后续工序的施工质量有重要影响的部位或工序;

⑤在采用新材料、新工艺的情况下,施工单位对施工质量没有把握的部位或工序。

2. BIM 在工序质量控制中的应用

根据上述的工序质量控制内容,引入 BIM 技术,有针对性地合理应用在相应环节,可以有效提高工序质量的管控水平。

如在控制工序活动的施工准备控制中,可以利用 BIM 的虚拟可视化特点,通过 4D 模拟施工过程,制定合理、可行的施工方案。以往各施工专业、工种之间相互影响,往往是由于设计疏漏或施工工序安排不合理造成的。利用 BIM 模型的三维碰撞检查功能可以帮助设计师发现设计中的错误，有效进行设计优化；而基于 BIM 的 4D 施工过程模拟，可以帮助项目管理者合理制定施工方案、安排施工工序，避免由于各工种之间相互冲突造成的工程质量问题。对控制工序活动的投料控制，可根据 3.2.3.1 节中"施工物料、机械质量管理"部分介绍的方法，对施工投料进行管控。

应用 BIM 技术可有效设置工序质量控制点。通过 4D 施工过程模拟，可以找出施工关键部位和重点工序。分析后，可确定影响质量的重点因素，在这些关键部位和重点工序设置工序质量控制点，并根据需要重点控制的质量因素制定相应的对策和技术措施，实现对施工工序质量的有效控制。

3. BIM 对影响工序质量五大因素控制的应用

BIM 技术的引入对影响工序质量五大因素的控制有着其特有的作用和优势。

（1）人工控制

这里的人工指管理者和操作者。BIM 应用可以提高管理者的工作效率，保证管理者对工程项目质量的把握。BIM 模型包含了丰富、完整的项目工程信息，让管理者对所要管理的项目有一个提前的认识和判断，并根据以往积累的管理经验，对质量管理中可能出现的问题进行分析，判断工作的难点和重点，做到心中有数，减少不确定因素对项目质量管理产生的影响。

操作者的工作效果直接影响工程项目的质量。BIM 技术的引入可以为施工人员进行工作任务的预演，让他们清楚准确的了解自己的工作内容，并且明白自己工作中的质量控制要点如何实现，在实际操作中多加注意，尽量避免因主观因素产生的质量问题。

需要注意的是，工程质量问题往往与人的主观因素有关，有些这样的问题很难通过改进技术方法或工具的手段来避免。比如不按设计或规范施工，如果是由施工人员主观故意造成的，则无法通过应用 BIM 解决，只能通过规章制度利用管理手段解决；而对由于工具和方法的局限所造成的工程质量问题，则可以通过 BIM 应用来解决。如由于施工人员对设计理解不到位误读图纸或没有准确理解施工工艺、流程要求而造成违反设计或施工规范的误操作，则可以通过应用 BIM 技术可视化的特点有效解决。

（2）机械控制

利用 4D 施工过程虚拟，可以模拟施工机械的现场布置，对不同的施工机械组合方案进行比较，并根据节约、高效的原则对方案进行调整，最终选出适合项目特征、工艺要求及现场环境的优化施工机械布置方案。

（3）材料控制

施工使用的材料是工程产品的直接组成部分，对项目的最终质量有着直接影响。BIM 技术的 4D 应用可以根据工程项目的进度计划，并结合项目 BIM 模型生成一个准确的材料供应计划，确定某一时间段所需要的材料类型和材料量，使工程项目的材料供应及时、有效、合理、可行。

历史项目的材料使用情况对当前项目使用材料的选择有着重要的借鉴作用。整理收集历史项目的材料使用资料，评价各家供应商产品的优劣，可以为当前项目的材料使用提供指导。BIM 技术的引入使我们可以对每一项工程使用过的材料添加上供应商的信息，并且对该材料进行评级，最后在材料列表中归类整理，以便日后相似项目借鉴应用。

（4）方法控制

引入 BIM 技术，可以在模拟的环境下，对不同的施工方法进行预演，结合各种方法的优缺点以及项目的施工条件，选择符合项目施工特点的工艺方法；也可以对已选择的施工方法进行模拟环境下的验证，使各项工序的施工方法与项目的实际情况相匹配，从而保证工程质量。

（5）环境控制

引入 BIM 技术可以将工程项目的模型放入模拟现实的环境中，应用一定的地理、气象知识分析当前环境可能对工程项目产生的影响，提前进行预防和解决。在可视化的三维模型中，这些影响因素能够立体直观地体现出来，方便项目管理者发现并解决问题。

现行的质量管理方法有其较高的理论价值，但是由于工具和客观条件的限制，这些理论价值在实际的项目管理中往往得不到充分发挥。应用 BIM 技术可以为传统质量管理方法提供技术支持并创造实现条件，使这些传统方法的作用得到充分发挥，从而提高工程项目质量管理的实际效果。因此，在工程质量管理中，引入 BIM 技术同样具有重要意义和价值。

3.2.4　机电安装工程项目安全管理 BIM 应用指南

由于建筑工程事故通常会造成严重后果和较大的社会影响，因此工程安全在世界各国都是一个受到普遍关注的重要问题。广义的工程安全包含两个方面的含义：一方面是指工程建筑物本身的安全，即质量是否满足合同要求、能否在设计规定的年限内安全使用。设计质量和施工质量直接影响到建筑物本身的安全，是决定工程建筑物本身安全的两个重要因素。另一方面则是指在工程施工过程中的生产安全，包括人员、设备和建筑物安全，特别是各参与方在现场工作人员的人身安全。在此只讨论 BIM 技术在施工过程安全生产管理中的应用。

与前面章节介绍的在工程项目进度、成本和质量管理方面的应用相比，BIM 在安全管理方面的应用还并不普及，尚处在起步摸索阶段。这主要是由于目前缺少成熟、适用的相关 BIM 软件工具和技术手段。目前整个行业普遍使用的 BIM 应用软件，其功能基本都是针对建筑设计、施工和运维阶段的各种专业技术需求提供的，而很少提供有关安全管理应用所需的专项功能。同时，在施工安全管理中也还没有建立起整体运用 BIM 的知识体系和技术方法。目前，施工安全管理 BIM 应用一般所采用的方式是选择适当的现有 BIM 应用软件结合必要的人工分析判断的，因此需要相关的安全管理人员具备足够的专业知识和实践经验，否则难以发挥应有的作用。

目前，主要是利用 BIM 所具有的信息完备性和可视化特点，将 BIM 应用在施工安全管理的以下几个方面：

（1）施工准备阶段的施工安全规划：包括施工平面布置、施工现场安全技术措施方案和生产安全事故应急救援预案等。

（2）施工过程中的危险源识别、安全风险分析、安全措施制定以及结合相关信息技术（如 RFID、无线网络和智能移动终端等）对施工现场安全进行实时监控管理。

（3）3D/4D 可视化施工安全展示及沟通交流：包括安全培训和安全技术交底。

3.2.4.1 施工前的安全管理

施工前的安全管理指的是在施工准备阶段做好安全管理方面的工作，主要工作内容是制定施工安全规划。基于 BIM 技术的安全规划主要是通过在可视化虚拟环境中模拟实际的施工过程，发现潜在的安全风险并制定相应的技术措施，消除风险以防止事故发生。

传统工作模式是项目团队的相关人员首先对施工现场进行查探，然后仔细研究包括二维施工图在内的各种工程文件，并根据施工合同要求，完成施工组织设计编制。由于二维图纸的表达不直观，并且不同图纸之间的信息相互割裂，使得各专业职能难以协调一致，导致规划可能存在隐患。同时由于施工现场的复杂性，如果没有有效技术手段的支撑，安全规划人员无法只凭借经验从感性上主观判断、预测现场将会发生的情况。因此很难制定出可以有效、顺利执行的优化安全规划。

BIM 模型结合可视化虚拟技术构成的"虚拟施工环境"可有效改善这一工作过程。BIM 模型包含了全部建筑信息，包括施工环境中复杂的几何及物理信息，以及合同的各项要求。在此基础上进行可视化施工模拟，可以使相关人员在一个接近实际情况的施工过程中，发现现有方案可能存在的问题，对决策过程会有很大帮助。使用基于 4D BIM 模型的虚拟施工技术，安全管理人员可以在施工前准备阶段的规划过程中识别并排除潜在的危险源，将会在很大程度上消除或减少因安全规划不周带来的工程事故风险，让安全管理人员可以将更多精力用于开工后对施工现场的安全监管。

下面分别介绍目前主要的施工安全规划 BIM 应用。包括：

（1）施工场地布置：包括大型施工机械布置及使用安全管理、施工场地物流管理计划等。

（2）现场施工安全技术措施：包括高处作业坠落防护、现场消防及安全用电管理等。

1. 塔吊布置及安全使用计划

首先在施工场地内根据施工作业需求，合理布置塔吊位置，尽量减少需要使用的塔吊数量。在确定塔吊位置后，利用 4D 施工场地 BIM 模型进行可视化模拟，根据吊臂回转半径，确保在塔吊工作期间与场地内的电源线或邻近的建筑 / 构筑物及临时设施等具有足够的安全距离。塔吊的工作范围是具有一定安全风险的危险区域，在塔吊工作期间，应限制现场人员在此区域内活动。如果场地内需要使用多台塔吊，在布置时通过可视化模拟，可验证塔吊之间是否具有足够的安全距离，以避免在工作过程中发生碰撞事故。此外，还可利用 BIM 模型对塔吊倒塌事故进行模拟分析，以此确定塔吊倒塌事故可能影响的区域范围。在此区域范围内应避免设置现场办公区或临时加工区等经常会有人员停留的场所。

2. 施工场地物流管理计划

利用 4D 施工场地 BIM 模型进行可视化施工模拟，并结合施工进度计划，合理、优化地布置施工平面，能够缩短材料的运输时间，减少材料的搬运次数，节约人工费用，降低工程成本。基于施工现场的安全考虑，通过合理安排施工作业区、辅助作业区、材料堆放区和办公生活区，避免人与设施、设施与设施、人与施工环境、设施与施工环境之间的相互冲突；通过合理安排运输车辆路线和施工场地内的人员通道，避免出现人、机运动轨迹交叉而可能造成的伤害事故，从而有效提高施工现场的安全性。

3. 高处作业坠落防护措施

统计数据表明，在我国和欧美国家，由于施工作业人员从高处不慎坠落而造成的安全事故在建筑施工行业的所有生产安全事故中占比最高。因此，高处作业坠落防护措施是制定安全技术措施的重要内容。常用的防高空坠落措施是在建筑物高层的外围边缘或未完工的电梯井、设备管道竖井等建筑开孔 / 洞的边缘位置处设置临时安全护栏，在不便安装安全护栏的施工部位，应设置连接施工作业人员佩戴安全带的固定锚点。

应用 BIM 制定高处作业坠落防护措施是通过对 BIM 模型的检查，或利用 4D BIM 通过对施工过程的可视化模拟，检查确认在即将进行高处施工作业的临边处以及所有坠落高风险部位都已采取适当的安全防护措施。这项工作可利用 4D 施工模型配合施工进度进行。在某项高处施工作业开始之前，通过对 BIM 模型的检查或对施工过程的模拟，对所有需要安装安全防护设施的位置进行标记并到现场检查核实，确认在所有标记部位都已设置了安全防护设施。

制定防高空坠物伤人事故的安全措施，可采用类似的做法。当高处作业时，如果作业区下方有施工人员作业或会有人员经过，为防止万一有物体坠落伤人，应在建筑开洞或建筑边缘下方设置防护网或防护板。具体做法也是通过对 BIM 模型检查或通过施工模拟，确定需要安装防护网或防护板的位置。

4. 生产安全事故应急救援预案

应急救援是指在危险源与环境因素控制措施失效的情况下，为预防和减少可能随之引发的伤害和其他影响，所采取的补救措施和抢救行动。应急救援预案是指事先制定的关于生产安全事故发生时进行紧急救援的组织、程序、措施、责任以及协调等方面的方案和计划，用以指导事故应急救援工作的全过程。

实行施工总承包的单位应当负责统一编制应急救援预案，工程总承包单位和分包单位按照应急救援预案，各自建立应急救援组织或者配备应急救援人员，配备救援器材、设备，并定期组织演练。

将 BIM 场地模型结合虚拟可视化技术应用于制定应急救援预案和日常组织应急救援演练，有着很大优势。当紧急情况发生时，为了及时采取适当措施应对，与施工现场的空间性质及环境有关的信息资料是非常重要的，而 BIM 场地模型包含这些信息。在制定应急救援预案时，利用 BIM 场地模型并结合使用消防分析及其他人员紧急疏散模拟分析软件，如 FDS、Fluent、CFAST、buildingEXODUS、SIMULEX、Pyrosim 等，通过对不同方案的模拟分析比较，可以选择确定现场人员紧急疏散的最佳撤离线路，或是在现场内躲避的适当庇护场所。此外，BIM 模型包含的空间信息还有助于识别疏散线路与环境风险之间隐藏的关系，可以减少应急决策的不可靠性。

基于 BIM 场地模型的可视化模拟还可在正常情况下用于应急救援演练。通过设置不同场景，应急救援人员可以在虚拟环境下演练并熟悉针对不同突发紧急事件的救援措施、程序及相互间协调等内容。应急救援预案必须考虑为外部救援力量顺利抵达现场并及时展开救援提供有效信息和帮助。以消防事件为例，当施工场地发生火灾时，在消防人员到达前，就应尽可能确定并向其通报距离最近的消防栓位置、危险材料存放地点以及场地内通向火点的路线等信息，以便消防人员到达后可立即展开救援。

3.2.4.2 施工过程中的安全管理

基于 4D BIM 技术的施工现场安全管理应用可用来完成三个主要任务，即危险源识别、安全措施制定和安全控制。危险源识别和安全措施制定是利用 4D BIM 所具有的虚拟可视化功能特点，在虚拟环境下仿真模拟具体的施工过程，通过对模拟过程的观察分析，识别现场潜在的危险源，并制定对应的消除、防范措施，避免已识别的危险源在实际施工过程中引发安全事故。而安全控制是在施工过程中进行的，在施工开始后，需要根据现场的实际情况随时调整在施工安全规划中制定的安全措施计划，使其能够更有效地满足施工安全的需要。有时，可能还需要根据现场的实际情况及时采取临时应对措施，以避免发生事故，保证安全施工。但 BIM 在获取现场数据方面并无优势，目前的 BIM 技术尚无法通过提取现场数据，及时更新并生成反应现场实际状况的实时 BIM 模型。为了将 BIM 更好地应用于施工现场管理，必须与包括射频识别（RFID）、数字视频等相关实时数据采集技术配合使用。

RFID 采集的实时现场数据可传回后台服务器，与基于 BIM 的施工管理系统配合使用，可实现对施工现场的管理。目前的 BIM 系统还无法直接使用由现场获得的实时视频数据，必须由人工分析处理后，根据现场情况结合 BIM 系统搭载的项目信息作出管理决策。

RFID 在施工现场管理的现场数据实时采集方面可以发挥重要作用。为了将 RFID 技术用于施工现场管理，首先要合理地布置安装路由器，以保证无线传感网络能够覆盖整个施工现场；在现场安全管理的重要区域和关键位置要设置安装 RFID 读取器，并在目标对象上，包括施工机械设备、工人和工程材料构件/系统设备，安置 RFID 标签。当施工设备或工人通过或接近该位置，读取器读取 RFID 标签信息后，实时传回项目管理部门的服务器，管理人员可通过基于 BIM 模型的图形界面，及时了解现场施工人员及机械设备的分布使用情况，并根据现场情况进行必要的调整管控。

当一个工人试图启动操作一台施工设备时，该设备搭载的带有开关控制功能的 RFID 读取器将首先读取安装在工人安全头盔的标签信息。读取的人员身份 ID 连同该设备的标识符 ID 会被传送到控制服务器获取操作许可。如果经过验证是该设备的授权操作人员，服务器会返回一个同意使用的授权许可信号，激活读取器的控制开关，工人便可启动设备开始工作，反之则将无法启动。这一过程的实现需要在 RFID 读取器模块中集成设备管理的电子锁功能。

应当为某些现场工作人员配备便携式移动 RFID 读取终端，使其可以根据管理人员的要求及时读取设备或材料标签信号等现场信息传回后台控制服务器，供安全管理监控系统使用。存储在服务器上的 BIM 系统集成了现场环境和施工方案、计划，包括现场布置、所有可用人员、设备和材料等详细信息，与由不同读取器返回的现场实时信息相结合，可根据实际情况对现场进行有效管理。施工安全管理监控系统还应加载依据企业安全政策预先定义的施工安全规则，根据现场返回的信息，可在必要时发出预警信息。将这些预警信息发送到现场相关的节点，通过现场设置的显示屏或 LED 灯显示，以提示或警告相关工作人员采取必要措施进行纠正或防护。此外，由于 RFID 可以抵抗严酷的环境，在一些不适于现场人员直接进入检测的环境中，其价值会更明显。

RFID 主要从微观角度提供实时信息，有助于识别和排除施工现场的安全风险。4D BIM 技术具有信息完备性和可视化等特点，将其用于施工现场可从场地整体较为宏观的角度提高安全管理效率，在宏观的安全措施制定和安全控制上具有更大优势。将 4D BIM 与 RFID 技术结合在一起，既可以利用 RFID 识别的优势在微观上发现现场特定位置的潜在安全问题并及时预警，又可以利用 4D BIM 的信息完备性和可视化动态监控优势来从宏观上完善安全策略，从而可以以集成化方式完成危险源识别、安全措施制定和安全控制这三个现场安全管理的主要任务。将 4D BIM 与 RFID 技术相结合的施工现场安全管理应用，目前尚无现成的商用软件产品可用，需要用户根据应用需求进行定制开发。

目前整个行业普遍使用的 BIM 应用软件，其功能基本上都是针对建筑设计、施工的各种专业技术需求提供的，很少提供有关安全管理方面所需的专项应用功能。如目前尚未见到具有施工现场危险源自动识别、安全风险分析评估等功能的 BIM 应用软件。

因此，目前对于施工过程安全管理的 BIM 应用，一般采用的方式是选择适当的现有软件，并结合必要的人工干预处理，实现施工过程中的安全管理 BIM 应用。这种方式目前主要用于现场危险源识别和安全措施制定。

现场危险源识别及安全措施制定的 BIM 应用

危险源与环境因素是建设工程施工安全控制的核心问题。施工安全控制的基本思路是识别与施工现场相关的所有危险源与环境因素，评价出重大危险源与重大环境因素，并以此为基础，制定有针对性的控制措施和管理方案。

危险源识别就是识别与各类施工作业和管理活动有关的所有危险源与环境因素，并考虑谁会受到伤害或影响，以及如何受到伤害或影响。其范围涉及与施工现场各类作业及管理相关的场所、设施、设备、人员、工序、操作和管理活动。

安全风险与环境因素影响的评价是在假定的计划（方案）或现有的控制措施适当的情况下，对与各项危险源与环境因素有关的安全风险与环境影响进行分析评价。评价应考虑控制的有效性以及控制失败可能造成的后果。

由于目前尚无具备危险源自动识别以及对安全风险与环境因素影响进行评价，并据此自动生成相应安全措施功能的 BIM 应用软件。BIM 在这方面的应用目前可采用两种方式。第一种是最常用的方式，是利用虚拟可视化技术，在虚拟环境下基于 4D BIM 模型对施工过程进行模拟，通过对模拟过程的观察分析，辨识确定危险源并对某项危险源可能造成事故的模拟结果进行分析后，根据事故发生的条件及可能造成的后果，评价与其相关安全风险引发事故的可能性及事故的危害性，同时制定出对应的安全措施。这种方式的效果在某种程度上取决于安全管理人员的个人能力，需要操作者依据其工程经验作出一定的主观判断。

应用 BIM 进行现场危险源识别的第二种方法是选用适当软件，如 Solibri Model Checker（SMC），利用 SMC 具有的可根据用户自定义规则组对 BIM 模型进行自动检查的功能，将对危险源的识别转化为是否符合规则组的检查。具体做法是根据危险源可能造成事故的原因，制定相应的规则，避免或限制造成事故原因的出现。例如：某项施工作业需要在建筑物高层堆放建筑材料，如果堆放位置距建筑物边缘或开洞过近，有可能会造成坠物伤人事故。这时，堆放的建筑材料就是危险源，而造成事故的原因是堆放位置不当。因此，可以建立一条规则，规定建筑物高层的材料堆放区与建筑物及开洞边缘必须保持指定的安全距离。再比如，为了施工现场的消防安全，应规定在建筑现场每一层的必要位置，如升降机停靠位置附近及有焊接作业等使用明火位置附近，必须设置灭火器等。这样，就将对危险源的识别转化为对规则符合度的检查，而 SMC 具有这样的规则自动检查功能。很明显，采用这种方式需要建立一系列规则，并且其 BIM 应用成效取决于定制规则组的完备程度。

3.2.4.3 BIM 在安全教育培训及安全技术交底方面的应用

1. 安全教育培训

安全教育是企业安全管理工作的重要内容，是提高作业人员安全素质和控制人为不安全因素的有效途径之一。安全教育指的是通过教育手段使企业员工认识安全的本质含义、重要性，获得必要的安全知识和技能，以提高安全意识、安全技术水平的安全管理过程。作业人员安全学习的作用是：提高安全意识、知识和技能水平，掌握安全生产的客观规律，学会预测、预防和消除事故，为保护人身安全，提高劳动生产率，创造良好的作业条件，提高自身的安全素质，遵守企业安全管理制度的规定，最大限度地防止和减少人身伤亡、财产损失和环境污染事故。

传统的安全教育培训主要是利用安全培训手册等纸质材料，通过阅读讲解等方式进行的。这种方法效率不高，并且难以保证培训效果。

由于 BIM 具有信息完备性和可视化的特点，如果将 BIM 用于数字化安全教育培训，这种基于 BIM 的数字化培训一定可以取得更好的效果。对施工现场不熟悉的新工人在了解现场工作环境前都有较高风险可能遭受伤害。利用 BIM 的可视化功能，可以帮助他们更快更好地了解现场的工作环境。不同于传统的安全培训，利用 BIM 与实际现场相似度很高的可视化特点，可以让工人更直观、准确地了解现场状况，并且通过在虚拟环境下的施工过程模拟，向他们直观展示即将从事的施工作业内容、程序、操作方法以及容易出现危险的环节等，并制定、采取相应的安全措施以保证施工安全。这对复杂的现场施工效果尤为显著。

此外，机械设备如果操作不当很容易成为安全隐患，特别是对于一些本身危险系数较高的作业项目。通过在虚拟环境中模拟，可以查看即将开始的工作内容及相应的设备操作，使作业人员能够更好地了解正确的操作方法，识别工作过程中的危险所在，并且采取相应的控制防护措施，保证顺利、安全地完成施工任务。

利用 BIM 可实现虚拟可视化的功能特点，还可对安全教育培训的效果进行检查评估。在虚拟环境下，通过考察受训人员对不同场景设置的反应和操作处理过程，可以判断他们是否真正理解掌握了培训内容。

应用 BIM 进行数字化培训将会大大提高安全培训的效果，这样的安全培训将不再是千篇一律的"安全培训手册"，而是符合项目实际情况、虚拟环境下的可视化 3D 培训。这不仅会提高安全培训的效果和效率，并可减少因以往传统方式培训效率低下而造成的不必要的时间成本和资金成本。

2. 安全技术交底

安全技术交底是企业技术管理人员根据工程的具体要求、施工特点和施工过程中的主要危险因素编写的用以指导施工人员具体操作的指令性文件，是企业安全管理和安全技术措施落实的重要环节。施工现场安全管理的重要内容就是对具体作业操作工人的现场安全技术交底。所谓现场安全技术交底就是由安全技术人员或作业班组负责人把安全技术方案的设计思想、内容及要求，向施工作业人员进行全面、详细的交底，使操作人员充分、准确地理解方案的全部内容，以减少实际操作中的失误，避免施工作业时的事故伤害。

传统的交底方式是通过"安全技术交底"的纸面文件进行。由于纸面表达方式的限制，常常无法直观、准确地表述想要传递的内容。同时，由于施工人员个体经验、能力的差异，有时不能准确理解甚至误解交底人员所传达的内容，可能成为造成误操作而引发安全事故的隐患。

应用 BIM 技术可大大提高现场安全技术交底的效率和效果。在虚拟环境下利用 4D BIM 施工模型，通过对具体施工过程的模拟和相应安全技术措施的直观展示，可以让施工作业人员快速、准确、直观地了解即将开始施工的作业内容、操作方法、步骤、流程和质量要求，以及安全技术措施的作用、实施要点和应注意事项等，进而更快、更好地实现安全技术交底的目的，并安全顺利地完成施工任务。

需要指出的是，安全管理的对象是人，核心是健全的安全管理制度及其切实有效的落实执行。任何技术手段都只能起辅助作用。因此，不论是否在安全管理中应用 BIM 技术，都仍然要依靠安全管理制度的有效贯彻落实来保证施工企业的安全生产。

3.3 机电安装工程竣工验收阶段 BIM 应用要求和规范

施工项目竣工验收指承包人按施工合同完成了项目的全部任务，经检验合格，由发包人组织验收的过程。从建设项目看，竣工验收阶段是项目的最后阶段，但是对施工企业来说，竣工验收并不是最后的项目阶段，在此阶段以后还有回访保修等工作。

工程项目竣工验收的交工主体是施工单位，验收主体是项目法人，竣工验收的客体，应是设计文件规定、施工合同约定的特定工程对象。

竣工验收对交工、验收双方来说都是项目中十分重要的阶段。从投资者和建设单位的角度看，项目竣工验收是加强固定资产投资管理、促进项目达到设计能力和使用要求，提高项目运营效果、实现项目投资收益的需要。

从承包者角度看，项目竣工验收是承包者对所承担的工程建造任务接受建设单位和国家主管部门的全面检查和认可，是承包者完成合同义务的标志。及时办理竣工移交手续，收取工程价款，有利于促进施工企业健康发展，也有利于企业总结经验教训，提高项目管理水平和企业竞争力。

施工企业在项目竣工验收阶段引入BIM应用，可以有针对性地弥补传统方式的缺陷和不足，提高竣工验收的工作效率，并降低在项目竣工验收阶段的成本。

3.3.1 竣工验收阶段的主要工作内容

竣工验收阶段主要包括以下工作内容：

（1）进行竣工验收准备：施工单位自检；准备竣工验收资料，包括建立完整的工程质量记录，收集、汇总工程技术资料和施工管理资料等；竣工收尾等。

（2）编制竣工验收计划：竣工收尾计划和竣工阶段其他工作计划。

（3）组织现场验收：首先由工程监理机构依据施工图纸、施工及验收规范和质量检验标准，对工程进行竣工预验收，提出工程竣工验收评估报告。承包人提交竣工报告，发包人进行审定，作出组织有关单位进行正式竣工验收等事宜的决策。

（4）进行竣工结算：工程竣工结算与竣工验收工作同时进行。首先由承包人确定工程竣工结算价款，编制竣工结算；经监理机构审核后正式向发包人递交工程竣工结算报告及完整的结算资料；承发包双方依据合同和结算资料，调增、调减后最终确定工程结算价款。

（5）移交竣工资料：竣工资料应齐全、完整、准确、符合规范的规定，标识、编目、组卷、书写符合档案管理质量要求。

（6）办理交工手续：工程现场验收合格后，由发包人、承包人、设计单位、监理单位和其他有关单位在竣工验收报告上签认，工程结算完毕，承包人与发包人办完资料移交手续，签署工程质量保修书，便可进行工程移交。办完交工手续，项目经理部应及时撤离施工现场，解除全部管理责任。

其中的准备竣工验收资料和竣工结算，对于施工企业来说是极其重要同时也是非常困难的工作。

1. 准备竣工验收资料

施工企业需要整理归档的工程竣工资料主要包括：

（1）施工文件：施工技术准备文件；施工现场准备文件；地基处理记录；工程图纸变更记录；

施工材料预制构件质量证明文件及复试试验报告；施工试验记录隐蔽工程检查记录；施工记录；工程质量事故处理记录；工程质量检验记录等。

（2）工程竣工图：综合竣工图；专业竣工图。

（3）竣工验收文件：工程竣工总结；竣工验收记录；财务文件；声像、微缩及电子档案等。

2. 竣工结算

竣工验收报告完成后，施工方应立即在规定的时间内向建设方递交工程竣工结算报告及完整的竣工结算资料。

竣工结算的依据：施工合同，中标投标书的报价单，施工图及设计变更通知单，施工变更记录，技术经济签证，计价规定，有关施工技术资料，工程竣工验收报告，工程质量保修书，其他有关资料（如材料代用资料，价格变更文件，隐蔽工程记录等）。竣工结算要求如下：

（1）做好竣工结算检查，逐项核对工程结算书，检查设计变更签证，核实工程数量，检查计价水平是否合理等。

（2）编制竣工结算资料和竣工结算报告时，遵循下列原则：以单位工程或合同约定的专业项目为基础，对原报价单的主要内容进行检查核对；对漏算、多算、误算及时进行调整；汇总单位工程结算书，编制单项工程综合结算书；汇总综合结算书，编制建设项目总结算书。

（3）项目经理部编制的工程结算报告要经企业主管部门审定、发包人审查。

（4）项目经理部按照项目管理目标责任书的规定，配合企业主管部门及时办理竣工结算手续。

（5）竣工结算报告及竣工结算资料应作为竣工资料及时归档保存。

（6）工程竣工结算要认真预防价格和支付风险，利用合同、保险和担保等手段防止拖欠工程款。

3.3.2 竣工验收阶段的 BIM 应用

根据上述竣工验收阶段的主要工作内容，可以首先将 BIM 应用在竣工验收阶段的准备竣工验收资料和竣工结算工作中。

3.3.2.1 准备竣工验收资料的 BIM 应用

有统计资料表明：现代工程的许多问题大多出现在从建设到运营的"最后一公里"，即竣工移交阶段。普遍发生的资料不全、信息丢失、图纸错误等问题往往都是在这一阶段出现的。工程项目通常复杂性高、周期长而且参与方众多。工程进行过程中，各参与方之间需要经常相互交换文件资料沟通。漫长的施工过程，常常还要涉及大量变更文件、现场签证等工程资料的处理。以往的工程项目管理由于传统技术手段的局限，经常会出现信息传递偏差、资料记录不全、数据文件丢失或缺少等问题。传统模式下，竣工验收资料的准备工作对施工企业来说是一项相当艰巨的任务。工作人员常常需要查找、修改和补充各种所需的资料，以满足对竣工验收资料和竣工结算的要求。

BIM 技术的引入，可有效改变竣工阶段的这种被动状况。BIM 模型的各个建筑构件不仅包含几何信息，而且还被赋予了物理属性，如空间关系、地理信息、工程量数据、成本信息、技术规格参数信息、材料详细信息及项目进度信息等。随着工程进展，施工过程中的设计变更、现场签证等信息被不断录入与更新，到竣工验收阶段 BIM 模型所包含的项目工程信息已完全可以表达竣工工程实体。BIM 模型的完整和准确性保证了竣工验收资料的完整、准确。大多数竣工验收所需的文件、资料都可由 BIM 模型导出或自动生成，从而大大提高竣工验收资料准备工作的效率和质量。

3.3.2.2 竣工结算的 BIM 应用

竣工验收阶段的竣工结算和竣工决算，直接关系到建设单位与施工单位之间的利益关系，同时也关系到建设工程项目工程造价的实际结果。竣工阶段工程造价管理工作的主要内容是确定建设工程项目最终的实际造价，即竣工结算价格和竣工决算价格，编制竣工决算文件，办理项目的资产移交。它是确定单项工程最终造价、考核施工企业经济效益及编制竣工决算的依据。

目前工程竣工验收阶段竣工结算的问题较多，和上述竣工验收资料准备工作的情况类似，如资料不全、信息丢失、图纸错误以及变更文件、现场签证等有关工程资料缺失。而这些资料在办理竣工结算时，又是必须使用、不可或缺的。编制工程结算过程中，建设单位委托的造价工程师与施工单位造价工程师需要核对工程量及综合单价等基础工程数据，相互查找对方工程计算错误和不合理之处，争取自己利益的最大化。

在传统模式下，基于二维 CAD 图纸的工程结算工作是相当繁琐的。建设单位与施工单位的造价人员需要依据 2D 平面图纸、变更记录、现场签证等逐项核对。单就工程量核对而言，双方造价工程师需要按照各自工程量计算书依序对 2D 平面图纸的每根梁、每根柱、每面墙等逐项核对。遇到有较大出入的部分，更需要按照各个轴线、各种计算公式去复核工程量计算过程，工作量之大不言而喻。完全依照手工查找核对，准确性很难得到保证，容易导致结算"失真"，过程中资料丢失或缺少的情况也屡见不鲜。

BIM 技术的引入，将彻底改变工程竣工阶段的工程结算模式。首先，利用 BIM 模型构件中包含的相关工程信息，可以自动快速、准确地计算出工程量，避免手工方式逐项查找、计数造成的遗漏或重复等错误。此外，利用在施工过程中不断添加和更新的设计变更、现场签证等信息，可计算出施工图中没有表示的附加施工工程量，避免出现实际工程量漏算给施工方造成的损失。经过施工阶段的不断更新维护和完善，竣工阶段 BIM 模型的信息量便可以完整、准确地表达竣工工程实体。在竣工验收的结算过程中，BIM 模型的完整和准确性保证了结算工作的效率，可以减少双方纠纷，加快结算速度，同时有效节约双方的结算工作成本。

第4章 机电安装企业 BIM 交付标准

建筑工程交付主要包括工程实体交付和相应的工程资料交付两部分，而 BIM 交付主要针对后者。传统模式下交付的工程资料主要包括：工程技术及管理文件、施工及验收执行规范、工程质量检验与评定标准、工程质量控制资料以及竣工图等。随着 BIM 技术的快速发展和应用，具有丰富语义信息的三维模型成了交付的主要载体，这将对以图纸、表格和文档为主要信息载体的传统交付形式产生深刻影响和变革。

根据交付的对象、内容及用途，施工企业 BIM 应用的交付成果可分为内部交付和对外交付两大类。

（1）内部 BIM 交付主要内容

①用作现场实施技术依据和指导的 BIM 深化设计交付

● 专业工程深化设计完成的各专业 BIM 模型及其衍生成果（如各专业工程的施工图等）；

● 管线布置综合平衡深化设计完成的管线综合布置 BIM 模型及其衍生成果（如管线综合布置图、管线密集交叉部位的三维管线综合轴测视图等）。

②用于施工管理的 BIM 施工组织设计交付

● 由表示工程实体基本信息（如几何尺寸、功能要求、构件性能等）的 BIM 施工作业模型和表示施工过程附加信息（如施工场地布置、施工现场物流管理、施工顺序和进度、施工资源配置及供应等）的 BIM 施工过程模型所组成的 4DBIM 施工模型；

● 基于 BIM 施工模型选择确定的施工方案、施工重难点专项工程指导方案、施工总平面布置、施工进度和施工资源配置规划等成果；

● 用于施工过程模拟和施工方案技术交底的 4DBIM 施工模型及其可视化成果（如动画、视频文件等）。

③根据企业管理要求，需归档保存的项目工程资料中与 BIM 应用相关的成果，包括：BIM 施工模型、竣工模型以及相关的所有技术文档和工程信息资料。

（2）对外 BIM 交付的主要内容

①依据施工合同应向建设单位交付的 BIM 竣工模型及其衍生成果（包括相应的工程视图、技术文档及其他所需的工程资料）。如果合同中有约定，还应包括工程交付后使用过程所需的各种设施运营维护信息。

②为配合建设单位组织竣工验收，以及向政府建设行政主管部门或其委托的监督机构申请

办理工程竣工验收备案，应由施工方提供《建设工程竣工验收报告》及相关的施工管理文件、工程技术资料等。

需要强调的是，施工企业内部和对外 BIM 应用交付所要求的内容、方式以及遵循的规范标准应有所区别和侧重，主要体现在：

● 向建设单位提交的交付内容及交付方式应依据施工合同或招标文件的约定；

● 配合建设单位组织竣工验收，以及向政府建设行政主管部门或其委托的监督机构申报工程竣工验收备案提供的交付，应符合国家、所在地方政府现行的申报要求和审核规定；

● 对企业内部的 BIM 应用交付，则应以有效指导和保障施工过程顺利、有序进行，同时提高工程效率和质量，并降低工程成本为主要目标。

此外，也可根据在施工过程中对 BIM 应用及其相关交付提交的时间要求，对 BIM 应用交付进行阶段性划分。一般可将整个工程施工的 BIM 交付划分为施工过程交付和竣工验收交付两个阶段。

（1）过程交付：在从施工准备开始到项目竣工为止的工程进行过程中，用于指导施工及管理施工过程所需的各种 BIM 模型及其相关交付物。主要包括：施工深化设计、施工组织设计和工程变更管理等内容。

（2）竣工验收交付：在完成现场施工后，为工程验收移交根据政府主管部门的相关规定和施工合同要求，必须提交的 BIM 模型及其相关交付物。主要包括：BIM 竣工模型和相关的施工技术及管理文件等内容。

按照上述内部交付和对外交付的划分，过程交付主要是面向施工企业内部的交付，而竣工验收交付则主要是对外交付。

下面分别介绍施工企业内部和对外 BIM 应用交付成果对内容、范围、形式及交付方法的要求和规范。机电安装企业 BIM 交付标准框架如图 4.1 所示。

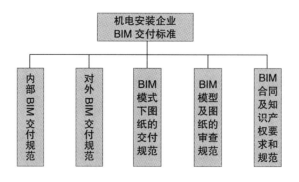

图 4.1 机电安装企业 BIM 交付标准框架

4.1 施工企业内部 BIM 应用交付规范

目前，国内施工行业的 BIM 应用尚处在初始阶段，多数企业还没有建立起统一的 BIM 应用成果交付的标准或规范。因此，为了尽快推动 BIM 应用与普及，现阶段施工企业可根据自身的业务特点和需求，参考国内外同行的业务实践，初步建立企业自身的 BIM 应用交付相关制度，并通过对工程实践不断总结经验，逐步改进完善，最终形成企业级 BIM 应用的交付标准和规范，使其成为施工企业 BIM 实施战略的有机组成部分。

施工企业对 BIM 应用成果交付的要求取决于拟定的应用范围和目的，以及在工程进行过程中不同阶段的业务需求。企业内部 BIM 交付可分为两大类：用于现场实施技术指导和施工过程管理内容，以及根据企业内部管理要求形成项目归档工程资料。

4.1.1 企业内部施工技术指导及过程管理的 BIM 应用交付要求

机电安装企业内部用于现场实施技术指导和施工过程管理的 BIM 应用交付成果主要包括三个内容：深化设计交付、施工组织设计交付和工程变更管理交付。下面围绕这三方面内容详细展开。

4.1.1.1 机电安装工程深化设计 BIM 应用交付

1. 深化设计流程

深化设计可分为三个阶段：

（1）确定深化设计条件图

根据业主认可的设计方施工图文件（含业主指示书、设计变更通知等），由建筑专业整理、消化，并融入建筑深化设计中；其他各专业同步从审读、分析设计方施工图文件开始深化设计。在此过程中，提出各专业之间的碰撞、缺漏问题，深化设计部初步协调后向建筑专业提供资料；建筑专业将其他各专业提供的资料进行整合，并由深化设计管理部对此过程中出现的矛盾、问题进行协调，形成深化设计条件图。

（2）依据深化设计条件图并结合设计方施工图，各专业同步进行深化设计

各专业进行深化并将完成的深化设计与建筑、结构和内装修等专业的设计内容综合协调，形成整体设备管线的综合协调布置；在深化过程中，各专业需互相协调、提资。其中建筑、结构须整合所有专业的预留、预埋信息以实现设备与土建的综合协调。各专业应确保将深化设计内容准确、真实地反映到 BIM 模型内。

（3）会签、报审

在总承包综合协调下，深化设计施工模型及相应施工图应经总包及各相关专业深化设计单

位跨专业会签。各专业深化会签完成后,由总包汇总、审核提交给业主,由业主组织相关单位(一般主要包括专业顾问、监理和业主)进行审定,并经原设计方审核确认。深化设计施工图经审核确认无误后,须由总包方加盖施工图批准章后方可进入现场施工。如未通过,则须根据审核意见修改,如牵涉到其他专业还必须重新进入流转确认程序。

2. 深化设计内容及要求

基于 BIM 的深化设计的目的是提供能够指导现场施工作业的施工模型、对应的施工图以及相关技术文件,主要工作是通过专业工程深化设计和管线布置综合平衡深化设计,并结合现场施工条件和作业流程对由业主或设计方提供的 BIM 施工图模型进行细化和完善,或者依据二维设计施工图自行创建 BIM 施工模型并生成所需的各种工程视图。

基于 BIM 的深化设计的一般原则包括:

- 必须符合国家标准、施工和设计规范及行业标准。

- 必须符合施工工序要求和传统技术规定,例如在管线综合中,应遵循的管线避让一般原则是:电气让水管、水管让风管、小管让大管、有压管让无压管、一般性管道让动力性管道、同等情况下造价低让造价高,电气专业管线在上,水专业管线在下等。但具体问题还要考虑多种因素和各方要求,根据实际情况确定。

- 解决原施工图设计中的疏漏和缺乏的细节。设计方的施工图有时会存在一些疏漏和错误,应在深化中予以补充和解决。例如管路上缺阀门,支路管径大于干路管径等。有些细节内容在设计单位的施工图中没有表示,但在施工过程中却必须碰到,如大型管道支、吊架,重点部位详细做法和大样等,都是在深化设计中应补充完善的。

- 解决设计方施工图考虑不周的问题。这是深化设计的重要工作内容。包括解决各专业管线交叉碰撞、专业管线与结构和精装的冲突干涉问题等。要仔细排查分析所有部位和所有专业,发现并解决所有干涉碰撞问题,尽可能做到管线布局协调、合理、紧凑,并满足施工安装所需的尺寸要求。

基于 BIM 的机电工程深化设计主要交付成果的内容和要求如下:

(1)结构留孔留洞、预埋及二次墙留洞模型及视图

工程前期的预留预埋质量直接影响工程后期的安装效率和质量。根据设计施工图,认真审图分析确定建筑物的结构梁、柱、承重墙、暗柱、暗梁的位置。计算复核各专业穿剪力墙、板的洞、孔大小尺寸,复核确认所有洞、孔位置,以避免影响结构的承重荷载性能,并确定预埋管、件及预留孔洞的形状、大小及准确定位尺寸。深化设计完成的 BIM 施工模型要能清晰表示结构留洞、二次墙留洞及预埋件的准确位置,并据此生成综合结构留洞、二次墙留洞及预埋图,应能充分说明对结构留洞及预埋要求,以便可用于与结构专业配合并指导施工。

交付物：表示结构留孔留洞、二次墙留洞及预埋件准确位置的深化设计 BIM 模型；综合留孔留洞图、二次墙留洞图及预埋图（可用 CAD 图形文件或 PDF 格式）。

（2）机电管线综合布置模型及管线综合布置图

总包方通过将各专业的深化设计 BIM 模型集成为多专业综合模型，进行碰撞检测分析及管线综合布置优化。对发现的管线交叉碰撞或无法施工的部位，应会同各专业相关人员进行协商，按照施工规范和管道避让的一般原则进行管线调整。还应同时对横向、竖向机电管线以及屋顶设备、管线进行优化排布，最终完成管线布置综合平衡深化设计 BIM 模型，并通过模型生成管线综合布置平面图及复杂位置机电综合剖面图。管线综合布置平面图应能清晰的反映主要管线的种类和数量，明确标注各种管线的安装尺寸（与结构梁、墙、柱的距离）及各种管线安装之间水平间距及定位尺寸；在管线排布密集，交叉频繁的部位，应生成管线综合剖面图或该部位管线布置的三维轴测视图来确定关键位置各种管线之间的相互位置关系及安装的准确标高。为了与内装等专业配合以及满足各功能空间不同的净高要求，管线综合布置模型应表示项目各层实际净高并生成净高控制图，提资给内装专业协调参考及供业主方验证、决策。

交付物：管线综合布置 BIM 施工模型、机电管线综合布置平面图、复杂位置管线综合剖面图、管线密集交叉部位的三维管线轴测视图、各层实际净高控制图等。

（3）机房、设备层、管廊管井、地下室内走道等重点部位的深化设计 BIM 模型及设备管线布置平面图

机房、设备层、管廊管井及地下室内走道等部位的设备、管线密集，是深化设计的重点部位。应仔细考虑、综合平衡，并在必要时结合现场实地测量，完成这些重点位置的深化设计模型。模型应包括机房的设备基础、设备及管线布置、内走道、管廊管井及电井管线布置并生成相应的管线布置平、剖面图。设备、管线布置应保证管线操作及施工规范要求的距离，并确保满足各段走廊的净高要求。

交付物：重点部位设备、管线布置 BIM 模型、管线布置平、剖面图。

（4）管线支吊架 BIM 模型及加工制作详图

完成各种管线的综合布置后，应对各专业施工范围的支吊架、管道连接位置进行分解。按照设计图纸、施工规范及标准图集要求，并参照厂家的产品样本及管线规格、用途，确定支吊架的形式及规格尺寸，同时根据结构实况确定支、吊架的准确位置，从而完成支吊架深化设计 BIM 模型。

BIM 施工模型中表示支吊架的构件，只需要表示其几何形状、外形尺寸和准确的安装位置，不需要表示支吊架的详细结构形式和细部尺寸；而用于加工制作的支吊架模型构件，则需表达可生成详图的深度。其中，详图应表达支吊架的详细结构、细部尺寸以及与各种管线的不同连接方法，并明确说明具体规定和要求。

交付物：施工模型及支吊架布置安装图、支吊架模型及加工制作详图。

（5）机电与内装及小市政协调深化设计 BIM 模型

内装工程的吊顶及内装面层影响机电工程末端装置的精确定位。因此，机电专业必须与内装专业配合协调。

内装深化 BIM 模型应包括内装区域内吊顶，及内装面层与机电工程末端的精确对位关系，和主要配套机电隐蔽工程管线与路径定位。机电完成深化设计 BIM 模型后，应提资料给内装专业，内装专业根据 BIM 机电深化模型进行空间定位及设计深化，并将最终完成的 BIM 内装深化模型提资给机电 BIM 设计团队、机电 BIM 团队结合内装 BIM 模型的精确点位布置，完成机电末端定位工作。在满足使用功能和设计规范的前提下，尽量保证外观整齐美观，风口、探头、喷淋头及检修口布置应纵横成线并尽可能居中；同时应分系统、分段布置，过程中应考虑精装灯槽、龙骨、吊杆及机电吊架之间的空间关系并考虑重点区域吊顶做法，双方应互提资料，相互核查。吊顶综合平面图应按吊顶形式准确绘制，并标明吊顶定位基准线和机电末端器具相对尺寸，内装、机电工程必须共同遵守该基准线。以满足业主的装修要求，减少工程返工。

同时，机电模型还应结合小市政 BIM 模型进行综合排布，对小市政入户管线进行搭接，以确保外墙预埋套管定位的准确性。

交付物：与内装、小市政协调 BIM 模型、报告、机电工程末端布置平面图、与小市政连接排布综合图。

重点部位深化设计的内容和要求见表 4.1。

表 4.1 重点部位深化设计的内容和要求

序号	深化设计部位	深化设计要求
1	变配电（站）室	变压器、配电屏排列整齐，检修操作方便，桥架及母线槽的排列在方便电缆敷设和桥架安装的前提下，以最短距离排列整齐，桥架避让母线槽，小桥架避让主桥架，消防灭火气体管道在满足消防要求的情况下避让桥架，照明灯具排列整齐，安装位置保证机房操作部位及仪表部位的照度，通风空调风管的风口以下方无任何安装遮挡物为设置原则，严禁设置于配电柜、变压器的上方，防止空气中的冷凝水
2	空调机房及水泵房	以保证设备操作、维修方便为原则，设备、管线排列整齐，阀门操作方便；管线要以最短的距离与设备连接，保证水流顺畅，以尽量减小水泵出口水力损失为原则，管线安装标高尽量提高，保证机房空间净高
3	管井、电井	管道或线槽在保证操作距离的原则下，排列整齐、紧密，尽量实现管井和电井的操作空间最大化，保证管井和电井内的阀门、检修口、配电箱等操作方便

续表

序号	深化设计部位	深化设计要求
4	地下室、车库等大空间部分	管线安装以最大化利用空间为原则，桥架、消防给水管避让大口径风管，成排管道采用联合支架，支架做法力求可靠美观，喷头、灯具、探测器等末端器具安装成排成线，排列整齐
5	天花吊顶部位管线	天花部位管线的深化设计以在保证机电使用功能的前提下，通过管线综合布置调整，从而满足天花标高的要求为原则，当管线过多无法满足天花标高要求时，及时与精装部门进行协调； 天花内的管线：小线槽、冷热水、消防等管线布置避让风管、主桥架、风机盘管等设备，管线排列必须保证冷凝水排放管、污废水管等无压管道的安装，整个管线综合要保证天花内的设备、阀门留有足够的操作、维修空间； 走廊吊顶内的管线：走廊天花内的管线安装集中，设置联合支架，在满足规范要求的前提下，分层布置，管线之间要留有适当的操作检修距离； 天花面末端器具布置：在喷头、探测器安装符合消防验收规范的要求下，风口、灯具、音响广播等末端器具也应成排成线；在天花采用小分隔板面时，上述末端器具应根据天花排版图尽量放置在单块天花板中心或对称分割位置

深化设计交付经业主（顾问）审核并经原设计单位批准后，即可作为施工文件指导现场施工。施工前要做好深化设计的技术交底工作，将深化设计的意图、原理以及施工时的要求和注意事项等准确传达给现场施工员和作业班组长。

以下表格是各专业工程深化设计应提交的主要交付内容：

（1）给排水工程深化设计 BIM 应用主要交付内容（表 4.2）

表 4.2　给排水工程深化设计 BIM 应用主要交付内容

工程类别			BIM 模型	二维工程视图	重点表示内容	提供方
给排水工程	室外工程	给水系统	阀门井、水池、泵房的位置； 泵房内的设备布置； 管道的布置、走向及连接； 管道支吊架及基础的位置及支吊架结构形式	阀门井做法图	阀门井位置、尺寸及主要附件	总包
				水池平、剖面图	水池尺寸，套管及主要附件	总包
				泵房平、剖面图	水泵参数、定位，管道走向及标高	总包
				水泵隔振垫（器）安装布置图		供货商
				管道支吊架、基础、保温、绝热及其他安装图		分包

续表

工程类别			BIM 模型	二维工程视图	重点表示内容	提供方
给排水工程	室外工程	热水系统	热水管线的布置、走向及连接，包括管沟及管架；阀门井、泵房的位置及泵房内设备布置；管道支吊架及基础的位置及支吊架结构形式	热水管线平面布置图	管道、设备参数及平面定位	总包
				热水管线控制点断面图（含管沟及管架）	管道参数及标高，埋深	总包
				给水阀门井表	井参数及数量	总包
				阀门井做法图	阀门井尺寸及主要附件	总包
				泵房平、剖面图	水泵参数、定位，管道走向及标高	总包
				水泵隔振垫（器）安装布置图		供货商
				管道支吊架、基础、保温、绝热及其他安装图		分包
		雨污水排放系统	雨污水管线的布置、走向及连接，包括管沟及管架；检查井、化粪池、隔油池、泵房的位置及泵房内设备布置；管道支吊架及基础的位置及支吊架结构形式	雨污水管线平面布置图	管道、设备参数及平面定位	总包
				雨污水管线控制点纵断面图（含管沟及管架）	管道参数及标高，埋深	总包
				雨污水检查井表	井参数及数量	总包
				检查井做法图	检查井尺寸及主要附件	总包
				化粪池做法图	化粪池尺寸及主要附件	总包
				隔油池做法图	隔油池尺寸及主要附件	总包
				泵房平、剖面图	水泵定位，管道走向及标高	总包
				水泵隔振垫（器）安装布置图		供货商
				管道支吊架、基础、保温、绝热及其他安装图		分包

续表

工程类别			BIM 模型	二维工程视图	重点表示内容	提供方
给排水工程	室外工程	消防水系统	消防水管线的布置、走向及连接，包括管沟及管架；消火栓阀门井、水池、泵房的位置及消防水泵房内设备布置；室外消火栓位置；管道支吊架及基础的位置及支吊架结构形式	消火栓管线平面布置图	管道、设备参数及平面定位	总包
				消火栓管线控制点断面图（含管沟及管架）	管道参数及标高，埋深	总包
				消火栓阀门井表	井参数及数量	总包
				阀门井做法图	阀门井尺寸及主要附件	总包
				水池平、剖面图	水池尺寸，套管及主要附件	总包
				泵房平、剖面图	水泵参数、定位，管道走向及标高	总包
				消防水泵接合器做法图	形式，尺寸，参数	总包
				室外消火栓作法图	形式，尺寸，参数	总包
				水泵隔振垫（器）安装布置图		供货商
				管道支吊架、基础、保温、绝热及其他安装图		分包
		中水系统	阀门井、水池、泵房的位置及尺寸；泵房内的设备布置；中水管线的布置、走向及连接，包括管沟及管架；管道支吊架及基础的位置及支吊架结构形式	中水管线平面布置图	管道、设备参数及平面定位	总包
				中水管线控制点断面图（含管沟及管架）	管道参数及标高，埋深	总包
				阀门井表	井参数及数量	总包
				阀门井详图	阀门井尺寸及主要附件	总包
				水池平、剖面图	水池尺寸，套管及主要附件	总包
				泵房平、剖面图	水泵参数、定位，管道走向及标高	总包
				水泵隔振垫（器）安装布置图		供货商
				管道支吊架、基础、保温、绝热及其他安装图		分包

续表

工程类别			BIM模型	二维工程视图	重点表示内容	提供方
给排水工程	室内工程	给水系统	给水管线的布置、走向及连接；水箱、水池、泵房的位置及尺寸；泵房内的设备布置；卫生间内管道、管件（阀门及附件等）的布置；主要管井位置及管井内管线布置；管道支吊架及基础的位置及支吊架结构形式	给水管线平面布置图	管道、设备参数及平面定位	总包
				给水管线系统图	管道参数、走向、标高及与设备等的连接	总包
				卫生间详图	管道、阀门、龙头等定位及标高	总包
				水箱平剖面图	水箱尺寸、管道、阀门及附件的标高和定位	总包
				水池平、剖面图	水池尺寸、管道、阀门及附件的标高和定位	总包
				泵房平、剖面图	水泵参数、定位，管道走向及标高	总包
				主要管道井详图	管道、阀门仪表定位	总包
				水箱加工安装图；水泵隔振垫（器）安装布置图		供货商
				管道支吊架、保温、绝热及其他安装图		分包
		热水系统	热水管线的布置、走向及连接；水箱、泵房的位置及尺寸；泵房内的设备布置；卫生间内热水管线布置；换热设备的安装位置；主要管井位置及管井内管线、管件布置；管道支吊架及基础的位置及支吊架结构形式	热水管线平面布置图	管道、设备参数及平面定位	总包
				热水管线系统图	管道参数、走向、标高及与设备等的连接	总包
				卫生间详图	管道、阀门、龙头等定位及标高	总包

续表

工程类别			BIM 模型	二维工程视图	重点表示内容	提供方
给排水工程	室内工程	热水系统	热水管线的布置、走向及连接； 水箱、泵房的位置及尺寸； 泵房内的设备布置； 卫生间内热水管线布置； 换热设备的安装位置； 主要管井位置及管井内管线、管件布置； 管道支吊架及基础的位置及支吊架结构形式	泵房平、剖面图	水泵参数、定位，管道走向及标高	总包
				水箱平、剖面图	水箱尺寸、管道、阀门及附件的标高和定位	总包
				主要管道井详图	管道、阀门仪表定位	总包
				水箱加工安装图		供货商
				水泵隔振垫（器）安装布置图		供货商
				换热设备加工安装图		供货商
				管道支吊架、保温、绝热及其他安装图		分包
		雨污水系统	排雨、污水管线布置； 水箱、隔油池、泵房的位置； 泵房内的设备布置； 卫生间内排污水管线布置； 管道支吊架及基础的位置及支吊架结构形式	雨污水管线平面布置图	管道、设备参数及平面定位	总包
				雨污水管线系统图	管道参数、走向、标高及与设备等的连接	总包
				卫生间详图	管道、阀门、龙头等定位及标高	总包
				隔油池做法图	隔油池尺寸及主要附件	总包
				泵房平、剖面图	水泵参数、定位，管道走向及标高	总包
				主要管道井详图	管道、阀门仪表定位	总包
				水箱加工安装图		供货商
				水泵隔振垫（器）安装布置图		供货商
				非成品雨水管加工图、管道支吊架、保温、绝热及其他安装图		分包

续表

工程类别			BIM 模型	二维工程视图	重点表示内容	提供方
给排水工程	室内工程	消火栓系统	消防水管线的布置、走向及连接；水箱、泵房的位置及尺寸；泵房内的设备布置；主要管井位置及管井内管线、管件布置；管道支吊架及基础的位置及支吊架结构形式	消火栓管线平面布置图	管道、设备参数及平面定位	总包
				消火栓管线系统图	管道参数、走向、标高及与设备等的连接	总包
				泵房平、剖面图	水泵参数、定位，管道走向及标高	总包
				水箱平、剖面图	水箱尺寸、管道、阀门及附件的标高和定位	总包
				主要管道井详图	管道、阀门仪表定位	总包
				消火栓箱加工安装图、水箱加工安装图		供货商
				水泵隔振垫(器)安装布置图		供货商
				管道支吊架、保温、绝热及其他安装图		分包
		自动喷淋系统	自动喷淋系统管线的布置、走向及连接；水箱、泵房的位置及尺寸；泵房内的设备布置；主要管井位置及管井内管线、管件布置；管道支吊架及基础的位置及支吊架结构形式	自动喷淋管线平面布置图	管道、设备参数及平面定位	总包
				自动喷淋管线系统图	管道参数、走向、标高及与设备等的连接	总包
				泵房平、剖面图	水泵参数、定位，管道走向及标高	总包
				水箱平、剖面图	水箱尺寸、管道、阀门及附件的标高和定位	总包
				主要管道井详图	管道、阀门仪表定位	总包
				全套报警阀安装图、水箱加工安装图		供货商

续表

工程类别			BIM 模型	二维工程视图	重点表示内容	提供方
给排水工程	室内工程	自动喷淋系统	自动喷淋系统管线的布置、走向及连接；水箱、泵房的位置及尺寸；泵房内的设备布置；主要管井位置及管井内管线、管件布置；管道支吊架及基础的位置及支吊架结构形式	水泵隔振垫（器）安装布置图		供货商
				管道支吊架、保温、绝热及其他安装图		分包
		气体灭火系统	气体灭火管线的布置、走向及连接；泵房、储罐间的位置及内部设备、装置布置	气体灭火管线平面布置图	管道、设备参数及平面定位	总包
				气体灭火管线系统图	管道参数、走向、标高及与设备等的连接	总包
				泵房平、剖面图	水泵参数、定位，管道走向及标高	总包
				储罐间布置图	储罐位置，管线定位	总包
				气体储罐连接安装图		供货商
		中水系统	中水管线的布置、走向及连接；水箱、泵房的位置及泵房内的设备布置；卫生间中水管线及管件布置；中水处理设备安装位置；管道支吊架及基础的位置及支吊架结构形式	中水管线平面布置图	管道、设备参数及平面定位	总包
				中水管线系统图	管道参数、走向、标高及与设备等的连接	总包
				卫生间详图		总包
				水箱平、剖面图	水箱尺寸、管道、阀门及附件的标高和定位	总包
				中水处理设备布置图	设备定位，参数	总包
				泵房平、剖面图	水泵参数、定位，管道走向及标高	总包
				管道支吊架、保温、绝热及其他安装图		分包
				中水处理设备安装图、水箱加工安装图 水泵隔振垫（器）安装布置图	设备构造、连接	供货商

（2）暖通空调工程深化设计 BIM 应用主要交付内容（表 4.3）

表 4.3 暖通空调工程深化设计 BIM 应用主要交付内容

工程类别			BIM 模型	二维工程视图	重点表示内容	提供方
暖通空调工程	采暖系统	外网	锅炉房、循环水泵机房主要设备及系统主要附件的简略模型、布置及安装位置；室外采暖干管及主要系统附件的简略模型及布置，应表示走向及连接，包括管沟及管架	管网平面图	管线的标高、管径及定位	总包
				管沟剖面图		总包
				锅炉房平面布置图	锅炉及其附件布置	总包
				锅炉房剖面图		总包
				循环水泵机房平面布置图	水泵数量、型号及连接形式	总包
				循环水泵机房剖面图		总包
		室内供暖系统	热力站设备、设备基础、主要连接管道和管道附件的简略模型及其安装位置和主要安装尺寸；各楼层散热器的简略模型及安装位置，采暖干管及立管的位置，管道阀门、放气、泄水、固定支架、伸缩器、入口装置、减压装置、疏水器、管沟及检查孔的简略模型及其安装位置（需表示管道管径及标高）	采暖平面图	供回水支干管、坡度，散热器的位置及数量	总包
				采暖系统图	系统管线的标高、管径、坡度	总包
				热力入口大样图	热力入口的组成及连接方式	总包
				热力站平面布置图		总包
				热力站剖面图		总包
				风、集水器详图		总包
				散热器连接安装详图		分包
				集气罐连接安装详图		分包
	通风空调系统	空调、通风、防排烟系统	通风、空调、排烟、制冷设备（如冷水机组、新风机组、排风机组、空调器、冷热水泵、冷却水泵、通风机、消声器、水箱等）的简略模型及安装位置、尺寸；连接设备的风道、管道的位置、尺寸及走向，管道附件（各种仪表、阀门、柔性短管、过滤器等）的简略模型和安装位置；通风、空调、防排烟风道的位置、尺寸，主要风道的准确位置、标高及风口尺寸，各种设备及风口安装的定位尺寸和编号，消声器，调节阀、防火阀等各种部件的简略模型和安装位置；风道，管道、风口、设备等与建筑梁、板、柱及地面的位置尺寸关系，墙体预埋件及预留洞的位置和尺寸；大型设备吊装孔及通道等的位置和尺寸	送排风风管平面图	风管尺寸定位及标高，风口的位置及尺寸等	总包

续表

工程类别			BIM 模型	二维工程视图	重点表示内容	提供方
暖通空调工程	通风空调系统	空调、通风、防排烟系统	通风、空调、排烟、制冷设备（如冷水机组、新风机组、排风机组、空调器、冷热水泵、冷却水泵、通风机、消声器、水箱等）的简略模型及安装位置、尺寸；连接设备的风道、管道的位置、尺寸及走向，管道附件（各种仪表、阀门、柔性短管、过滤器等）的简略模型和安装位置；通风、空调、防排烟风道的位置、尺寸，主要风道的准确位置、标高及风口尺寸，各种设备及风口安装的定位尺寸和编号，消声器，调节阀、防火阀等各种部件的简略模型和安装位置；风道、管道、风口、设备等与建筑梁、板、柱及地面的位置尺寸关系，墙体预埋件及预留洞的位置和尺寸；大型设备吊装孔及通道等的位置和尺寸	排风机房平面布置图	风机具体位置、编号及安装形式等	总包
				排风机房剖面图	风机具体位置、编号及安装形式等	总包
				屋顶风机平面图	正压送风机，卫生间的房间的排风机	总包
				楼梯间及前室加压送风系统图	加压送风口尺寸及所在的楼梯间编号	总包
				相关装置的布置及详图		分包
				卫生间排风大样图	排气扇位置及安装形式	分包
				防排烟风管平面图	风管尺寸定位及标高，风口的位置及尺寸等	总包
				排烟机房平面布置图	风机具体位置、编号及安装形式等	总包
				排烟机房大样剖面图	风机具体位置、编号及安装形式等	总包
				空调风管平面图	风管尺寸定位及标高，风口的位置及尺寸等	总包
				空调水管平面图	水管管径定位及标高坡度等	总包
				管井大样图	管道的具体位置及管径	总包
				空调机房平面布置图	新风机组的位置及附件管线连接	总包
				空调机房剖面图		总包
				空调水系统原理图	所涉及的设备和管线连接	总包
				空调机组入口大样图	入口组成及连接顺序	总包
				风机盘管连接图		总包
				分体空调接管示意图		分包
				冷冻机房平面图	冷冻机组的位置及附件管线连接	总包

续表

工程类别			BIM 模型	二维工程视图	重点表示内容	提供方
暖通空调工程	通风空调系统	空调、通风、防排烟系统	通风、空调、排烟、制冷设备（如冷水机组、新风机组、排风机组、空调器、冷热水泵、冷却水泵、通风机、消声器、水箱等）的简略模型及安装位置、尺寸；连接设备的风道、管道的位置、尺寸及走向，管道附件（各种仪表、阀门、柔性短管、过滤器等）的简略模型和安装位置；通风、空调、防排烟风道的位置、尺寸，主要风道的准确位置、标高及风口尺寸，各种设备及风口安装的定位尺寸和编号，消声器，调节阀，防火阀等各种部件的简略模型和安装位置；风道、管道、风口、设备等与建筑梁、板、柱及地面的位置尺寸关系，墙体预埋件及预留洞的位置和尺寸；大型设备吊装孔及通道等的位置和尺寸	冷冻机房剖面图		总包
				制冷机组接管示意图		分包
				冷却塔平面及管线布置图	冷却塔位置及附件管线连接	总包
				冷却塔接管示意图		分包
				冷却水泵机房平面布置图	水泵数量、型号及连接形式	总包
				冷却水泵机房大样剖面图		总包
				循环水泵机房平面布置图	水泵数量、型号及连接形式	总包
				循环水泵机房大样剖面图		总包

（3）电气工程深化设计 BIM 应用主要交付内容（表 4.4）

表 4.4　电气工程深化设计 BIM 应用主要交付内容

工程类别			BIM 模型	二维工程视图	重点表示内容	提供方
电气工程	室外工程	照明系统		室外道路、庭院照明平面图	灯具布置、管线敷设	总包
				室外道路灯具安装大样图	灯具基础及相应装置的安装大样图等	分包供货商
				建筑物外部装饰灯具、航空障碍标志灯平面图	灯具布置、管线敷设	总包
				灯具安装大样图		分包
		动力系统		室外动力管线平面图	管线水平及标高定位、管线选型	总包
				电缆沟剖面布置图		总包
				电缆沟内的元件安装大样图	电缆沟内支架、主架、角钢；人孔井等	分包
				电缆头制作、导线的连接大样图		分包

续表

工程类别			BIM 模型	二维工程视图	重点表示内容	提供方
电气工程	室外工程	防雷、接地系统	避雷针、避雷带、引下线、接地线、接地极、测试点、断接卡等的简略模型及布置	室外接地平面图	接地体的选择及敷设位置	总包
				相关元件安装大样		分包
	室内工程	照明系统	照明灯具、应急照明灯、配电箱（或控制箱）的简化模型及位置；配电箱、灯具、开关、插座、线路等的布置	室内照明平面图	灯具及开关的平面布置、管线选型、管线的敷设	总包
				灯具、开关、管线的安装大样图		分包
		动力配电系统	变、配电站，及设备、装置等布置的简略模型及安装位置、安装尺寸等；高低压供配电系统，包括动力配电箱、控制箱的简略模型及布置，以及高低压输电线路的走向、连接及布置等	插座供电平面图	插座布置、管线的选取及敷设	
				插座、管线的安装大样		分包
				插座箱的箱体尺寸表、箱面及箱内元件布置图		供货商
				动力平面图（动力设备间的平面布置；竖井内设备较多或有代表性的电气竖井的平面及竖向布置图）	配电箱、桥架、母线、线槽的选型及协调定位	总包
				动力干线平面图		总包
				动力桥架平面图		总包
				动力配电箱系统图	动力、照明配电箱系统图的绘制、二次原理图的控制要求的注明	总包
				照明配电箱系统图	配电箱、钢管、母线、线槽、桥架安装大样；支吊架的选取等	分包
				二次控制原理图	配电箱的箱体尺寸表；箱面布置及箱内元件布置图	总、分包双方
				室内动力电缆沟剖面图		总包
				电缆沟内元件安装大样	电缆沟内支架、主架、角钢等的安装	分包

续表

工程类别		BIM 模型	二维工程视图	重点表示内容	提供方
室内工程	防雷接地系统	避雷针、避雷带、引下线、接地线、接地极、测试点、断接卡等的简略模型及布置	防雷平面图		总包
			防雷装置的安装大样图	避雷带、避雷针、引下线、接闪器等的安装大样	分包
			设备间接地平面图	接地线、端子箱的位置、高度；平面图的绘制	总包
			等电位平面图	卫生间、浴室、游泳池、喷水池、金属门窗、金属栏杆、吊顶龙骨等建筑物金属构件的等电位连接	总包
			弱电接地平面图	接地线、端子箱的位置、高度；平面图的绘制	总包
			接地装置安装大样图	接地体、接地线的安装大样；连接线与管道、设备的连接大样等	分包
电气工程	变配电工程	供电系统	变配电站(室)，包括变压器、发电机、开关柜、控制柜、直流及信号柜、补偿柜、支架、地沟、防雷保护及接地装置等的简略模型及安装位置、安装尺寸等；高低压供配电系统，包括配电箱、控制箱的简略模型及布置，以及高低压输电线路的连接布置等；竖向配电系统，以建筑物、构筑物为单位，自电源点开始至终端配电箱止，按所处的相应楼层分别布置所需的供配电设备及装置(设备及装置应以简略模型表示)	变配电室照明平面图	灯具及开关的平面布置、管线选取、管线的敷设	总包
			灯具、开关、管线的安装大样图		分包
			变配电室的平面布置图	高、低压柜，模拟屏，直流屏，变压器等的布置	总包
			变配电所土建条件图		总包
			高压供电系统图		总包
			低压供电系统图		总包
			变配电室接地干线图		总包
			高、低压柜的柜体尺寸表以及箱面布置图、箱内元件布置图		供货商
			高压二次接线、继电保护图		供货商

续表

工程类别		BIM 模型	二维工程视图	重点表示内容	提供方
电气工程	弱电工程	消防及安全系统控制室及室内设备的简化模型、布置；火灾自动报警系统，包括消防控制室设备的简略模型及布置；各层消防装置及器件（探测器、报警器等）的布点、连接等；保安监控系统、巡更系统、传呼系统及车辆管理系统等控制室设备的简化模型及布置，监控、传感设备及器材的简略模型及布置	火灾报警系统图		总包
			火灾报警平面图		供货商
			火灾报警装置安装详图		供货商
			安防系统图		总包
			安防系统平面图		供货商
			安防报警装置安装详图		供货商
			综合布线系统图		总包
			综合布线平面图		供货商
			综合布线装置安装详图		供货商
			楼宇自控系统图		总包
			楼宇自控平面图		供货商
			楼宇自控系统装置安装详图		供货商
		信息系统控制室及设备的布置，如有线电视和卫星电视接收系统、广播、扩声与会议系统、建筑设备监控系统、信息系统（计算机网络和通信网络）等	卫星及有线电视平面图	管线的敷设；管线及设备参数、型号	总包
			卫星及有线电视系统图		总包
			相应装置安装详图		供货商
			公共广播系统平面图		总包
			公共广播系统图		总包
			相应装置安装详图		分包

（4）管线布置综合平衡深化设计 BIM 应用交付

由总包负责将各专业工程深化设计 BIM 模型整合集成，进行管线综合平衡布置设计，消除所有冲突、碰撞后，向土建分包或现场施工人员提交机电预留预埋图，包括墙体预留预埋图、梁板预留预埋图和相应的立面图等；向机电各专业工程分包或现场施工人员提交作业所需的二维工程图，包括：暖通平面布置图、给排水平面布置图、电气平面布置图及弱电平面布置图以及管线复杂部位的管线综合剖面图（包括剖面图和节点详图）。

为了由管线综合设计 BIM 模型生成所需的二维工程视图，模型应包含的构件和信息如表 4.5 所示：

表 4.5 管线布置综合平衡深化设计 BIM 模型应包含的构件和信息

专业	BIM 模型应包含的构件和信息
建筑专业	各楼层的房间、设备间、管廊、墙体、门窗、幕墙、电梯、楼梯（爬梯）等
结构专业	柱、梁、楼板、屋顶、剪力等；如果采用了某些对管线布置影响很大的特殊结构形式，需按照真实的结构形式和尺寸仔细创建精确的模型，如：在地下室使用了板较厚的无梁楼盖，结构柱有柱帽等
机电专业	送风管、排风管、给水管、排水管、喷淋水管、动力桥架、照明桥架等

4.1.1.2 机电安装工程施工组织设计 BIM 应用交付

施工组织设计是指导整个工程施工的技术、经济和管理的综合性文件，应当由施工企业或项目管理部组织相关专业技术管理人员负责编制。施工组织设计编制完成后，必须首先报送建设单位和工程监理方，经审核批准后方可实施。

由于施工组织设计的内容贯穿整个工程施工的各个阶段并涉及多个参与方，因此其交付的时间、内容、方式和交付对象应配合工程进展，满足施工管理需求。

例如在进场施工前的准备阶段，企业管理部门应以经审核批准的施工组织设计为基础，根据所承担施工项目的规模，本着高效、节约、务实的原则，充分优化企业内部资源和外部可利用、支配的资源，尽快组建施工现场项目经理部，确定相应组织机构设置形式及各个职能部门的设置；应重点突出施工、技术、质量、安全和核算这些与机电安装直接相关的职能部门设置；根据部门职责尽快配备相应的管理人员充实各职能部门，以便顺利开展各项工作；根据工程规模并参照以往同类工程的施工经验，估算拟定投入的最高人数和各个阶段的施工人数，以便规划、组织和安排人力资源，组建施工作业班组。在进场施工前应根据工程需要对施工人员进行必要的技术培训。

企业采购部门应根据施工组织设计确定的各种施工资源需用量及其供应计划，尽早组织安排施工材料、设备的采购及施工机械的租赁计划，以保证及时供应；对于预制加工件和分包工程，企业外协管理部门应依据施工组织设计安排落实并进行监管。

在施工过程中，现场管理人员应依据施工组织设计所确定的施工方案指导和管理现场施工。在施工作业开始前，应利用施工组织设计所使用的 4D BIM 施工模型或模拟施工过程的可视化虚拟施工资料（动画或视频），向施工人员进行施工方案技术交底，以确保他们能够准确理解施工方案、施工技术要点和要求。施工组织设计中的施工方案内容应包括：主要的施工技术方法和施工机械、机具选择；施工工艺流程、施工顺序；新工艺、新技术、新材料的应用等。切实可行的施工技术方案，是施工组织管理有效实施、施工过程顺利进行的重要基础和保障。主要施工方案的选择应考虑以下几个方面：

（1）关键工程、特殊工程及其施工方法

在具体的工程施工组织设计中应重点关注那些影响施工全局的重要分部工程、施工技术复杂或采用新技术、新工艺及对工程质量起关键作用的分部分项工程、特殊作业工程等，如关键设备、管线焊接工程，大型设备安装工程等。

（2）施工机械、机具的选择

应重点考虑影响工程全局的主导机械或辅助机械的选择，例如对大型钢结构框架的焊接设备、吊装设备，大型设备吊装时采用的吊装设备等，选用时应结合深化设计施工图、施工现场平面布置及企业的内外部资源等综合进行考虑。

4.1.1.3 工程变更管理 BIM 应用交付

工程建设项目由于施工持续时间长以及其高复杂性，常常会产生各种工程变更。常见工程变更的发生有以下几种情况：

（1）设计方引起的工程变更

由于设计有遗漏、错误或设计调研深度不够，设计文件与施工现场条件相互矛盾，无法按图施工需要进行变更。

（2）自然和社会经济条件引起的工程变更

施工时地基的地质、水文条件等与原设计时依据的勘察资料不符，造成无法按原设计要求进行施工，或某些工程内容的施工在技术上不可行等客观条件对施工的制约，决定了需要进行工程变更。

（3）业主引起的工程变更

如业主要求改变局部设计、增加或减少一些工程项目或工程数量；业主改变原合同中甲方提供材料、设备的品种和数量；业主改变原合同工期，要求施工承包商提前完工引起的加速施工以及业主要求提高建设标准和扩大建设规模等导致的工程变更。

（4）施工承包方引起的工程变更

施工承包商根据自己的施工经验提出一些修改意见改变业主和监理工程师已批准的施工方案等。

工程变更将会使原设计发生变化，而影响全局的重大变更，相应的合同工期、工程造价也要发生变化。只有少数变更对工程项目的工期与投资额影响不大，大部分工程变更将会涉及工程造价的增减，所以做好工程变更的管理，不仅是技术的需要，更是企业经营的需要。

工程变更的程序

根据工程监理制，不同情况工程变更应采用以下几种相应程序：

（1）设计单位对原设计存在的缺陷提出的工程变更，首先将"设计变更通知"及设计变更文件等附件报送业主，业主经研究做出变更决定后，由总监理师签署工程变更令，施工单位按照变更文件组织实施。

（2）业主因改变局部设计提出的工程变更，应提交总监，由总监组织专业监理工程师审查，审查同意后，由业主转交设计单位编制设计变更文件，再经总监签署工程变更令付诸实施。

（3）由施工单位向业主、监理工程师提出的有关工程变更的书面建议文件，往往需要在正式签认前由几方进行磋商，取得一致意见后，由业主提交设计单位提出设计变更文件，再经总监签署工程变更令付诸实施。

（4）对于需要现场解决的技术问题，在有业主、设计单位、监理单位、施工单位四方参加的会议上提出问题，共同研究，由设计人员确定，形成会议纪要等书面材料，可先执行，但必须补发正式设计变更文件。

必须提及的是，施工中施工方不得对原工程设计擅自进行变更（根据规定施工方擅自变更设计发生的费用和由此导致业主的直接损失由施工方承担，且延误的工期不予顺延），对以上各种原因发生的工程变更，均须有正式的书面文件，由施工方统一编号保存。

工程变更管理对于施工企业有着重要意义，因为直接影响到工程的竣工结算。工程变更的所有文件都是竣工结算时，施工方索赔的依据。

BIM 在工程变更管理中的应用主要包括：

（1）设计变更的洽商预检

施工过程中，对施工图的设计变更、洽商在拟定阶段利用 BIM 模型可进行预检，以判断变更的工程量及所需时间，并据此提交《拟变更洽商预检报告》。《拟变更洽商预检报告》应包括所涉及各专业的改动、工程量预估等内容。

交付物：BIM 模型、《拟变更洽商预检报告》。

（2）模型协同更新

依据已签认的工程变更、洽商文件和图纸，对施工模型进行更新以保持模型的最新状态与最新的设计文件和施工实际情况一致。工程变更及相应文件应在 BIM 模型中分类编号体现，以保证变更过程的可追溯性。与工程变更相关的各种文件及现场签证可在 BIM 模型中通过链接方式记录。

交付物：BIM 模型应包含工程变更及相应文件信息。

4.1.2 企业内部项目工程资料归档管理的 BIM 应用交付要求

企业内部的工程档案资料交付，应根据企业工程档案管理制度，按规定提交所有指定的工程文档资料。归档工程资料交付和管理的主要目的包括：

（1）在需要时，可以方便、准确、快速地查找本项目相关的工程资料；

（2）作为企业技术和知识资产的积累，为后续项目提供借鉴和可重用的工程信息资源；

（3）扩充、增强企业的技术资源库，如 BIM 模型构件库、施工技术方案库、特殊作业工程施工流程及技术做法库等。

其中与 BIM 应用相关的主要交付内容应包括：

① BIM 专业深化设计模型：整合由供应商提供的系统或组件 BIM 模型，提供与现场实际情况一致的各专业 BIM 竣工模型（应保留所使用 BIM 建模软件的专有格式），包括各构件详细说明。

② BIM 管线综合布置模型：各专业（分包）深化设计提交的模型文件（应保留所使用 BIM 建模软件的专有格式），由施工总包整合创建管线综合布置 BIM 模型，并负责检测和协调处理各专业管线间的碰撞问题，重点用于进行专业间的综合协调，及检查是否存在因为设计错误造成无法施工等情况。

③ 4D BIM 可视化施工模型：基于 BIM 深化设计模型并附加了施工过程信息的 4D 施工模型及施工可视化虚拟模型，以及据此创建生成的室内外效果图、现场动画漫游、施工过程模拟的可视化虚拟施工模型及相应的视频、动画文档等可视化成果。

④ BIM 浏览模型及相关文档：应根据业主运营管理需求，提供由 BIM 设计模型创建的带有必要工程数据信息的 BIM 浏览模型。并由 BIM 模型生成设备参数汇总、明细统计表格及相关文档等。

⑤ 由 BIM 模型生成的二维视图：在经过碰撞检查和设计修改，消除了相应错误以后，可根据需要通过 BIM 模型生成或更新所需的二维视图，如平、立、剖图，管线综合布置图，结构预留孔洞，预埋图等。

在深化设计和施工组织设计过程中新创建的模型构件，如果以后的工程项目可重用，则应归纳整理并经过标准化处理和审核后，加入到企业的模型构件库。

施工组织设计编制的总体施工方案、采用新技术、新工艺的分部分项工程或特殊作业工程等的专项工程施工方案经过结构化处理后，应加入到企业的施工技术方案库。

交付成果的数据格式一般应保留创建、生成 BIM 模型和相关文档的原始文件格式。具体做法可参考下面的示例 4.1。

示例 4.1：基于 Revit 的 BIM 成果交付文件格式

1. 基于 Revit 创建的 BIM 模型

（1）单体、分专业 Revit 设计参数化 BIM 模型：一系列 Revit 的 .rvt 格式电子版文件。

（2）全专业 Revit 整体 BIM 模型：一系列 Revit 的 .rvt 格式电子版文件。

（3）由 Revit BIM 模型创建的主要构件统计表文件

① Revit 的 .rvt 格式电子版文件；

②带分隔符的 .txt 纯文本格式或 Microsoft Office 的 .xlsx 电子表格文件。

2.BIM 图纸（PDF 电子图纸及纸质图纸）

（1）由 Revit 打印的 .pdf 格式电子版图纸。

（2）用 PDF 电子图纸打印的纸质图纸。

3. Navisworks 浏览模拟 BIM 模型

（1）基于分单体、分专业（甚至分楼层）创建的 Navisworks 浏览、模拟、管线综合模型：.nwc（或 .nwd、.nwf）格式电子版文件。

（2）基于全专业 Revit 整体模型创建的 Navisworks 模型：.nwc（或 .nwd、.nwf）格式电子版文件。

（3）Navisworks 创建的施工进度示意模拟展示文件：.nwd 格式电子版文件，.avi 视频格式文件。

（4）DWF 浏览 BIM 模型：.dwf 格式电子版文件。

（5）AutoCAD DWG 模型：.dwg 格式电子版文件。

（6）BIM 族库：Revit 的 .rfa 格式电子版文件。

（7）办公文档

① BIM 设计过程中记录的 2D 图纸资料技术问题等日志文件：Microsoft Office 的 .docx 格式电子版文件，纸质文件。

② 各次工作汇报的 PPT、DOC 文件：Microsoft Office 的 .pptx、.docx 格式电子版文件，纸质文件。

③设计变更通知单等办公类文档：Microsoft Office 的 .docx（或 .pdf）格式电子版文件，纸质文件。

4.2 施工企业对外 BIM 应用交付规范

4.2.1 常规交付要求

施工企业对外的 BIM 应用及工程资料交付主要包括：

● 依据招标文件或施工合同应向建设单位提交的各种技术文档、工程资料、检验记录、验收报告等交付物；

● 为配合建设单位组织竣工验收，以及向政府建设行政主管部门或其委托的监督机构申请办理工程竣工验收备案所需的工程竣工报告、技术档案和施工管理资料等各种工程文档资料；

● 按规定需向当地城市建设档案馆报送的相关工程建设文档资料。

（1）向建设单位提交的交付内容、提交时间、交付方式等应依据招标文件或施工合同的约定。施工企业在签订合同（招标文件）时，应仔细考虑这些相关的交付条款，尽量避免在提交交付物时需要过多的处理、准备工作，以便于交付物的顺利提交并降低成本。

（2）配合建设单位向政府相关主管部门报送的审核申报材料，必须符合相关的申报要求和审核规定。我国现行工程项目竣工交付与验收体系的要求和规定是针对传统二维技术方式制定的，并没有考虑 BIM 应用的特点和需求。因此，直接由 BIM 技术生成的应用成果还不能完全符合现行的申报要求，必须经过适当处理后才可提交。可参照 4.3 节介绍的方法，对 BIM 相关交付物进行处理，以满足现行的申报要求和审核规定。

（3）向当地城市建设档案馆报送的交付物，应符合城建档案馆的报送要求，具体可参考上面介绍的处理方法。目前，已有很多地方的城建档案馆开始接受二维 CAD 电子文档的提交方式，但还尚未看到接受三维 BIM 模型交付的城建档案馆。在向这些城建档案馆报送交付时，根据所需报送的文档目录，可提交由 BIM 模型生成、经少量适当处理的二维工程视图电子文档。

4.2.2 设施运维管理相关 BIM 应用和交付要求

国际上对设施管理（FM）的定义是："以保持业务空间高品质的生活和提高投资效益为目的，以最新的技术对人类有效的生活环境进行规划、整备和维护管理的工作"。它"将物质的工作场所与人和机构的工作任务结合起来，综合了工商管理、建筑、行为科学和工程技术的基本原理"。

设施管理涉及范畴较广，国际设施管理协会提出的设施管理业务范畴主要包括八方面：设施管理的年度及长期策略性规划；设施的财务与预算管理；企业不动产的获得及管理；室内空间规划及业务房间装修标准的设定，设备、器具和备品的设置及空间管理；建筑和设备的更新规划；新建筑或原建筑的改造更新工程；维护保养和运行管理；保安、通讯及行政服务。除此之外，设施管理的业务还包括能源管理、支援服务、高技术运用及质量管理等。

尽管设施管理的业务范畴比较广泛，但这些业务都是围绕着两个中心内容展开的：其一，通过对建筑设施的管理，延长设施设备的使用年限，确保其功能的正常发挥，扩大收益，降低运行维护费用；其二，应用各种高新技术，向使用者提供各种高效增值服务，改善用户的生活或业务工作环境、使工作流程合理化和简洁化，居处更方便、舒适。简而言之，设施管理的目标是维护高质量的居处环境以满足使用者需求，同时通过简化管理流程、降低设施相关费用使建筑设施保值增值为企业创造更高收益。

对机电安装企业而言，主要面向的是运维管理中的物业设施设备管理。

物业设施设备是建筑物附属设备设施的简称，包括室内设备及物业管辖范围内的室外设备与设施系统，是构成物业实体的重要组成部分。我国民用及商业物业设施设备一般包括给排水、电气、消防、供暖、通风、空气调节、燃气供应、通信网络以及楼宇智能化系统等设施设备。

物业设施设备管理的基本内容主要包括管理和服务两个方面，即需要做好物业设备的管理、运行、保养和维修等方面的工作并及时响应用户使用设施设备的服务需求。科学合理的物业设备管理是对设备从购置、使用、维护保养、检查修理、更新改造直至报废的整个过程进行适当技术管理和经济管理，使设备始终可靠、安全、经济地运行，给使用者的居处和工作创造舒适、方便、安全、快捷的环境，体现物业设施的使用价值和经济效益。根本目标是用好、管好、维护好、检修好、改造好现有设备，提高设备的利用率及完好率。

物业设施设备管理的具体内容包括：

（1）物业设备基础资料管理

包括：设备原始档案、设备技术资料以及政府职能部门颁发的有关政策、法规、条例、规程、标准等强制性文件。

（2）物业设备运行管理

包括技术运行和经济运行管理两部分。应取得两个方面的效果：

①设备的运行在技术性能上始终处于最佳状态；

②从设备的购置、运行、维修与更新改造中，寻求以最少的投入得到最大的经济效益，即设备全过程管理的各项费用最经济。

（3）物业设备维修管理

主要包括维护保养和计划检修，目的是及时处理解决设备运行中的各种问题，随时改善设备使用状况，保证设备正常运行，延长使用寿命。

（4）物业设备更新改造管理

（5）备品配件管理

基本原则：在检修之前就把新的零部件准备好。

（6）固定资产（设备）管理

管理要求：保证固定资产完整无缺；提高固定资产的完好程度和利用效果；正确核定固定资产需用量；正确计算固定资产折旧额，有计划地进行固定资产折旧；进行固定资产投资的预测。

（7）工程资料管理

目的：使具有保存价值的工程资料得到有效的管理，方便查找和使用，并使其内容具有可追溯性，能及时、有效地对工作起到指导作用。

物业设施设备管理是整个设施运维管理的重要部分，占据了其中的绝大部分工作内容。传统的物业管理侧重于人员现场管理，以保安、保洁及采暖、通风、空调、电气、给排水等设施设备的维护保养为主要工作内容，以设施设备的正常运行为工作目标，具有"维持"的特点。因其管理理念、手段、工具比较单一，大量依靠各种数据表格或表单来进行管理，缺乏直观高效的对所管理对象进行查询检索的方式，数据、参数、图纸等各种信息相互割裂，此外还需要管理人员有较高的专业素养和操作经验，由此造成管理效率难以提高，管理难度增加，管理成本上升。

目前常用的运维管理系统包括计算机维修管理系统（CMMS）、计算机辅助设施管理（CAFM）、能源管理系统（EMS）和楼宇自动化系统（BAS）等。尽管这些系统可以支撑现有的设施管理业务，但是每个系统的数据通常需要从大量的二维蓝图、厂商样本及相关的技术文件资料中搜集、整理并手工输入，需要耗费大量的时间和人力资源。并且各个系统之间彼此相互独立，无法实现信息资源共享及业务协同。

而 BIM 模型集成了建筑设施从规划、设计、施工、到交付使用、运维全生命周期各阶段的相关信息，包括规划条件、勘察设计、招投标采购、施工安装、竣工交付及试运行启用等信息，是包含项目完整信息可供项目各参与方及各种应用共享的集成、综合信息资源。将 BIM 模型所包含的几何信息（如建筑物结构尺寸、空间划分、各系统设备安装位置、管道布置等信息）和非几何信息（如建筑物内各空间的功能描述、建筑材料、系统设备、装置的技术参数和性能、操作指南、维修手册等）以适当方式传递给设施管理中使用的 CMMS、CAFM、EMS 及 BAS 等系统，可以实现数据自动交换避免人工输入。同时，由于设施管理的各个子系统均从相同的 BIM 模型中获取数据，保证了数据的协调一致性，并使得以前信息相互独立的各个系统之间实现信息资源共享和业务协同。此外，BIM 还可为设施管理提供三维可视化的建筑构件、系统和设备的准确位置及相互之间关系以及准确的设施现有状况数据。通过利用 BIM 对运维管理过程进行可视化模拟分析，还可确定重点部位和重要环节并制定采取相应措施以提高工作效率。BIM 在设施管理中应用的功能特点和优势是传统的二维方式无法提供的，充分利用这些功能特点和优势，可有效提高设施运维效率并降低管理成本。

因此，随着 BIM 在设计、施工领域应用的不断普及，越来越多的业主和运营商提出了将 BIM 应用引入设施管理的要求，期待着不仅仅将 BIM 应用的价值局限在建筑的设计、施工阶段，在运营阶段同样为运维管理带来更大价值。

设施运维管理 BIM 应用的基础和核心是：信息管理。即 BIM 运维应用有两个先决条件：

（1）BIM 模型拥有足够支持运营的信息；

（2）运维信息可以便捷地查询调用、修改更新和维护管理。

4.2.2.1 BIM 在设施运维管理中的应用

目前，BIM 在设施运维管理中主要用于以下几个方面：

1. 设施设备运维管理

在设施设备运行维护和故障检修时，运维管理人员必须首先确定设备在设施中的准确位置，并同时查询检修所需要的相关信息。目前，现场运维人员一般使用纸质蓝图或凭借其实践经验及直觉判断确定空调系统、电力、燃气或给排水管等建筑设备的位置。但如果这些设备是布置在天花板之上、墙壁内或者地板下等隐蔽位置，会使设备的定位成为一项耗时费力低效的任务。

BIM 模型包含设施内所有系统、设备的准确布置及相关技术信息，利用三维 BIM 竣工模型可以快速确定机械、暖通、给排水和强弱电等建筑设施设备的准确位置，并能够同时传送或显示运维管理所需的相关技术信息，可大大提高设施设备运维的工作效率。将 BIM 与物联网等相关技术相结合，可以快速便捷地对设备运行进行实时查看、维护和控制，同时使设备具有感知功能，更加拟人化。当室内外温差、室内有害气体含量等达到设定值时，系统会自动发出信号报警，运维管理人员可及时采取适当措施应对。基于 BIM 技术的运维管理可以使设备智能化、人性化，不仅可以提高设施设备运维管理的效率，还可大大降低由查询、定位及查找设备相关信息等所造成的人力成本。

设施设备的运维管理除了上述的日常维护保养外还有定期维护保养，即有计划地将设备停止运行，进行维护保养。根据设备的用途、结构复杂程度、维护工作量及人员的技术水平等，决定维护的间隔周期和维护停机的时间。

BIM 模型包含设备运行的技术要求和厂家提出的维护保养周期要求等信息。根据这些信息，并结合设备的实际运行情况，运维管理人员可制定设施设备的定期维护保养计划。基于 BIM 的设备定期维护保养计划可以逐级细化确定任务分配。一般情况下年度设备维护计划可只分配到系统层级，确定一年中的哪个月对哪个系统（如中央空调系统）进行维护保养；而月度计划，则需分配到楼层或区域层级，应确定某个月中的哪一周对哪一楼层或区域的设备进行维护保养；而最详细的周维护计划，不仅要确定具体维护哪一台设备，还要明确在哪一天由谁具体负责。使用这种逐级细化的设备定期维护保养计划模式，设施设备运维管理团队无须一次性制定全年计划，只需要有一个全年的系统维护计划框架。对每月或是每周，管理人员可以根据实际情况再确定由谁在什么时间维护具体的某台设备。这种弹性的分配方式，其优越性是显而易见的，可以有效避免在实际运维工作中，由于现场情况的不断变化，或是因为某些意外情况，而造成整个设备维护计划无法顺利执行。

在超大型物业中，与现场巡检抄表相关的工作计划和路线制定始终是一件困难的事。利用三维 BIM 模型结合地理信息系统（GIS），可选择最优路径。同时对现有的巡检路线，可根据实际情况（如业务需求变化需重新调整运维人员的工作计划）更新优化计划安排，并利用 BIM 模型进行虚拟可视化分析、展示。

2. 空间管理

有效的空间管理不仅优化了空间及相关资产的实际利用率，而且对居处在这些空间人的工作效率产生积极影响。在运营使用阶段，为了有效地管理空间，包括预测空间使用需求、分配空间及简化搬迁移动过程，设施管理人员需要维护设施每个空间的属性信息，包括空间编号、说明、边界、面积（包括总面积、可分配和不可分配面积），容积，拟定用途和实际状态等。传统上，空间管理使用的纸质蓝图或二维 CAD 图形文件是利用空间标识符提取和显示空间属性信息。不一致的命名规则和耗时费力的属性更新维护是现行做法的两个主要问题。

BIM 模型可以三维可视化方式直观显示空间并保存记录了空间属性信息，有助于方便快速地预测空间需求、识别未充分利用的空间、简化空间分析及搬迁管理过程，并对空间使用计划与实际使用情况进行对比。此外，设施管理人员还可通过 BIM 查看和跟踪随着时间经过多次搬迁移动的资产分布情况。

利用 BIM 模型所包含的空间及其他相关设施设备、装置等信息，可以生成各种统计分析报表，用于设施资产管理工作。

3. 设施可维护性检查分析

可维护性是指以最低的建筑设施全生命周期成本，实现设施在整个使用期间以最佳性能运行并满足各项使用功能要求的能力。目前项目各参与方尤其是开发商主要关注并优先考虑的是建设项目初期的资本投入，即规划设计和建造阶段的费用，对竣工交付后在使用阶段由运行维护所产生的成本重视不够。然而，研究统计资料显示：建筑设施在整个使用期间与运行维护相关的成本占其全生命周期总成本的百分之七十五以上。为了实现建设项目投资总收益的最大化，必须有效降低建筑设施的运行维护成本。因此，项目竣工交付过程的一项重要工作就是要设法最大程度降低在使用阶段设施运行的总费用，包括由设计或施工工艺缺陷造成的相关维护成本、建筑系统设备运行、维护成本以及由于环境要求所产生的材料和维修方法成本等。利用 BIM 对建筑设施的可维护性进行分析，并采取适当措施可有效降低运维管理成本。需要注意的是，建筑设施的可维护性分析涉及项目在各不同阶段所需的性能。因此，运维管理人员在设计、施工阶段提前介入，对提高设施的可维护性非常重要。

可维护性分析一般包括以下内容：

（1）可接近性

主要检查分析是否可到达目标的运维操作位置以及常规巡检是否方便。如：对需要定期目测检查的设备装置（如消防装置）运维人员能否便利地完成人工目测巡检；是否可临时接近不规则形状的建筑外立面或进入不规则区域进行运维作业；是否可便利清洁以便快速目测辨识需要更换或修理的零部件；是否具有足够的操作净空和进出空间允许移除、更换设备装置等。

（2）材料的适用性

包括识别确定建筑设施中可能是由材料造成的缺陷类型，并避免使用可能造成缺陷的材料；评价材料的耐用性、清洁便利性以及材料的总体性能等。

（3）运维操作的安全防护性

对为了方便靠近维修可能需要安全防护的机器设备，要检查确认已恰当地安装了安全防护装置；检查所有需要预防坠落伤害保护的设备、系统、部件和装置是否已安装了安全防护设施。

4. 能耗管理

BIM模型包含完整的建筑设施系统设备的性能信息并可积累所有设备用能的相关数据，结合使用建筑性能及环境分析软件工具进行运行能耗分析和节能优化，可以使建筑设施在日常运行时的能耗最小。例如，首先可以对建筑设施内所有用能系统设备在各种假设场景以及不同配置下的运行耗能情况进行模拟分析，通过比较选优，可以确定具有最佳能源使用效率的运行配置方案。通过BIM与物联网等相关技术的结合，将传感器和控制器连接起来，在基于BIM的可视化环境下，对建筑设施的运行能耗进行实时监控，并及时采取纠正措施减少能耗。例如，建筑物内的某个房间暂时无人使用，可通过远程控制关闭该房间的照明及其他用电设备。

利用BIM还可记录、积累建筑设施内所有设备用能的历史数据，并通过耗能分析生成相关统计报表。根据积累的历史数据可建立适当的能耗管理规则，将现有的能源管理系统（EMS）与BIM结合后，可自动管控建筑设施内的空调、照明、动力、消防等所有用能系统，实现最优化的节能管理。

5. 设施运维人员培训

设施运维人员必须了解他们所负责工作区域的用途、范围划分及工作区域内系统设备的功能、运行条件和布置，并熟悉、掌握运行维护的工作流程、技术要求和操作方法等。因此，必须经过一定的培训才能开始工作，尤其是新入职人员或面对新建成的建筑设施及翻修改建的原有设施。目前采用的培训方法是通过实地查看、现场实际操作展示以及对相关技术资料的学习等。这种方式需要繁重的准备工作，耗费大量时间。并且培训效果在很大程度上依赖于培训人员的个人经验和能力。

而利用BIM的三维可视化功能，培训人员可以在虚拟环境下向受训者直观展示建筑设施及空间区域划分，系统设备、装置的准确位置，并查看相关的技术资料。同时，通过虚拟可视化仿真，还可具体演示运维过程的工作流程、操作方法、要求和注意事项等，可以使受训者更好地理解培训内容，了解他们所负责区域的环境、工作内容和要求等，更快地承担起工作职责。此外，利用BIM还可评估培训效果，判断受训者是否已具备独立承担工作职责的能力。如：可在虚拟环境下设置一些假想状况，要求受训者确定需要保养维修设备的位置、查找相关技术资料、完成保养维修作业、回复报修电话并生成维修工作报告等。

6. 应急管理及预案模拟分析

建筑设施可能面临的突发紧急情况包括：人为因素导致的紧急事件，如火灾、化学品等危险有害物资泄漏；自然灾害，如地震、海啸、龙卷风等；遭受攻击，如恐怖袭击、核武器或生化武器攻击等。因此，应急管理需要使用各种来源的资料。当紧急情况发生时，为了及时采取适当措施应对，尽快获得组织好的所需资料至关重要。但一般常见的应急管理所需的大部分资料是与建筑设施的空间性质及环境有关的信息，BIM模型包含了所有这些信息。利用BIM模型可以帮助救援人员快速识别并确定危险源位置并通过图形界面标定危险点。此外，BIM包含的空间信息还有助于识别疏散线路与环境风险之间隐藏的关系，进而减少应急决策的不可靠性。当识别出建筑设施潜在的突发事件风险时，要优先采取措施缓解以消除风险。

取决于突发事件类型，利用BIM有可能在到达现场前就向救援人员提供详细信息。以消防事件为例，当建筑设施发生火灾时，在消防人员到达前，就有可能确定并向其通报距离最近的消防栓位置、电气柜布置、危险材料存放地点以及建筑物内通向火点的路线。

BIM同样可用于设施设备的应急处置。例如对水管、燃气管爆裂等突发事件，利用BIM模型可以迅速确定最近的控制阀门位置并迅速关闭，防止异常情况扩散蔓延或酿成灾难性事故。

在应急准备方面，BIM不仅可以用来更好地培训运维管理人员的应急响应能力，还可用于优化应急预案。如利用BIM的模拟分析功能，可以选择在紧急情况下，建筑设施内人员最安全、最快捷的疏散通道。利用BIM的虚拟可视化功能，将其作为模拟仿真工具，可以用来评估突发事件造成的损失并可对应急预案进行讨论和测试。通过对应急预案进行模拟测试，如通常的火灾模拟、人员疏散模拟等，可以减少突发事件真正发生时，因应急管理不当或应急措施失效所造成的巨大损失。

4.2.2.2 设施运维管理对BIM交付的要求

以往，在建筑行业传统的业务工作中，建设项目的设计方和施工方在设计、建造阶段，通常并不会花费过多精力、投入大量资源去关注建筑设施竣工交付后在使用阶段的运维管理。但现在面对开发商和业主不断增长的要求，设计和施工企业必须考虑在工作业务中加入设施运维所需的相关内容。

设施运维管理中的 BIM 应用是数据密集型应用，上述的各种应用需要使用的数据均包括表示几何信息的设施设备模型构件和支持相应运维管理的非几何信息。

为设施运维管理应用提交的 BIM 交付中，其几何信息部分一般应包括：

● 准确表示建筑设施竣工交付实际状况的 BIM 竣工模型，应包含运维管理所涉及的所有建筑构件，包括建筑、结构、机械、电气、给排水、暖通空调、消防等系统以及设施场地布置。

● BIM 竣工模型应准确表示主要公用事业设施如供水、排污、电力、电信、燃气等与建筑设施的连接位置及连接方式。

● 配合设施管理要求、必要的建筑空间标记、注释及颜色表示，应包括空间类型、描述及用途等。

● 建筑机电系统设备、装置的运行、维修、保养所需操作净空的准确表示。

设施运维管理 BIM 应用需要使用更多的是 BIM 模型所包含的非几何信息。这些非几何信息的创建是一个与目前建筑行业普遍采用的设计、施工流程相对应的过程。应当从项目规划、勘察设计开始直到竣工交付结束，随着项目进展在不同阶段由各相关方参与收集、整理，并及时添加到 BIM 模型中，是一个数据不断累积扩充、逐渐完整的渐进过程。

BIM 模型包含的设施运维管理信息从设计阶段的场地、建筑物、楼层、房间和区域的空间划分以及建筑构件、系统设备的所在区域信息等，到施工安装阶段的系统布置、设备装置的准确安装位置、设备厂商和供应商资料、型号规格、技术参数信息等，直到试运行、竣工交付阶段与设施设备安装、运行、维护相关的设备工作条件、运行规范及保养维修手册等技术资料信息，其数据量不断增加，内容也逐渐细化、深化。为了便于设施运维使用，BIM 模型包含的这些相关信息应当分类、分层次组织管理。

一般可将设施运维管理所需的信息分为三个层次，如表 4.6 所示：

表 4.6 设施运维管理所需的三个层次信息

信息层次	应包含内容	说明
设施设备总体信息	设施内所拥有设备资产的基本情况，主要记录各系统设备的简要信息、基本型号与规格，以及安装位置等，包括对设施设备的物理描述和功能说明，设施系统设备的名称、编码、标识符及安装的区域、位置等	是与目前设施运维管理中常用的设备台账相对应的信息

续表

信息层次	应包含内容	说明
设备详细信息	设施安装和使用的设备明细，包括制造商/供应商信息、设备名称、唯一标识符（设备ID）、型号、系列号、技术参数、运行条件、性能参数（包括容量、功率、能耗等）、保修信息、运行/操作手册、保养/维修说明等	是与目前设施运维管理中常用的设备卡片相对应的信息
设施运行成本/效率分析监控管理信息	包括设施设备标称功率、运行能耗、用水量、碳排放等信息	可依据在设计、施工阶段使用建筑性能环境分析软件对BIM模型进行模拟分析得到的结果

对机电安装企业来说，除了交付综合的机电工程BIM竣工模型之外，为了便于运维管理还应提交按楼层拆分的分层BIM竣工模型。

机电BIM竣工模型已包含了各专业系统、设备和装置的模型构件，一般已可满足设施运维管理对BIM模型几何信息的要求。为了满足设施运维管理对非几何信息的要求，机电安装企业通常需要在表示相应系统设备和装置的模型构件中补充提供以下信息：

（1）运维管理属性信息

- 制造商/供应商信息：包括名称、联系方式、产品系列/型号、订货编号等。
- 位置信息：设备安装的建筑物、楼层、房间和区域等。
- 描述说明信息：如设备编码/唯一标识符、设备类型/型号、规格、设备分组、重要/危险等级等。
- 参数信息：如外观尺寸/体积/重量、容量、功率、能耗等。
- 备品配件信息：如果某些设备/装置的保养、维修需要使用专用工具，应在相应模型构件的属性中载明其名称、用途、存放位置或订购等信息。对需要预备一定备用零配件的系统设备，在相应模型构件属性中，应记录备品配件的名称、用途、存放位置或订货信息等。

（2）技术文档信息

设施运维管理所需的技术文档包括：技术规格/参数、运行操作手册、维护保养手册、安装/检修说明、产品检验证书/测试报告、保修文件等。

技术文档通常体量较大，如果将这些内容都加入BIM模型会导致模型文件过大，管理维护及使用不便。可以将这些技术文档单独存放，在相应BIM模型构件的属性中只建立相应文档的超链接，记录文档的名称、类型、格式及存储位置等信息，在需要使用时可方便快捷地查找、调用即可。

4.2.2.3　BIM 交付中所要求设施运维管理内容的确定

在工程项目的 BIM 交付中，所要求提供的用于设施运维管理部分的内容，开发方应在施工承包合同中明确规定。通常应由开发方的设施管理团队或其委托的专业顾问基于设施特点、拟定用途等，根据设施运维管理的需要，列出 BIM 交付应包含设施运维管理内容的完整清单，作为对施工企业交付的合同要求。但采用这种方式，开发方很难在合同中提出完整的相关要求，常常有增加、补充所需内容的要求，导致施工企业需根据开发方的要求多次对 BIM 模型进行补充、修改，会增加很多工作量。

目前，建议开发商可参照、借鉴在美国和英国等国已经实施的 COBie 标准采用的方法，即为设施中的每个系统、设备、装置、部/组件按不同层次分别建立数据表格，每个表格包含对应对象运维管理所需的所有相关信息。以这种方式在合同中提出对设施运维管理内容的 BIM 交付要求，可提高合同要求的完整和准确性，大大减少双方因修改、增删等造成的重复工作量。

4.3　BIM 模式下图纸的交付规范

经过多年的推广普及，我国工程建设行业的 BIM 应用已经有了长足的发展和进步。目前我国有相当部分的工程建设企业已经开展了 BIM 应用实践，并取得了一定的成绩。BIM 技术的优势和价值正逐步得到广泛认可。BIM 已经成为推动行业变革和发展，促进产业升级的核心技术。但是 BIM 的应用推广也仍然存在着许多困难，其中 BIM 出图一直是一个困扰 BIM 应用主要的技术障碍，尤其是在图面表达方面，BIM 软件与现行制图标准不符是重要原因之一。其结果导致无法实现模型和出图的联动，带来了很大的后期改图工作量。目前一些企业采用的翻模或者由 BIM 模型生成二维视图后再导入 CAD 工具进行修改出图等方式，都是迫不得已而为之的无奈之举。既耗费了大量的人力、物力，也违背了应用 BIM 提高工作效率和设计质量的初衷。

如何突破 BIM 设计出图的束缚、提高效率并充分发挥其优势，既需要 BIM 软件厂商的配合，不断强化完善产品，加快推进本地化，同时也需要官方制图标准与时俱进，在满足既有标准的深度、准确度、简洁度等各方面要求的同时，能够适应 BIM 的技术特点和应用需求，多方面共同努力、相互配合，才能进一步加快推广 BIM 应用。因此，本章专门以一节讨论 BIM 模式下图纸的交付问题。

通过分析国内建筑行业 BIM 模式下二维图纸交付的实际问题，借鉴制造业多年三维应用的成熟经验，参照国外 BIM 应用案例，我们提出了现阶段 BIM 实施中完成图纸交付的方法。

4.3.1　现阶段 BIM 模型生成二维视图面临的问题

现阶段通过 BIM 模型直接生成交付图纸主要存在两方面的问题。

1. 不符合现行的二维制图标准

建筑 CAD 设计软件是通过二维几何线条及符号等表现设计成果，其表示形式可以随意修改，具有高度灵活性，所生成的设计图可基本符合现行的二维制图标准要求。而 BIM 操作的对象是三维模型，通过由模型直接投影或剖切模型将三维构件转化为二维视图表达，但是这种直接投影的生成方式以及 BIM 软件的本地化程度不足，导致所生成的视图不能完全符合现行的制图标准和约定俗成的行业习惯表达方式。对机电专业来说，目前存在的问题主要表现在以下几个方面：

（1）机电专业的原理图、系统图是经过逻辑抽象或归纳简化的设计图，目前除部分特定区域的管道轴测图外，其他大部分都难以直接从 BIM 模型中生成，仍需手工绘制。

（2）机电专业的管线综合图和专业设计图以往是分开绘制的，两者并不要求严格一致。各专业的设计图单独绘制，管线位置及间距根据管线综合平衡结果调整确定后，可以不按比例表示，灵活排布。因为实际管线布置的准确位置及间距是由尺寸标注决定的，而不是依据图中所表示的布置形态，从而可以使图面布局疏密有致，表达清晰简洁。而由 BIM 模型直接生成的视图，其管线排布和尺寸比例与由模型表示的实际安装位置一致，有时会使得设计图显得繁琐、杂乱，尤其在管线密集区域常常会过分密集、挤作一团，难以正确识别和判读。

（3）线型：机电专业一般可用单线表示管线，通过线型（包括带字母的线型）区分不同类型的管线，以使机电设备专业的施工图布局简明清晰。但目前常用的 BIM 软件尚不支持定义复杂线型，如 Revit (Revit2013) 只支持由点、划和空格组成的线型，尚无法定义复杂线型，而 ArchiCAD 15 的 MEP 模块无法用单线显示管线等。

（4）立管表示：对于各楼层平面图中立管的表示，以往行业习惯在制图时通常只表示部分较大立管的管径，而不表示部分小立管（如竖接喷头的小立管等）的管径。一般的 BIM 软件虽然提供了系列立管符号可供选用，但符号大小无法控制、调节，在平面中无法反映立管大小。因此，在平面图中无法按行业习惯正确表示各层立管。

（5）多管标注：在管道集中区域，习惯上通常使用一个集中引注将多根管线一起标注，非常简明直观。但 BIM 软件是将标注与其主体对应的，一个标注只能对应一个主体，无法将多根管道的标注按照习惯的形式排列，实现多管集中标注，并且一旦管线移位，标注就会错位。

（6）设备统计表：各种设备的型号和规格等参数是施工安装和后期运维应用等所需的重要信息，也是 BIM 设备模型所具有的价值之一。但由于各种设备的参数形式不相同，无法像结构梁柱、门窗等建筑构件一样规定统一的格式，而常用的 BIM 软件无法对这样格式不一的非结构化信息进行自动统计并生成表格，一般还需要人工统计、手动逐项依次填表。

2. 图面处理效率问题

在传统设计模式下，现有的二维设计软件由于其技术特点适合表达二维设计图并且经过长期使用及逐步完善，提供了比较完善、丰富的设计制图功能，具有较高的二维制图及标注效率，并可满足符合制图标准及行业表达习惯的要求。而由 BIM 模型直接生成的二维视图，虽然在图纸的生成效率及信息的一致性方面具有明显优势，但由于对二维视图的表达并不是 BIM 软件关注的重点和强项，因此，现有的 BIM 软件大多没有提供灵活、丰富的二维设计制图及辅助功能，致使图面布置、调整、标注等后续制图环节效率低下，费力耗时。现阶段，一些典型的问题表现如下：

（1）表格功能不够完善，有些需要手工逐一绘制和填写；

（2）构件统计表样式不符合二维制图标准要求；

（3）出风口、喷淋头、灯具等末端设备布置效率低下；

（4）电气专业开关、照明等设备平面布置图的绘制困难、效率低下；

（5）无法生成机电系统图和电气原理图等。

4.3.2 BIM 模式下二维图纸交付问题的解决

上述目前由 BIM 模型直接生成二维工程图所存在的问题，主要是由以下原因造成的：

（1）我国现行的制图标准是基于手工绘图和 CAD 制图方式制定的，所规定的视图表达方式、图形符号及标记方法等，主要是为了解决在利用二维图形表示三维对象时的局限，而并没有考虑 BIM 的技术特点和应用需求。

（2）现有的 BIM 软件本地化程度不足，没有根据我国的制图标准和行业表达习惯提供相应的图形表示功能和辅助制图工具。

（3）有些问题如机电系统的出风口、喷淋头、开关、灯具等末端设备的平面布置图由于绘制不便、效率低下以及无法生成机电系统图、原理图等原因，需通过二次开发提供辅助制图手段解决。

这些问题的解决，需要多方面的共同努力。首先是制图标准应考虑 BIM 特点和应用需求。为了尽快推广 BIM 应用，提高建筑行业的信息化水平，我国行业主管部门和一些地方政府已经开始了这方面的工作。在目前过渡时期可行的方案是实行 BIM 与传统交付物相结合的并行制，事实上根据报道，正在编制的国家标准《建筑工程设计信息模型交付标准》也是这样规定的。未来建筑项目的审核及交付将会逐步走向以 BIM 模型为主，二维工程技术文件作为辅助参考的方向。其次是推动 BIM 软件的本地化，应将我国的制图标准和规范纳入 BIM 软件。目前已有 BIM 软件公司开始加强针对中国市场的本地化工作，如欧特克(Autodesk)公司正在将我国结构专业采用的平法施工图融入其 BIM 软件。未来将会有更多的 BIM 软件公司为中国市场提供适合我国国情的本土化 BIM 软件。此外，基于 BIM 软件通过二次开发的辅助工具，可提供目前 BIM 软件尚不具备或实现不便的制图功能，提高由 BIM 模型直接生成二维工程视图的效率。国内一些软件和 BIM 咨询公司已经在这方面做了一些工作。如北京互联立方 (isBIM) 公司开发了基于 Revit 的喷淋头、灯具等机电末端设备快速布置插件工具；北京鸿业公司开发了基于 Revit 由 BIM 模型生成机电系统图和原理图的软件工具等。预计未来这样的二次开发工具会不断出现，日益增多。

随着在各方努力下这些措施的逐步实施，BIM 软件在二维视图方面的功能会不断增强并与制图标准和规范实现有效对接。未来一定可以实现由 BIM 模型直接生成可交付二维视图，包括：

（1）最终交付的二维视图均可以在 BIM 环境中完成，包括机电系统图和电气原理图等；

（2）能够保持 BIM 模型与所生成二维视图的一致性与关联性的特点和优势，完全实现一处修改、全程更新；

（3）通过对制图标准的必要修改和调整，由 BIM 模型直接生成的二维视图能够完全满足制图标准、规范要求。

4.3.3　现阶段 BIM 模式下二维视图的交付模式

由于缺少 BIM 模式下二维视图的交付指导方法，部分企业对于 BIM 模式下二维视图交付的处理方法还存在一些误区。有的企业放弃了 BIM 模型直接生成可交付二维视图的功能，而有的企业则花费大量时间和精力在 BIM 环境下或将由 BIM 模型生成的视图导入二维设计软件进行二维视图的后期合规处理。

对于现阶段 BIM 模式下二维视图的交付模式，既不能一味要求 BIM 模型生成的二维视图必须完全符合现有二维制图标准，也不能否认 BIM 模型可直接生成二维视图的价值。应该根据 BIM 技术的优势与特点，积极探索切实有效的 BIM 出图实施方案并制定出现阶段合理的 BIM 模式下二维视图的交付模式。

基于对 BIM 技术的理解和对国内外 BIM 成功案例的分析，并结合国情和 BIM 应用现状，我们提出现阶段 BIM 模式下二维图纸的交付模式。包括 BIM 模型生成二维视图的审核原则和 BIM 模型生成二维视图的工作模式。

1.BIM 模型生成二维视图的审核原则

现阶段对于通过 BIM 模型生成二维视图的审核原则应为二维视图能够完整、准确、清晰地表达设计意图与具体设计内容，并以此原则合理把握交付要求的尺度。审核过程中，如果过度追求图纸美观以及原有的表达习惯，意味着需要花费大量精力对生成的图纸进行修补，或是将 BIM 模型生成的视图导入传统二维工具中进行修改、调整等后期处理。这些都会造成出图环节中的大量浪费，同时也会造成图纸与 BIM 模型间的关联性被破坏，故而得不偿失。

2. BIM 模型生成二维视图的工作模式

工程图纸根据其用途有不同种类，如方案表现图、工作白图、综合示意图、施工图等。但是工程图纸最基本、也是最重要的目的是表达和传递设计意图。由于展示设计意图和图纸交付使用的对象不同，对于图纸在制图标准规范、表达习惯以及表达的重点内容等方面也会有不同的要求。因此，对不同使用目的的图纸，应当有不同的交付处理方式。

目前我国在施工阶段所依据的技术文件主要还是传统的二维施工图，施工单位常称之为"蓝图"。这套图纸的用途主要有三项：核算成本、提交主管部门审查和指导施工。对施工图的出图交付模式应根据前述原则，尽可能减少后期处理，以充分发挥 BIM 优势实现其价值。现分别介绍如下：

（1）核算成本

核算成本的基础是对构/组件及系统设备等的精确表达、描述以及数量的正确统计。BIM 软件对构件的精确数字化定义具有满足这项要求的先天优势，应充分利用。BIM 模型中的所有构件都经过精确的参数化定义，可通过软件自动统计生成设备材料表，实现准确的工程量统计。用于核算成本的施工图也可直接使用由模型自动生成的二维视图，而不必进行后期处理。

（2）提交主管部门审查及指导施工

指导施工的要求是图纸中构件的定位和标注要准确明了，位置无冲突，图面标记清晰，符号容易识别等。BIM 软件的碰撞检查功能是解决位置无冲突问题的利器，而其可自动生成平、立、剖面视图及三维轴测图的功能则可使设计意图的表达更为准确、清晰，剩下的就只有图面标记方法的问题了。由于施工图必须经过报批审核并加盖施工图出图章后才可实施，用于指导施工。在现行制图标准和审核要求修改之前，用于提交主管部门审查及指导施工的施工图必须对由 BIM 模型生成的二维视图进行必要的合规处理，以符合现行制图标准并满足审核要求。

对于在项目竣工交付阶段需要向业主提交的竣工图，施工企业可事先与业主沟通协商，通过部分调整现行制图标准或依据施工企业的制图标准，使得施工企业可以将由 BIM 模型生成的二维视图直接作为竣工交付物提交业主，避免对图纸进行后期处理。

为了规范工程图纸的交付过程使其标准化，以提高交付工作效率，施工企业应建立企业级 BIM 模式下的建模和制图标准。具体内容可参照附录一及附录二的上安机电 BIM 建模规范和 BIM 出图规范。

4.4　BIM 模型及图纸的审查规范

深化设计过程中 BIM 模型和深化图纸的质量对项目实施开展具有极大的影响，根据以往 BIM 应用的经验来看，当前主要存在着 BIM 专业的错误建模、各专业 BIM 模型版本更新不同步、选用了错误或不恰当的软件进行 BIM 深化设计、BIM 深化出图标准不统一等问题。由于 BIM 的所有应用都是从 BIM 模型数据实现的，所以如何通过有效的手段和方法对 BIM 深化设计进行质量控制和保证、实现在项目实施推进过程中 BIM 模型的准确利用和高效协同是各施工企业需要考量和思索的关键。为了保证 BIM 模型的正确性和全面性，各企业应制定质量实施和保证计划。

质量控制的主要对象为 BIM 模型数据。质量控制根据时间可分为事前质量控制和质量验收两点。事前质量控制是指 BIM 产出物交付并应用于设计图纸生成和各种分析以前，由建立 BIM 模型数据的人员完成之前检查。事前质量控制的意义在于因为 BIM 产出物的生成以及各类分析应用对 BIM 模型数据要求非常精确，所以事前进行质量确认非常必要。交付 BIM 产出物时的事前质量核对报告书可以作为质量验收时的参考。质量验收是指交付 BIM 模型和深化图纸时由建设单位的质量管理者来执行验收。质量验收根据事前质量核对报告书，实事求是地确认 BIM 数据的质量，必要的时候可进行追加核对。根据质量验收结果，必要时执行修改补充，确定结果后验收终止。

针对上述两点可以从内部质量控制和外部质量控制两个方面入手，实现深化设计中 BIM 模型和图纸的质量控制。

（1）内部控制

内部控制是指通过企业内部的组织管理及相应标准流程的规范，对项目过程中应建立交付的 BIM 模型和图纸继续质量控制和管理。所以，要实现企业内部的质量控制就需要建立完善的深化设计质量实施和保证计划。其目的在于为整个项目团队树立明确的目标，增强责任感和提高生产率，规范工作交流方式，明确人员职责和分工，控制项目成本、进度、范围和质量。在项目开展前，企业应确定内部的 BIM 深化设计组织管理计划，需与企业整体的 BIM 实施计划方向保持一致。通过组织架构调整、人力资源配置有效保证工作顺利开展。如：在一个项目中，BIM 深化团队至少应包括 BIM 项目经理、各相关专业 BIM 设计师、BIM 制图员等。由 BIM 项目经理组织内部工作组成员的培训，指导 BIM 问题解决和故障排除的注意要点，定期的质量检查制度管理 BIM 的实施过程，通过定期的例会制度促进信息和数据的互换，冲突解决报告的编写，实现管理和维护 BIM 模型。

BIM 成果在与项目参与方共享或提交业主之前，BIM 质量负责人应对 BIM 成果进行质量检查确认，确保其符合要求。BIM 成果质量检查应考虑以下内容：

①目视检查：确保没有意外的模型构件，并检查模型是否正确的表达设计意图；

②检查冲突：由冲突检测软件检测两个（或多个）模型之间是否有冲突问题；
③标准检查：确保该模型符合BIM实施导则内容；
④内容验证：确保数据没有未定义或错误定义的内容。

上述这些内部质量控制手段和方法并不是凭空执行和操作的，BIM作为贯穿建筑项目全生命周期的信息模型，其重要性不言而喻。所以，BIM标准的建立也是质量控制的重要一部分，BIM标准的制定将直接影响到BIM的应用与实施，没有标准的BIM应用，将无法实现BIM的系统优势。对于基于BIM的深化设计，BIM标准的制定主要包括技术标准和管理标准，技术标准有BIM深化设计建模标准、BIM深化设计工作流程标准、BIM模型深度标准、图纸交付标准等。而管理标准则应包括外部资料的接收标准、数据记录与连接标准、文件存档标准、文件命名标准以及软件选择与网络平台标准等。在建模之前，为了保证模型的进度和质量，BIM团队核心成员应对建模的方式、模型的管理控制、数据的共享交流等达成一致意见，如：

①原点和参考点的设置：控制点的位置可设为0，0，0；
②划分项目区域：把标准层的平面划分成多个区域；
③文件命名结构：对各个模型参与方统一文件命名规则；
④文件存放地址：确定一个FTP地址用来存放所有文件；
⑤文件的大小：确定整个项目过程中文件的大小规模；
⑥精度：在建模开始前统一好模型的精度和容许度；
⑦图层：统一模型各参与方使用的图层标准，如颜色、命名等；
⑧电子文件的更改：所有文件中更改过的地方都要做好标记等。

一旦制定了企业BIM标准，在每一个设计审查、协调会议和设计过程中重要节点的时候，相应的模型和提交成果都应根据标准执行，实现质量控制与保证。如：BIM经理可负责检查模型和相关文件等是否符合BIM标准，主要包括以下内容：

①直观检查：用漫游软件查看模型是否有多余的构件和设计意图是否被正确表现；
②碰撞检查：用漫游软件和碰撞检查软件查看是否有构件之间的冲突；
③标准检查：用标准检查软件检查BIM模型和文件里的字体、标注、线型等是否符合相关BIM标准；
④构件验证：用验证软件检查模型是否有未定义的构件或被错误定义的构件。

（2）外部控制

外部控制是指在与项目其他参与方的协调过程中对共享、接收、交付的BIM模型成果和BIM应用成果进行的质量检查控制。对于提交模型的质量和模型更新应有一个责任人，即每一个参与建模的项目参与方都应有个专门的人（可以称之为模型经理）对模型进行管理和对模型负责。模型经理，作为 BIM 团队核心成员的一部分，主要负责的方面有：参与设计审核、参加各方协调会议、处理设计过程中随时出现的问题等。对于接收的 BIM 模型和图纸应对其设计、数据和模型进行质量控制检查。质量检查的结果以书面方式进行记录和提交，对于不合格的模型、图纸等交付物，应明确告知相应参与方予以修改，从而确保各专业施工承包企业基于 BIM 的深化设计工作高质、高效地完成。

（3）由 BIM 顾问作为本项目 BIM 工作质量的管理者和责任人，协助业主对各参与方依据本指南提出的规范所提交的 BIM 模型及相关应用成果交付物，进行质量检查。

（4）质量检查的结果，以书面记录的方式提交业主审核，通过业主审核后，各参与方根据业主要求进行校核和调整。

（5）对于不合格的模型等交付物，将明确告知相关参与方不合格的情况和整改意见，由相关参与方进行整改。

（6）全部验收合格的 BIM 成果，由 BIM 顾问进行汇总整理提交业主。

此外，高效实时的协作交流模式也可以降低数据传输过程中的错误率及时间差。对于项目不同角色及承包方团队之间的协作和交流可以采用如下方式：

（1）电子交流

为了保证团队合作顺利开展，应建立一个所有项目成员之间的交流模式和规程。在项目的各个参与方负责人之间可以建立电子联系纽带，这个纽带或者说方式可以在云平台通过管理软件来建立、更新和存档。与项目有关的所有电子联系文件都应该被保存留作以后参考。文件管理规程也应在项目早期就设立和确定，包括文件夹的结构、访问权限、文件夹的维护和文件的命名规则等。

（2）会议交流

建立电子交流纽带的同时也应制定会议交流或视频会议的程序，通过会议交流可以确定提交各个 BIM 模型的计划和更新各个模型的计划；带电子图章的模型的提交和审批计划；与 IT 有关的问题：如文件格式、文件命名和构件命名规则、文件结构、所用的软件以及软件之间的互操作性；矛盾和问题的协调和解决方法等内容。

质量检查的结果，将以书面记录的方式反馈给参与方，并同时抄报业主。

不合格的模型和应用，将被拒绝接收，并明确不合格的情况、整改意见和时间。合格的模型和应用，将被批准，由业主或在业主授权下由 BIM 工作小组组长接收，同时将以书面记录的方式反馈给参与方。

4.5 机电安装企业 BIM 合同及 BIM 知识产权的要求和规范

对于工程建设项目，完善的合同是预防和降低风险，保证项目顺利实施的前提和保障。在长期的工程建设实践中，我国的工程建设领域已经形成了一套适合我国特点的工程合同体系，特别是 2010 年以来，住房和城乡建设部联合相关部门发布了多个适合于不同项目管理模式的建设工程合同文件，这些合同文件可基本满足传统工程建设模式的项目需求。但是基于 BIM 新模式的引入，会带来一些新的变化。

BIM 是将信息技术引入工程建设并与传统业务相结合的产物。本质上，BIM 不仅仅是一项新技术，更是一种方法论，需要工程项目各参与方转变观念和思维，根据 BIM 的特点和应用需求，以一种全新方式从事工程建设项目。BIM 的引入在一定程度上改变了工程建设行业传统的作业、协同方式和信息流的传递管理，同时还需要对现有的传统业务流程进行一定规模的重组和再造，而某些参与方的角色、职责、人员配置及机构设置等可能也需要重新定义并调整重组，从而促使建设项目各个参与方的利益重组。这一切会具有一定的风险，必须通过相应的合同条款来防范，以保证基于 BIM 工程项目的顺利实施。

但目前我国现行的建设工程合同体系中尚没有与 BIM 应用相适应的合同条款，同时由于我国的 BIM 应用目前尚处于初始阶段，缺少成功的案例和经验可供借鉴参考。这就使得目前我国工程建设行业的业主、设计和施工企业难以通过标准化、规范化的项目指导文件，对项目的 BIM 应用提出详细、合理的行为规范和明确、具体的技术要求。从而导致 BIM 项目在实施过程中缺少明确可行的执行依据，可能会造成项目无序、低效的后果。项目合同也就无法起到保证项目顺利、有序实施以及保障项目双方利益的作用。

为此，我们参考部分 BIM 应用较为先进国家和地区已经制定的标准、项目实施经验以及相关机构发布的 BIM 合同文件和样本，并结合我国国情和国内企业特点，提出适合国内企业 BIM 应用合同编制的内容及主要原则，并在最后部分给出了一个在合同中涉及 BIM 应用内容的条款样本，供业主及施工承包企业参照，制定工程建设项目 BIM 应用合同。

4.5.1 BIM 应用合同的形式和内容
1. BIM 应用合同的形式

工程项目合同中应当设置单独的 BIM 应用相关条款，以便在最大限度地保证原有各种工程合同条款稳定性和连续性的基础上，有效应对在项目 BIM 应用中可能产生的问题。同时，合同应确保相关参与方之间原有的合同关系不发生重大变更，以减轻设计方和承包商的担忧，因为他们所承担的责任和风险与在传统模式下是基本相同的。

2. BIM 应用合同条款应当包含的内容

编制项目合同 BIM 应用条款的目的是约定并规范 BIM 在项目中的应用，减少实施中可能出现的各种风险，为项目的顺利进行提供法律保障，最终实现以更高效率和质量完成工程建设项目的目标。BIM 合同条款主要应包含以下几方面的内容：

（1）明确规定项目的 BIM 应用范围

应明确规定项目中的各项 BIM 具体应用，如基于 BIM 的深化设计、施工场地布置、施工组织设计、施工方案比选、施工可视化模拟及可施工性分析、施工现场物流规划管理、工程算量、成本计划管理、施工资源管理、施工进度管理、工程变更管理等。而不能只是提出类似"应用 BIM 技术实施本项目"或"在施工准备、施工过程及竣工交付各阶段均采用 BIM 技术进行"等的笼统要求。

同时，应指定拟使用的 BIM 软件名称和版本等内容。

（2）BIM 应用的技术要求

应当对项目 BIM 模型的类型、建模、拆分、传递、组合及集成等提出规范性要求，并应根据项目阶段和应用需求，明确指定模型的创建深度。对于模型深度，推荐采用北京市地方 BIM 标准所介绍的方法表示。即：

$$\text{BIM 模型深度等级} =[GI_m，NGI_n]$$

其中：GI_m 表示模型的几何信息深度等级；NGI_n 表示模型的非几何信息深度等级；m 和 n 的取值范围为 1.0~5.0。

采用这种表示方法，可以同时简明清晰地表达 BIM 模型中几何信息和非几何信息的不同深度等级。详细内容请参见北京市地方标准《民用建筑信息模型设计标准》（DB11/T 1069—2014）。

如果 BIM 模型需要在不同参与方或不同系统平台之间交换互用，应规定交换平台、数据格式及传递交换方式。

（3）BIM 应用系统及信息的管理要求

工程项目的 BIM 应用必须有复杂的 BIM 软件和相应的计算机、网络体系作为支撑。同时，BIM 模型作为项目各参与方工程信息共享和协同的平台，为了使得项目顺利进行，必须对 BIM 模型及应用系统进行有效的维护管理，以保证系统和信息的安全，确保发布给各方使用的 BIM 模型版本一致、内容准确。因此，必须指定专人承担相关的管理责任。

（4）BIM 成果的交付要求

交付要求应明确规定交付物和交付方式。交付物一般应包括：

- BIM 应用成果交付物，包括项目应用的各种 BIM 模型、二维工程图、分析报告、统计表、明细表等。

● 用于工程审批、备案及归档的特定交付物，包括包含审批所需设计及工程数据信息的 BIM 浏览模型、由模型生成的二维工程图纸以及交付物清单和说明等文件。

● 用于项目宣传推广、BIM 成果展示、项目总结、汇报等用途的辅助交付物，包括渲染模型、动画、视频、幻灯文件及相关的说明、报告等。

应当要求交付方保证所提交交付物的准确性和关联交付物的一致性，并约定交付标准和审查方式，以便顺利、高效地完成交付过程。

交付方式包括交付物的介质及提交方式。应规定所提交 BIM 模型的文件格式及版本。对于二维工程图，应明确是交付纸质设计图还是电子版 CAD/PDF 文件，或是两者均需提交。对电子化交付，应规定文件的目录结构和组织方式。

对一些特殊问题，如由 BIM 模型生成的二维视图是否需要进行后期合规处理，二维工程图必须严格符合现行国家制图标准，是否可采用企业制图标准等，应事先明确约定。

（5）BIM 应用的风险分担

BIM 应用成果通常是由项目各相关方配合协同完成的，是多方合作的产物。根据专业分工及应用需求，BIM 模型常常需要在相关参与方之间进行传递及组合、集成。如施工方可以在设计方提交的施工图设计模型的基础上进行深化设计，并创建完成施工图深化设计 BIM 模型；机电专业可以土建模型为基础，进行设备、系统布置及管线排布等专业设计工作，而管线综合平衡则需将不同专业的 BIM 模型整合集成后，进行碰撞检查和避让处理等。

项目参与者在引用他人成果时，往往假定所引用的成果是准确可信的。但实际上由于种种原因，他人的成果有时会包含一些错误，不一定完全准确，由此可能会给引用者造成一定损失。BIM 的特点使其在应用中会产生额外的风险，必须通过合同减少风险，并由所有的参与者共同分担这些风险。合同应尽可能有效地降低风险，并以尽可能公平的方式来分配这些风险的分担。

合同应鼓励项目所有相关参与者都积极参与与 BIM 有关的风险管理，如清楚明确地规定每个参与者应为自己在 BIM 成果中提交的内容负责，并应将自己发现的 BIM 模型及其他成果中的错误及疏漏之处及时通知项目相关参与方等。为了分担风险及减少不必要的法律纠纷，合同应设置对引用他人成果所造成损害的索赔豁免条款。每个参与者对他人由于引用己方成果所造成的损害应享有豁免权，无需承担赔偿责任。同时，每个参与者都应同意对由于引用他人成果所造成，或与他人成果有关的损害放弃索赔要求。

（6）BIM 应用成果的知识产权

与传统的二维施工图相比，BIM 模型不仅包含表示虚拟建筑构件的几何信息，还包含大量项目实施的技术指标及要求、系统设备的规格参数、材料类型等级等工程技术信息，是创建者工作经验和技术积累的成果。由于 BIM 的技术特点，在这些信息能够快速准确地有效传递，以供项目各参与方共享、协同的同时，也很容易对全部或局部模型及其所包含的信息进行提取和重复使用。同时，有越来越多的业主希望将工程 BIM 应用成果延伸用于项目交付后的物业运维管理，这也牵扯到了项目 BIM 应用成果使用范围的扩大及其所包含的技术信息的保护问题。由此可见解决 BIM 模型及其相关衍生成果的知识产权问题的重要性，但我国现有的标准合同文本并没有提供解决 BIM 项目中有关知识产权问题的方法。因此，在 BIM 合同条款中，应明确规范与项目 BIM 应用成果相关的知识产权问题，以避免可能产生的纠纷。

4.5.2 工程项目中 BIM 成果的知识产权归属

工程建设项目需要整合业主、设计、施工三方力量，而在工程建设过程中形成的知识产权的归属问题也应在合同中进行明确，特别是对于采用 BIM 技术完成的工程建设项目，其知识产权归属问题显得更为突出。以下将参照我国相关的法律法规，并结合国外的成功经验，列出在工程项目中 BIM 成果知识产权所涉及的范围，我国法律的规定以及合理对价的建议等。

1. BIM 成果知识产权所涉及的范围

（1）所涉及的知识产权类别：参照我国现行相关法律规定，总结出工程设计中涉及 BIM 成果的知识产权主要包含如下几类：

①著作权及与著作权有关的权利（后者简称邻接权）；

②专利权；

③专有技术（又称技术秘密）权；

④商业秘密权；

⑤依照国家法律、法规规定，或者合同约定由企业享有的其他知识产权。

（2）所涉及的项目智力成果内容：是指 BIM 合同标的范围内的智力成果以及为实施 BIM 合同标的智力成果所必需的其他智力成果，包括如下范畴：

① BIM 模型；

②由 BIM 模型生成的各种视图、清单报表等；

③ BIM 模型所包含的工程建设信息等；

④在实施 BIM 合同标的过程中所涉及的商业秘密等；

⑤在 BIM 合同标的范围内约定的其他智力成果；

⑥为实施 BIM 合同标的的智力成果所必需的其他智力成果。

注1：当事人在履行合同过程中获得的与合同标的无关的派生智力成果和无法预见的智力成果均不属于履行合同所完成的智力成果。也就是在履行合同的过程中，设计方发明、创造的

设计新技术、新方法，如果不是完成合同所必需的，则不属于合同管辖范围，相应的知识产权权利归属设计方。

注2：工程建设项目中与BIM无关的其他智力成果不应属于BIM合同条款的管辖范围，如项目建议书、可行性研究报告、专业性评价报告、技术经济分析报告、环境分析报告、工程设计说明、工程总结报告等，这些智力成果的知识产权归属应在项目主合同中约定。

2. 我国法律的规定

目前，对于工程建设项目中BIM成果所涉及的知识产权归属问题，无论是国内还是世界上其他国家，均没有专门的法律规定，应遵循我国现行的有关知识产权方面的法律、法规的规定。目前，我国与工程建设项目中BIM成果知识产权相关的法律、法规主要包括：

①《中华人民共和国著作权法》及《中华人民共和国著作权法实施条例》；
②《中华人民共和国专利法》及《中华人民共和国专利法实施细则》；
③《中华人民共和国合同法》；
④《中华人民共和国促进科技成果转化法》。

国内关于工程建设项目在建设过程中形成的知识产权的权利归属问题主要涉及以下三个方面：

（1）智力成果精神权利的法律规定：我国现行法律已明确智力成果的署名权和获得荣誉权等精神权利专属于智力成果完成人，不得以合同约定的形式进行变更或者转让。

（2）合同各参与方与其员工个人之间知识产权的法律规定：我国现行法律已明确职务技术成果的使用权、转让权属于法人或者其他组织，法人或者其他组织可以就该项职务技术成果订立技术合同，个人未经法人或者其他组织同意，不得擅自以生产经营为目的使用、转让法人或者其他组织的职务技术成果。

（3）合同各参与方之间知识产权的法律规定：除智力成果的精神权利外，对于智力成果的知识产权归属一般遵循"有约定从约定，无约定从法定"的"合同优先"原则。按我国现行法律规定，如果当事人之间没有合同或者合同中没有约定，一般其所有权归受托方所有，委托方在一定范围内拥有使用权。

因此，对于工程建设项目进行过程中形成的BIM智力成果以及所必需的其他智力成果，建议应当由业主和设计方以及各当事方详细、明确地约定上述BIM成果知识产权所涉及范围内的知识产权归属。

3. 对BIM应用成果合理对价的建议

与传统方式相比，项目的BIM应用交付成果具有更大的附加价值，可以为业主带来更多收益。如在竣工模型中适当添加运维所需的内容后，就可将其用于项目交付后的设施运维管理，可大大提高设施运维效率和质量，并降低管理成本。为了体现责任与义务、利益与权利的对等，双方可根据 BIM 模型后续延伸使用的范围和交付要求，商定合理的对价。

4.5.3　工程项目合同中 BIM 应用相关的条款范本

第一条　定义

BIM 模型：是指对项目的建筑实体和功能特性的数字化表示，在此还用于描述模型构件或从总体上表示单个或多个模型。

构件：是指建筑物内或建筑场地内构件、系统或组装件的 BIM 模型的一部分。

模型交付深度等级Ⅰ：几何造型仅需要表现出几何实体的基本形状及总体尺寸，无须表现细节特征、内部构件组成等；信息应包含占用面积、高度、位置、方向等基本信息，也可将必要的非几何信息加入到模型构件中。

模型交付深度等级Ⅱ：几何造型应表现出几何实体的主要几何特征及关键尺寸，无须表现细节特征、内部构件组成等；信息应包含构件主要尺寸、安装尺寸、标高、位置、方向等主要信息，也应包含构件的类型、规格、关键属性、关键参数等。

模型交付深度等级Ⅲ：几何造型应表现出几何实体的详细几何特征及尺寸，应表现必要的细节特征、内部构件组成等；应包含构件详细、准确的属性、参数等信息。

知识产权：本合同约定的涉及 BIM 成果的知识产权包含著作权、专利权、专有技术权。

智力成果：是指本合同涉及范围内的智力成果以及为实施本合同标的的智力成果所必需的其他智力成果，包括：BIM 模型，由 BIM 模型生成的各种视图、清单报表等，BIM 模型所包含的工程建设信息等，为实施本合同标的的智力成果所必需的其他智力成果。

其他定义：……

第二条　BIM 工作内容及交付物要求

施工深化设计

（1）现阶段通过 BIM 模型直接生成的二维视图与施工图的现行标准还存在着一定的差距，因此在施工图阶段的 BIM 工作内容相对较多，主要包括：最终完成各专业的 BIM 模型，基于 BIM 模型完成最终的各类建筑分析，建立 BIM 综合模型进行综合协调，根据需要通过 BIM 模型生成二维视图。

（2）BIM 交付物应包含如下内容：

①专业设计模型：应提供最终的各专业 BIM 模型，模型的交付内容及深度可以用表格形式列出各专业模型的深度要求及对应的模型内容。

②BIM 综合协调模型：应提供综合协调模型，重点用于进行专业间的综合协调，及检查

是否存在因为设计错误造成无法施工的情况。模型的交付内容及深度可以用表格形式列出综合协调模型的深度要求及应包含的模型内容。

③BIM浏览模型：与方案设计阶段类似，应提供由BIM设计模型创建的带有必要工程数据信息的BIM浏览模型。

④可视化模型及生成文件：应提交基于BIM设计模型的表示真实尺寸的可视化展示模型，及其创建的室内外效果图、场景漫游、交互式实时漫游虚拟现实系统、对应的展示视频文件等可视化成果。

⑤由BIM模型生成的二维视图：在经过碰撞检查和设计修改，消除了相应错误以后，根据需要通过BIM模型生成或更新所需的二维视图，如平立剖图、综合管线图、综合结构留洞图等。对于最终的交付图纸，可将视图导出到二维设计环境中进行后期图面处理，其中局部详图等可不作为BIM的交付物，在二维环境中直接绘制。需要从BIM模型直接生成的二维视图应以表格形式列出图名及图形需要表示的内容。

第三条　技术要求

（1）BIM模型及交付的二维图纸应完整，满足第二条内容要求的全部规定。

（2）BIM模型应符合本项目设计要求。

（3）BIM模型应符合国家和行业主管部门有关建筑设计的规范和条例。

（4）BIM模型及构件应具有良好的协调关系，在专业内部及专业间模型不应存在直接的干涉，应拥有合理的安全空间、操作空间等。

（5）BIM模型必须遵循正确的建模方法：

①BIM模型必须包含所有定义的楼层，每一层的建筑构件及空间应分别建模；

②构件应使用正确的对象创建，并可对构件类型进行区分；

③模型中不应存在多余、重叠或重复的构件；

④构件应保持与建筑楼层的关联性。

（6）BIM模型及构件除几何模型外应包含正确、必要的信息，包括几何尺寸、空间位置、分类信息、编码信息、关键属性、关键参数等。

（7）对于模型的命名、构件的分类及命名、构件属性的命名应制定统一的规范，并参照落实。

第四条　项目组织及管理要求

（1）乙方应设定专门的BIM项目经理，负责制定BIM项目规范，管理各专业间的BIM协同，与甲方及其他参与方进行协调、组织审核并提交最终交付物等。

（2）乙方在项目初期应根据项目的实际情况，负责建立相关的BIM项目执行规范，并报请甲方批准，并在项目工作中切实执行。主要包括以下规范内容：

①《BIM 建模基础环境设置标准》(如：模型原点、坐标系、单位制、样板文件等)；

②《BIM 建模任务分配及协同管理规范》(如：模型拆分原则、模型共享及管理规范、协同工作规范等)；

③《BIM 模型建模规范》(如：建模方法、模型内容与深度、分析规范等)；

④《BIM 模型信息填写及管理规范》(如：模型、构件的分类及命名规范，构件的编码信息、关键属性信息、关键参数等的分类及定义规范)；

⑤《BIM 数据存储与管理规范》(如：数据集中存储及版本管理规范，数据权限控制规范等)。

（3）乙方在项目进行中应承担的管理工作包括以下内容：

①汇集整理自身创建及协作方提供的模型；

②协调模型的提交和交换；

③纪录传入的模型（建立日志）；

④验证文件的完整性和可用性，并遵守适用协议；

⑤维护收到的每个文件的记录副本；

⑥根据既定规则进行碰撞检测，并定期发布碰撞检测报告；

⑦维护模型归档和备份；

⑧管理模型文件及其他项目文件的访问权限；

⑨监督并管理项目成员遵守本合同中的全部规定。

第五条　交付物格式及文件组织要求

1. 交付文件要求

（1）交付文件格式

① BIM 模型应提供原始文件格式，转换并提供一种或几种通用文件格式（如 IFC、NWD、DWF）；

②可视化成果应提供通用的媒体文件格式（如 AVI、WMV、FLV 等）；

③二维视图应提供原始文件格式，转换并提供一种通用文件格式（如 PDF、DWF）；

④说明文档应提供通用文件格式（如 PDF）。

（2）交付文件版本

对于同类文件格式应使用统一的版本。

2. 文件组织要求

（1）对于所有交付文档，应规范统一的文档目录结构，并划分层次（如按照文档类别、专业等进行划分）。

（2）应根据文档类别分别提供文件清单目录，并标明每个具体文件的用途等基本信息。

3. 文件交付方式

乙方应以光盘或 U 盘为介质交付本合同要求的各类电子文件。

第六条　知识产权

（1）本合同涉及的智力成果的使用权归甲方所有，同时甲方有权将其提供给施工、运营等第三方，供其在本工程建设项目范围内使用。

（2）乙方了解以上智力成果以及由甲方提供的相关资料、双方的往来文档等涉及甲方的商业秘密，乙方同意为此承担保密义务，并承诺不擅自将其用于其他用途或销售提供给他人使用。否则甲方有权依法追究其违约责任。

（3）乙方在履行合同过程中获得的与本合同标的无关的派生智力成果，其知识产权权利归属乙方。

第5章 机电安装企业BIM实施标准应用实践

该案例以超高层建筑上海中心大厦项目为例，围绕BIM工作流程，重点分析BIM技术和标准在机电安装企业中的应用和实践，为今后BIM技术和标准在超高层建筑中的应用提供参考和依据。在该项目中，上海市安装工程集团有限公司承担机电总包的角色，其所属的专业设计公司上安机电承担了深化设计与BIM运用的任务。

5.1 项目概况

上海中心大厦位于陆家嘴银城中路501号，花园石桥路以南，东泰路以西，陆家嘴环路以北，银城中路以东Z3地块。建成后它将与金茂大厦、环球金融中心构成"品"字形的超高型建筑群，从而形成陆家嘴金融中心至高点的区域。占地3万多m^2，其主体建筑结构高度为596m，总高度632m，总面积接近57万m^2，是目前中国国内最高楼之一，也是一座"至高、至尊、至精"功能全面、高效低排的综合性绿色建筑（图5.1）。

图5.1 上海中心大厦全局图

上海中心大厦是一座结构形式、系统构成相当复杂的超高层建筑项目，具有体量大、施工难度高、先进工艺、先进技术应用广泛的特点。地下 1~2 层是主题商业，地下有 3~5 层，可容纳 1700 多个车位。出于绿色环保角度考虑，同时增加了自行车车位空间。地面是多功能会议中心和下沉式的市民广场。塔楼部分总共是 121 层，由下往上分成了九个区段，第一个区段是精品商业；二至六区段是 24 小时甲 A 级办公区；七至八区段是超五星级酒店以及精品办公；第九区段是观光平台。整个大厦共分为 5 大功能区，10 个设备管理区（图 5.2）。

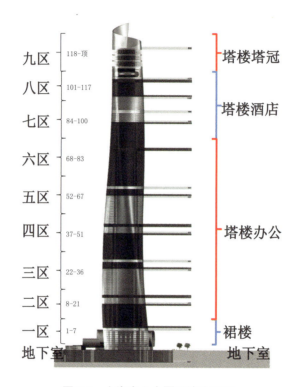

图 5.2　上海中心大厦系统分区图

上海中心大厦作为在建的"中华第一楼"，工程规模大，时间紧，机电系统齐全，垂直分区多，协调与配合多，界面复杂。为了按时完工，保证项目质量，采用了 BIM 技术来配合协调项目的实施。

作为建筑从业团队重要组成部分的建筑施工企业，BIM 技术的运用将覆盖施工组织管理的各个环节，包括深化设计、施工组织、进度管理、成本控制、质量监控等。从建筑的全生命周期管理角度出发，施工阶段 BIM 应用包括信息创建、管理和共享技术，目的是更好地控制工程质量、进度和资金管理，保证项目的成功实施，为业主和运营方提供更好的售后服务，最终实现项目全生命周期内的技术和经济指标最优化。

BIM 技术在项目策划、设计、施工及运营管理等各阶段的深化应用，为项目团队提供了一个信息共享平台，有效地改善了业主、设计、施工等各方的协调沟通。同时帮助施工单位进行施工决策，以三维模拟的方式减少施工过程中的错、漏、碰、撞等问题，提高一次安装成功率，减少施工过程中的时间、人力、物力浪费，为方案优化、施工组织提供科学依据，从而为绿色施工、低碳建造提供有力保障。

5.2 BIM 资源管理
5.2.1 软硬件管理

本项目中的上安机电 BIM 团队采用了 Autodesk Revit 系列软件与 Navisworks 软件进行建模、演示以及 BIM 运用等工作。由于在上海中心大厦的建设过程中，项目的各参与方对本工程的 BIM 信息请求是各不相同的，故在项目施工初期，上安机电 BIM 团队首先提供了一个上海中心项目的 BIM 应用软件列表，目的是使各参与方能够在统一的 BIM 软件平台基础上进行信息沟通。上海中心 BIM 应用软件如表 5.1 所示。

表 5.1 上海中心 BIM 应用软件

软件名称	Autodesk Revit Architecture2012	Autodesk Revit Structure2012	Autodesk Revit MEP 2012	Autodesk Navisworks2012	Autodesk Inventor2013
功能	建筑建模	结构建模	机电建模	展示与模拟	预制加工设计

上海中心项目中有大量的不同参与方以及来自不同地域的产品供应商，为了确保项目高效、高质量地完成，提升工程项目管理能力，上安机电从软硬件两方面为项目各参与方提供 BIM 技术支持。本项目中不仅采用了 Revit、Navisworks、Inventor 等与机电专业相关的 BIM 软件，还在 Inventor 上进行了二次开发，实现了自动化预制加工以及自动材料统计。同时，为了支撑不同软件的协同操作，在上海中心项目中还部署了 Revit Server，解决跨地域的协作问题，实现远程支持、多方演示。

Revit Server 是适用于 Revit Architecture、Revit Structure 和 Revit MEP 的服务器应用程序，它为 BIM 项目实现基于服务器的工作共享奠定了基础，可以由多个团队成员同时访问和修改同一个项目。Revit Server 采用一台中心服务器和多台本地服务器来实现在广域网（WAN）内项目协作。

在上海中心项目中，项目团队首先进行网络配置。针对广域网部分，在公司本部采用了一条 6M 的电线专线接入（上下行平衡各 6M），平安项目现场由项目部提供。针对局域网部分，在两处都建立了局域网，公司本部为 1000M 连接，现场初步设定为 100M 连接。在公司本部设立了 VPN 服务器，平安现场通过 VPN 技术组成虚拟私有网络。两处的网络虽都接入了 Internet，但由于防火墙的阻隔本身是互不相通的，所以确保了网络安全性。上海中心项目中的 Revit Server 网络架构如图 5.3 所示。

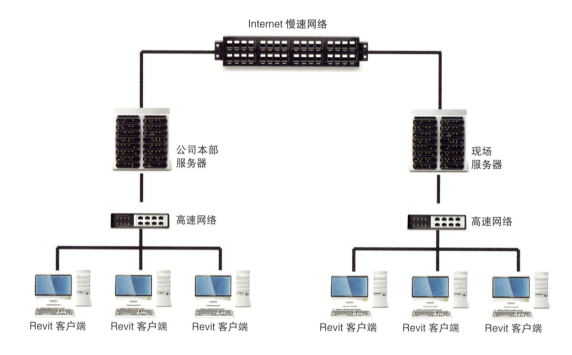

图 5.3　Revit Server 网络架构图

本项目中的硬件和软件配置如表 5.2 所示。

表 5.2　上海中心项目中 BIM 硬件和软件配置表

软件配置				
软件名称	版本	软件功能	备注	
Revit	2012	模型制作、管线综合、漫游	主要软件	
Navisworks	2012	碰撞检查、漫游、进度及施工方案模拟	主要软件	
Inventor	2013	预制加工、材料统计	主要软件	

续表

软件配置			
软件名称	版本	软件功能	备注
Inventor 二次开发软件	2013	自动化预制加工、自动材料统计	主要软件
Revit Server	2012	异地协同	主要软件
Trimble	2012	现场测绘、放样	主要软件
AutoCAD	2012	二维图纸处理	辅助软件
premiere	CS5	施工模拟动画制作	辅助软件
3Ds MAX	2013	配合施工模拟动画制作	辅助软件
Flash	V11.0	进度模拟	辅助软件
硬件配置			
地点	配置		
公司本部	Windows 2008 R2 Hyper V E5540 4 核 CPU + 1G 内存 + 1000M		
场外项目基地	Window 2008 R2 Hyper V Q8300 4 核 CPU+ 1G 内存 + 100M		
现场项目部	Window 2008 R2 Hyper V Q8300 4 核 CPU+ 1G 内存 + 100M		

基于上述网络架构和操作平台，项目组 BIM 技术人员可以快速在 Revit Server 中心服务器上进行文件传输、下载、同步、更新等操作，操作流程除了首次服务器设置，其他皆与中心文件工作模式相同。Revit Server 中心服务器设置如图 5.4 所示，Revit 中心文件创建如图 5.5 所示。

图 5.4　Revit Server 中心服务器设置

图 5.5　Revit 中心文件创建

同时,对 Revit Server 中心服务器和传统的 Revit 中心文件两种工作模式进行了测试对比,结果如表 5.3 所示。

表 5.3　Revit Server 中心服务器与中心文件工作模式对比结果

模式	中心文件大小	建立中心文件	建立本地副本	无更改同步	删除数据同步	添加数据同步
Revit Server 中心服务器	112M	68 秒	114 秒	首次 20 秒 以后 10 秒	15 秒	14 秒
中心文件模式	188M	58 秒	复制 8 秒 打开 32 秒	首次 20 秒 以后 10 秒	25 秒	18 秒

从此表可以看出,同一个文件分别在 Revit Server 中心服务器和中心文件模式下建立中心文件,Revit Server 上的中心文件更小,在数据同步上删除数据同步效率提升了 40%,添加数据同步效率提升了 20%。同步速度提升的原因在于 Revit Server 是差异性存储,只对有修改部分的数据进行存储,而非普通的中心文件将整个文件进行替换复制,因此在数据同步过程中

节省了时间。

通过在上海中心项目中采用 Revit Server 中心服务器技术,大大减少了 BIM 模型同步的时间,并能够在局域网外进行传输,现场技术团队可以直接和公司本部进行同步协作。同时,BIM 技术团队对现场的技术支持也通过 Revit Server 中心服务器得到实现,使模型可以快速同步、更新和读取,大幅减少中间信息传输请求时间,提高了工作效率。通过项目实践,总结了 Revit Server 的部分技术优势,如表 5.4 所示。

表 5.4　Revit Server 技术优势

序号	优势
1	利用 Revit Server 可在异地或本地多个办公室之间建立服务器级别的团队协作,且这种协作的方式除了第一次开启与中心文件模式略有不同之外,随后的应用与中心文件完全相同的方法,故在现有的中心文件的团队协作模式几乎无需任何的培训直接就可上升至 Revit Server 的协作模式
2	Revit Server 多点的协作是没有数量上的限制,虽然初步设定为现场和公司本部 2 个点的协作,但按照 Revit Server 的设计模型并没有对本地服务器的数量限制,随着项目参与方、供应商的加入,Revit Server 体现的协作优势将越来越明显
3	利用 Revit Server 技术,项目团队没有必要全部都在项目现场,只要通过项目现场的网络架设,Revit Server 即可以较快的速度连接项目中心服务器的模型,在业主端进行 BIM 项目演示
4	若业主在观看 BIM 模型后对模型有修改意见,现场项目人员可在现场立即进行修改,通过同步中心服务器后,直接完成了整个项目的同步,无需大批量的文件复制和传输
5	若业主方的项目人员不具备 Revit 软件的操作能力,也可通过项目电话会议模式来讨论修改,然后在项目 BIM 团队端进行修改,可实现实时模型同步,以提高沟通修改的效率

本项目利用 Revit Server 平台实现多地同时打开同一设计图纸及模型,文件进行差异传输,实时同步,解决跨地域的协作问题,实现远程支持、多方演示,有效提高了工作效率。所有的存储都集中在数据中心的设计平台内,使设计文件在一个高速的云内运转,大大提高协同效率,通过云终端将设计界面发送到每个设计师,所有的存储都集中在数据中心的设计平台内,这样可以使设计文件在一个高速的云内运转,大大提高协同效率。图 5.6 是上海中心项目基于互联网 VPN 技术和 Revit Server 工作平台示意图。

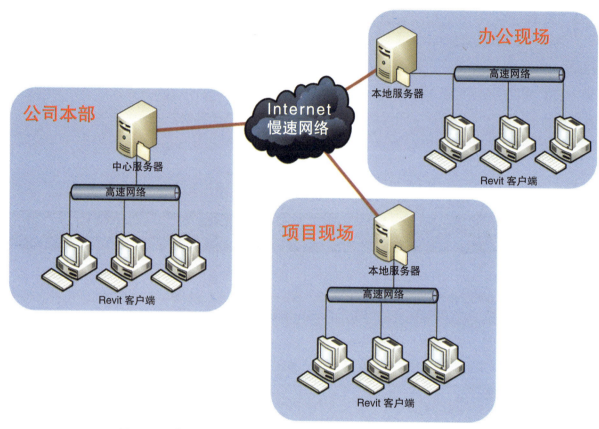

图 5.6　上海中心基于互联网 VPN 技术和 Revit Server 工作平台示意图

5.2.2　BIM 团队

上海中心项目组建了一支多专业、经验丰富的 BIM 团队来对本项目展开工作。上海中心 BIM 团队分为三个组：

- 第一组在上海中心项目现场办公室，负责现场安装设计支持；
- 第二组在外场项目基地，此处是上海中心深化设计总部；
- 第三个团队是在上安机电公司本部，负责 BIM 深化设计，用 BIM 模型导出图纸的工作由该团队完成。

上海中心项目 BIM 技术团队包括有土建、暖通、给排水、电气等各专业人员。其中，大部分成员参与过东方体育中心、虹桥能源中心、中山医院等一系列重大项目，这些项目人员中的大部分都通过了 BIM 专业认证考试，操作技能过硬，专业基础扎实，具有丰富的 BIM 项目经验。同时，BIM 技术团队中安排项目、建筑结构、机电、后期应用负责人，机电组分别安排水、电、风三个专业 BIM 技术人员，组成一支专业化的 BIM 技术团队（表 5.5）。

表 5.5 上海中心项目 BIM 技术团队组成

人员编号	承担的任务分工	履历及水平
1	BIM 项目负责人	BIM 应用管理 6 年
2	BIM 软件研发	BIM 软件研发 6 年
3	BIM 新型技术应用与研究	BIM 技术应用研究 3 年
4	BIM 土建负责人	BIM 工作 4 年
5	地下部分 BIM 机电负责人	BIM 工作 6 年
6	裙房、设备层 BIM 机电负责人	BIM 工作 4 年
7	地上部分 BIM 机电负责人	BIM 工作 4 年
8	后期运维负责人	熟练掌握 BIM 后期运维技术
9	BIM 工程师	熟练掌握 BIM 技术 4 年
10	BIM 工程师	熟练掌握 BIM 技术 2 年
11	BIM 工程师	熟练掌握 BIM 技术 2 年
12	BIM 暖通建模师	熟练掌握 BIM 技术 2 年
13	BIM 暖通建模师	熟练掌握 BIM 技术 2 年
14	BIM 暖通建模师	熟练掌握 BIM 技术 2 年
15	BIM 给排水建模师	熟练掌握 BIM 技术 2 年
16	BIM 给排水建模师	熟练掌握 BIM 技术 2 年
17	BIM 给排水建模师	熟练掌握 BIM 技术 2 年
18	BIM 电气工程师	熟练掌握 BIM 技术 3 年
19	BIM 电气工程师	熟练掌握 BIM 技术 2 年
20	资料整理及收集	参与 BIM 资料管理

上述 BIM 技术人员按照施工企业价值链模型进行分析，形成技术中心的部门职能，通过近 8 个不同岗位实践总结，整理出该模型在施工各阶段的应用和操作流程，做到定人、定岗、定职，确保各 BIM 专业的完整性和可执行性，有效保证 BIM 工作按时、专业、高效开展。

5.3 BIM 行为管理

上安机电作为上海中心大厦机电系统深化分包，响应业主要求，做好施工阶段的 BIM 模型搭建工作，并协调集成各专业分包及设备供应商，进行 BIM 模型维护与完整，确保模型唯一性、完整性与准确性，目标是向业主交付一个与上海中心大厦实体一致的 BIM 数据模型。

本项目中，从接受业主委托开始，负责深化设计、施工整个过程，并在施工图深化阶段将 BIM 技术融合到施工阶段的业务流程中。图 5.7 为 BIM 技术在上海中心项目中的主要应用点。

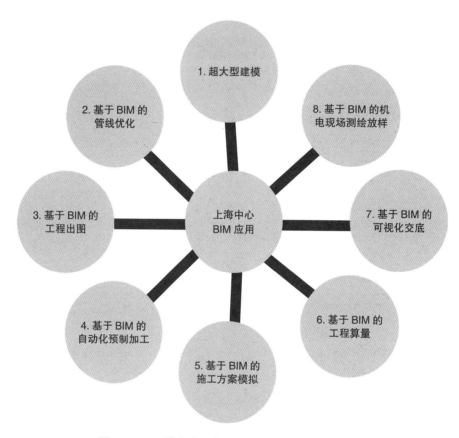

图 5.7　BIM 技术在上海中心大厦项目中的八大应用

上海中心作为超高层建筑，由于施工现场专业队伍多、材料多、工序复杂等因素，导致现场的项目管理存在各种各样的难点。比如进度管理方面，土建、钢结构、给排水、暖通、强弱电、装饰装修等专业交叉频繁，导致进度编制、跟踪困难，经常有专业作业面打架的情况出现，影响工期。同时，施工项目部管理者往往无法及时了解施工现场实际进度，无法提前对一些可能引起进度延误的现场状况及时采取预防措施。同时，各种图纸数量庞大，状态查询、汇总管理工作十分困难，导致各种风险项被遗漏，造成经济损失。

基于上述原因，项目团队建立了一套基于 BIM 的深化设计工作流程，通过数字化的 BIM 模型，实现上海中心项目精细化、数字化的技术和经济的管理。图 5.8 是上海中心项目基于 BIM 的深化设计流程图。

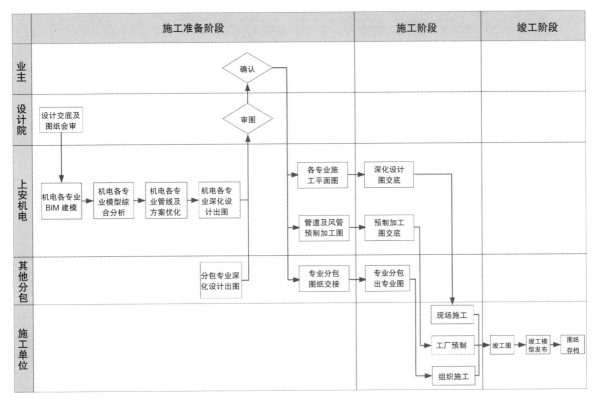

图 5.8　上海中心项目基于 BIM 的深化设计流程图

上海中心项目的 BIM 工作是一项集建模、检测、计算、模拟、数据集成等工作为一体的建筑信息管理工程，这项工程覆盖了本项目的设计、深化设计、制造、施工管理乃至后期运营管理的建筑全生命周期。鉴于本工程的复杂性与重要性，项目组为本工程建立了完整的建模、模拟、数据集成、数据交互以及信息发布的各类标准及制度。

5.3.1　超大型建模

上海中心无论从建筑结构还是功能设定都决定了机电系统的复杂性，因此，通过图纸深化设计与 BIM 模型的搭建，合理布局各专业系统的管线与设备，将很大程度上提高施工效率、减少资料浪费、提升工程品质。

BIM 模型是设计师对整个设计的一次"预演"，建模的过程同时也是一次全面的"三维校审"过程，BIM 技术人员发挥专业特长，在此过程中可发现大量隐藏在设计中的问题，这点在传统的单专业校审过程中很难做到，通过建立 BIM 模型，使得隐藏问题无法遁形，提升整体设计质量，并大幅减少后期返工的工作量。针对本项目，利用 Autodesk Revit 系列软件根据平面设计图纸建立 BIM 模型。各专业建模基本流程如图 5.9 所示。

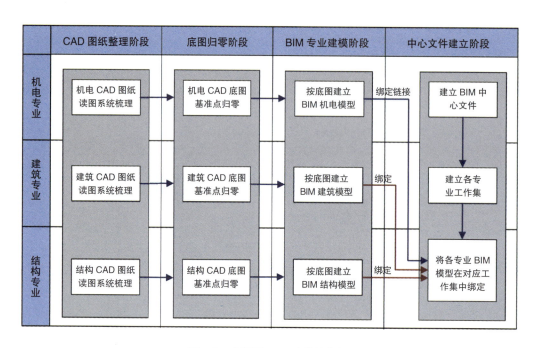

图 5.9 本项目 BIM 建模流程图

上海中心作为国内最高楼之一,机电系统庞大复杂。因此建模过程中的建模流程略有不同:

(1)在本项目中,除设备层外,各专业 BIM 设计师都是以二维深化设计图纸为基础,针对各个专业进行图纸系统的理解,整理系统,确认管线设计的合理性,然后再建立 BIM 模型。考虑到设备层桁架较多,绘制二维深化设计图纸时难度较大,且局部区域表达不清,若按上述方法建立 BIM 模型,不仅费时费力,而且准确性较差。因此,设备层建模时,各专业 BIM 设计师以设计院提供的设计图纸为基础,直接建立 BIM 模型。上海中心项目设备层桁架 BIM 模型如图 5.10 所示。

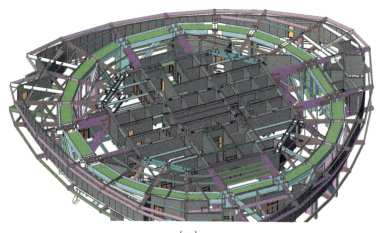

(a)

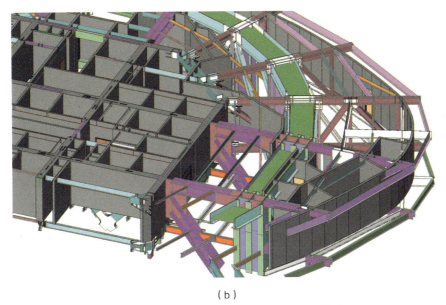

(b)

图 5.10　上海中心项目设备层桁架 BIM 模型

（2）本项目中，建筑和结构专业的 BIM 模型由其他分包提供，上安机电负责机电专业的 BIM 建模。上海中心根据建筑结构由下往上分成了九个区，机电系统极为复杂，BIM 建模工作内容也十分繁多。为了节省建模时间、提高建模效率、便于 BIM 设计师的明确分工，我们将 BIM 模型按区、楼层和专业进行拆分，使模型简化，实现不同专业间的协作建模。模型拆分一般通过 Revit 工作集来实现。图 5.11 是上海中心项目 BIM 模型拆分图。

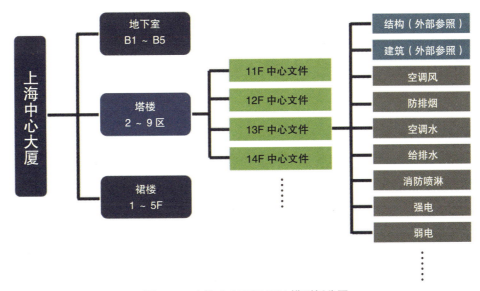

图 5.11　上海中心项目 BIM 模型拆分图

先按区域和楼层划分,再分别建立中心文件,建筑结构外幕墙等数据作为外部参照链接进入中心文件。在每一个楼层中,分别针对不同专业采用工作集的方式进行区分,每个专业都有对应的工作集,各专业以绑定链接的形式绑定进入 Revit 中心文件。

在中心文件中根据不同专业建立不同的工作集,即各专业根据二维图纸,分别在本专业工作集中建立相应的 BIM 模型。图 5.12 是上海中心项目 BIM 各专业工作集。

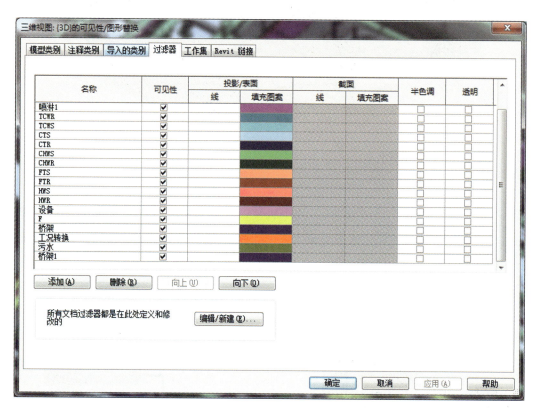

图 5.12　上海中心项目 BIM 各专业工作集

为了确保建模工作的顺利进行,各专业的 BIM 设计师每隔一小时将本地模型"保存到中心"。由于本项目太大,无法用单一文件管理,且建筑和结构 BIM 模型由其他分包提供,因此将建筑和结构模型作为外部参照进行链接,使其成为一个整体,以便于机电专业建模。

图 5.13 为各专业设计师在本专业工作集中建立的部分 BIM 模型。

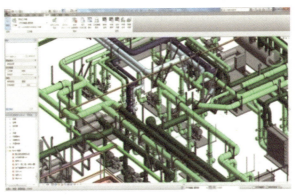

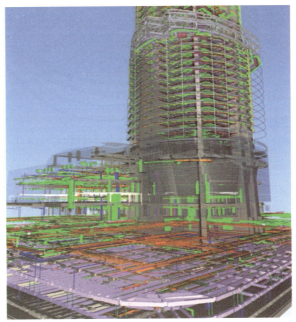

图 5.13　上海中心项目部分 BIM 模型

明确清晰的 BIM 基础建模流程为上海中心这一超大型项目的建模提供了保障。各专业 BIM 设计人员按专业在自己的工作集内进行建模、调整，有效地实现对专业的管理和把控。BIM 模型的建立为后续 BIM 工作提供强有力的基础数据平台。

5.3.2　基于 BIM 的管线优化

传统的管线综合设计是以二维图纸为基础，在 CAD 软件下进行各系统叠加。设计人员凭借自己的设计与施工经验在平面图中对管线进行排布与调整，并以传统平、立、剖面形式加以表达，最终形成管线综合设计。这种以二维为基础的图纸表达方式，不能全面解决设计过程中不可见的错漏碰撞问题，影响到一次安装的成功率。同时在一般的深化过程中只对管线较为复杂的地方绘制剖面，但对于部分未剖切到的地方，不能完全保证局部吊顶高度、操作空间等问题。图 5.14 为本项目标准层 BIM 综合管线模型。

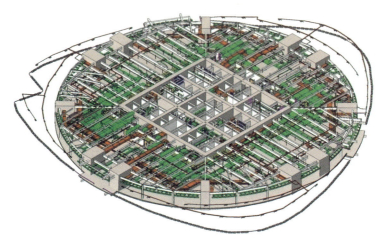

图 5.14　标准层 BIM 综合管线模型

在制定施工图纸阶段，若相关各专业没有经过充分的协调，可能直接导致施工图出图进度的延后，甚至进一步影响到整个项目的施工进度。在本工程中，改变了传统的深化设计方式，利用 BIM 的三维可视化设计手段，在三维环境下将建筑、结构以及机电等专业的模型进行叠加，并将其导入到 Autodesk Navisworks 软件中进行碰撞检测，并根据检测结果加以调整。这样，不仅直观地观察到了管线的碰撞检测情况和位置，快速解决碰撞问题，而且还能创建更加合理美观的管线排列。图 5.15 是一个基于 BIM 的碰撞检测图。

图 5.15　碰撞检测图

在三维环境下，可以通过任意角度来查看模型中的任意位置。所以，通过 BIM 软件进行方案对比，可以根据实际情况选择最优的管线排布方式，创建更加合理美观的管线排列。在不影响原管线机能及施工可行性的前提下，将机电管线进行适当调整，优化空间，快速解决碰撞问题，管线合理布留。同时，通过高效的现场资料管理工作，即时修改快速反映到模型中，获得一个与现场情况高度一致的最佳管线布局方案，有效提高一次安装的成功率，减少返工。

在本项目中，在 BIM 模型进行优化时遵循以下优化理念：

（1）尽量贴梁布置管线，节省空间。

（2）尽量减少弯头，降低管道阻力，减少成本。

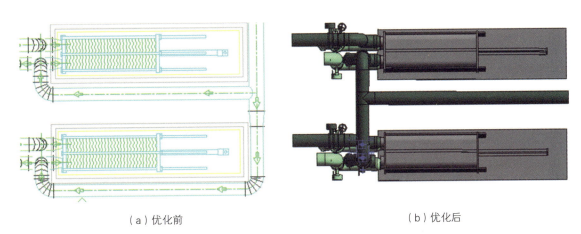

（a）优化前　　　　　　　　　　　　（b）优化后

图 5.16　BIM 模型管线局部优化方案对比

从图 5.16 中可以看出，两台板式换热器并联，冷冻水上进下出侧，冷冻水回水管（DN400/FL + 5.035）由图 5.16（a）调整为图 5.16（b），减少了两个 90° 弯头。

（3）尽量将管线标高布置在同一高度，便于制作同一个支架。

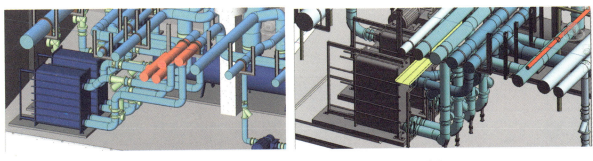

（a）优化前　　　　　　　　　　　　（b）优化后

图 5.17　BIM 模型管线整体优化方案对比

从图 5.17 中可以看出，图 5.17（a）中设备的接管标高较多，布管稍显杂乱，影响美观和布置支吊架。将其调整为图 5.17（b）后，标高减少，管线基本布置在同一标高，既美观又节省支架，减少了成本。

（4）小管径遇到大管径的管线，尽量上翻小管径管道。

管线综合是一项技术性较强的工作，不仅仅可以利用它来解决碰撞问题，同时也可以考虑系统的合理性和优化问题。当多专业系统综合后，个别系统的设备参数和布置不足以满足运行要求时，应及时作出修正，对于设计中可以优化的地方也应尽量完善。BIM 技术在不影响原管线功能及施工可行性的前提下，通过对管线的重新排列和优化，将二维图纸中因人的空间想象力不足而导致的布置不合理的管线通过三维模型呈现出来，并提出最佳管线布局方案，合理有效地进行管线综合设计，节省材料，减少返工的可能性，为施工的顺利进行打下坚实的基础。

5.3.3 基于 BIM 的工程出图

在本项目实施过程中，除设备层外，各专业 BIM 设计师都是以二维深化设计图纸为基础，针对各个专业进行图纸系统的理解，整理系统，确认管线设计的合理性，然后建立 BIM 模型，在确保模型"零"碰撞的情况下，利用模型指导深化设计出图。管线较为复杂的区域通过 BIM 模型的综合、修改、调整，从模型中直观地将管线布留情况反映出来。根据调整后的模型，有效指导深化设计出图，每一类图纸都有其固定的出图流程，以确保图纸的准确性及可靠性。该种出图模式的主要出图流程如图 5.18 所示。

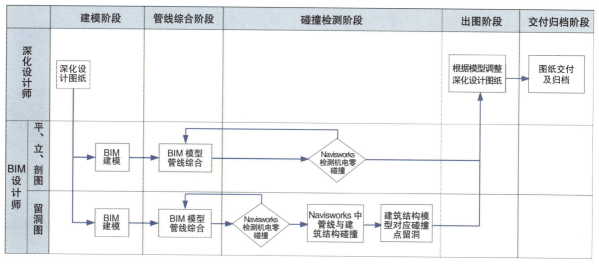

图 5.18　BIM 设计模式下的出图流程

按照上述流程出图时，深化设计蓝图由深化设计师绘制完成，最终交付给业主。BIM 技术的主要用途是为深化设计师提供三维可视模型，减少因人的空间想象力的不足而导致的管线碰撞和不合理布置。图 5.19 是一个调整前后的示例对比。

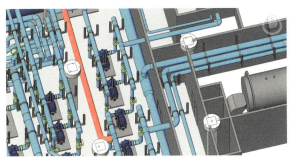
（a）根据深化设计图建立的 BIM 模型

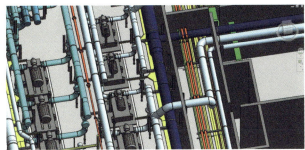
（b）调整后的 BIM 模型

图 5.19　不同阶段的 BIM 模型

考虑到设备层桁架较多，直接绘制二维深化设计图纸时难度较大，且局部区域仅凭空间想象力会导致表达不清或表达错误，若按上述方法建立 BIM 模型，不仅费时费力，而且准确性较差。因此，设备层建模时，本项目中各专业 BIM 设计师以设计院提供的设计图纸为基础，直接建立 BIM 模型。该种出图模式的主要出图流程如图 5.20 所示。

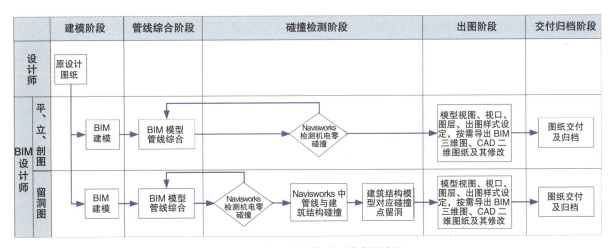

图 5.20　BIM 验证模式下的出图流程

从上述流程图可以看出，深化设计蓝图由 BIM 设计师直接绘制完成，最终交付给业主。在此过程中，BIM 设计师既承担建模工作，又承担深化设计工作。图 5.21 是一个项目中的局部 BIM 模型出图示例。

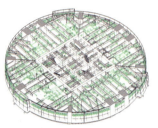
（a）设备层 BIM 三维模型

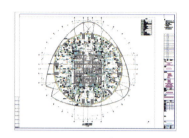
（b）根据三维模型导出的二维图纸

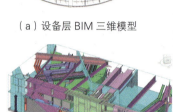
（c）设备层局部 BIM 三维示意图

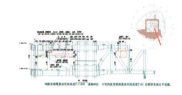
（d）根据三维模型导出的二维剖面图

图 5.21　BIM 模型导出二维图纸

在深化设计中，在管线情况较为复杂的地方，经常会存在支架摆放困难、无法安装等问题。BIM 模型可以模拟出支架的布留方案，在模型中就可以提前模拟出施工现场可能会遇到的问题，对支架具体的布留摆放位置进行准确定位。特别是剖面未剖到、未考虑到的地方，在模型中都可以形象具体地进行表达。同时，大型设备、大规格管道、重点施工部分进行应力、力矩验算，包括支架的规格、长度，固定端做法、采用的膨胀螺栓规格、预埋件尺寸及预埋件具体位置，这些都能够通过 BIM 模型直观反映，通过模型模拟使得出图图纸更加精细。图 5.22 是一个 BIM 模型导出二维支架布留图的示例。

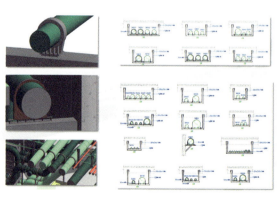

图 5.22　BIM 模型导出二维支架布留图示例

在上海中心项目中，上述两种出图模式结合使用。从表面上看，采用 BIM 模型直接导出二维图纸比较省时省力，同时准确性也较好。但实际上，由于 BIM 技术的运用还处于探索阶段，在建模过程中难免会碰到各种各样的问题，建模速度也有待进一步的提高。如果都采用这种出图模式，不仅不能节省人力，缩短工期，反而会因为操作不当而不断返工，浪费人力，延误工期。因此，现阶段，上海中心项目还是以深化设计师出图为主，BIM 设计师出图为辅。但是，采用 BIM 模型直接出图始终是我们努力的方向。

通过 BIM 模型辅助深化设计出图，不仅能够确保图纸精确性，便于施工安装，还能利用 BIM 模型的三维可视化模型配图方式，方便现场施工人员理解辨认系统，上海中心项目在根据现场实际情况配以剖面、平面、轴测、大样图等多种形式辅助施工人员施工，有效提升施工效率。

5.3.4 基于 BIM 的自动化预制加工

在传统的预制加工过程中，往往由于个人或设计变更图纸流转不及时等因素造成信息丢失或误解，给预制加工工作造成了很大的风险。其次，预制加工部门必须要花费大量的人力、时间、成本在图纸校核、分段编号、信息统计等上面，某种程度上降低了预制加工节约成本和效率高的优势。为此，本项目提出了与 BIM 技术相结合的管道预制加工方式，拟加深管道预制加工的工厂化程度，进一步提高管道预制加工的精度。具体流程如图 5.23 所示：

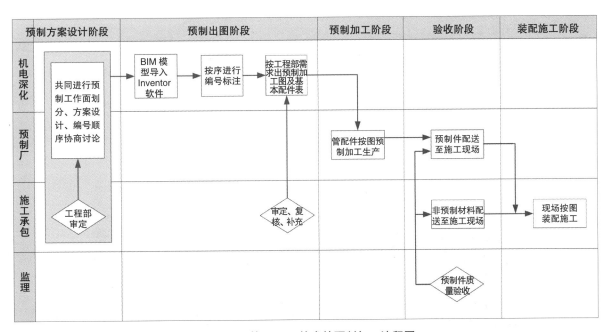

图 5.23 基于 BIM 技术的预制加工流程图

在深化设计阶段,创建了一个较为合理、完整,又与现场高度一致的 BIM 模型,并把它导入到 Autodesk Inventor 软件中,通过必要的数据转换、机械设计以及归类标注等工作,把 BIM 模型转换为预制加工设计图纸,指导工厂生产加工。通过 BIM 模型实现加工设计,不仅保证了加工设计的精确度,也减少了现场测绘的成本。同时,在保证高品质管道制作的前提下,减轻垂直运输的压力、提高现场作业的安全性。对于机房与管弄井等区域的管道,采用在模型中进行分段预制加工设计,由工厂制作并预安装后,到现场直接吊装与拼接的施工办法。

值得一提的是,本项目不仅实现了基于 BIM 的预制加工技术,而且采用软件二次开发了基于 BIM 的自动化预制加工模块,实现了"Revit à 管道路径 à Inventor à 加工图 BOM 信息表"模型信息的传递(图 5.24)。图 5.25 是上海中心项目中风管预制加工厂和预制管件制作生产的示例。

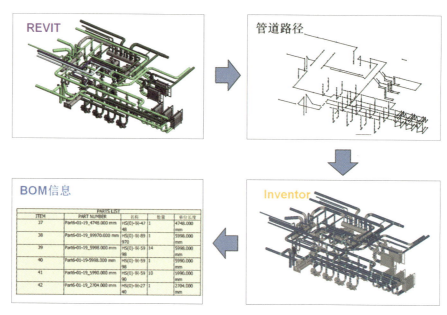

图 5.24　预制加工模型信息传递

图 5.25　上海中心项目中风管预制加工厂和预制管件制作生产示例

对于管道而言，预制部分除了部分小管径接口外，基本都可以采用自动焊接设备完成。本项目中，通过利用精确的 BIM 模型作为预制加工设计的基础模型，再将预制加工与自动焊技术相结合的方式，在提高预制加工精确度的同时，减少了现场测绘工作量。为加快施工进度、提高施工的质量提供了有力保证。图 5.26 是管道 + 管道、管道 + 法兰自动焊接成品图示例。

图 5.26　管道 + 管道、管道 + 法兰自动焊接成品图

通过 BIM 自动化预制加工，并利用精确的 BIM 模型作为预制加工设计的基础模型，本项目在施工单位进场前就完成了综合调整、管段工厂化预制、方案预演等前期准备，在装配化施工、精确计划、绿色施工、节约造价、提升效益方面发挥着巨大作用。不仅实现了预制加工管道高品质制作，提高了现场作业的安全性，提升了现场施工品质，减少了现场施工的成本，在提高预制加工精确度的同时加快了施工进度、为提高施工质量提供了有力保证，更能确保加工设计的精确度，提高机电管道预制加工图出图效率和质量。

截至目前，经计算，采用上述自动化预制加工技术方案为本项目减少了 30% 的现场制工作量，减少了 60% 的焊接与有毒有害作业，有效节约 6% 的人工成本。

5.3.5　基于 BIM 的施工方案模拟

在 BIM 模型中，不仅可以反映管线布留的位置关系，还能结合软件的动画设计功能模拟施工效果。在模型调整完成后，BIM 设计人员可提供模拟施工效果服务。

本工程结构复杂、系统众多、工程品质要求高，个别管线交错频繁区域的施工工序直接影响一次安装的成功率。针对本项目的特点，在施工前模拟出不同的施工方案，如大型设备吊装方案等，通过三维、四维 BIM 模型演示，管理者能够更科学、更合理地对重点、难点进行施工方案模拟及施工指导。

在本项目实施过程中，针对 82F 冷冻机吊装与拖运方案，技术人员最初采用了传统方法，根据冷冻机外形参数,在叠加的建筑结构二维图上找到了一条拖运路线,并设计了一个吊装平台,将六台机组分别拖运到位的 1 号方案。

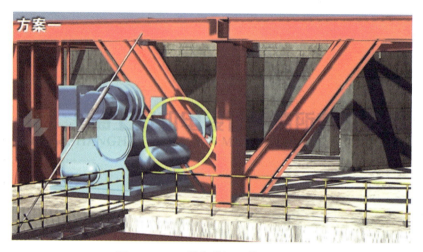

图 5.27　82F 设备模拟吊装 1 号方案

针对 1 号方案,在模型模拟时发现拖运路线中有多处结构阻挡,如图 5.27 所示,而这在二维方案中无法反映出来,因此确定这一方案在现场是无法实现的。

因此,技术人员设想为每台冷冻机就近搭建一个吊装平台,分别吊装到位的 2 号方案,如图 5.28 所示。经论证此方案虽然可避免拖运路线中结构阻挡,但六个吊装平台的搭建不仅会提高施工成本,并且给施工带来了更多的安全隐患,经分析,该方案被认定为无其他可行方案情况下的备选方案。

图 5.28　82F 设备模拟吊装 2 号方案

通过多次的模型模拟与讨论,最终获得了一个由四个平台分别吊装与拖运的方案,如图5.29所示,被确定为最终方案。相对减少了可预见的项目成本与不安全因素。

图5.29　82F设备模拟吊装3号方案

在施工前将不同的施工方案模拟出来,并向项目管理人员和专家讨论组提供分专业、总体、专项等特色化演示服务,给予其更为直观的可视化方案,帮助他们确定更加合理的施工方案,为工程的顺利竣工提供了保障。

同时,通过BIM软件平台可把经过各方充分沟通和交流后建立的四维可视化虚拟拼装模型作为施工阶段工程实施的指导性文件。通过三维BIM模型演示,管理者可以更科学、更合理地制定施工方案,直接体现施工的界面及顺序。本项目某区域进行机电工程虚拟拼装方案模拟如下所示:

(1) **联合支架及C型吊架现场安装(图5.30)**

图5.30　上海中心项目某层走道支架安装模拟

（2）桥架现场施工安装（图5.31）

图5.31　上海中心项目某层走道桥架安装模拟

（3）各专业管道施工安装，管道通过添加卡箍固定，喷淋主管进行安装（图5.32）

图5.32　上海中心项目某层走道水管干线安装模拟

（4）空调风管、排烟管线安装（图5.33）

图5.33　上海中心项目某层走道空调、排烟管道安装模拟

（5）根据吊顶要求安装空调、排烟及喷淋管道末端（图5.34）

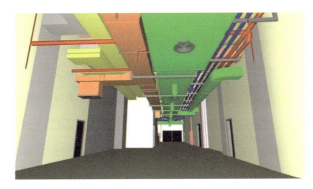

图5.34　上海中心项目某层管线末端安装模拟

（6）吊顶安装，室内精装（图5.35）

图5.35　上海中心项目某层管线吊顶精装模拟

从上述过程可以看出，机电设备工程可视化虚拟拼装模型在施工阶段中实现了，各专业都以四维可视化虚拟拼装模型为依据进行施工的组织和安排，清楚知道下一步的工作内容，严格要求各施工单位按图施工，减少了返工情况发生。借助BIM技术在施工进行前对方案进行模拟，找寻问题并给予优化，同时进一步加强施工管理对项目施工进行动态控制。当现场施工情况与模型有偏差时，及时调整并采取相应的措施。通过将施工模型与企业实际施工情况不断地对比、调整，改善企业施工控制能力，提高施工质量，确保施工安全，使企业在现场施工管理工作上能全面掌控。

本项目中的BIM应用提高了专项施工方案的质量，使其更具有可建设性。利用BIM软件在施工方案模拟的动画中，侧重具体的重点、难点部位施工工序的先后关系，详细地对各个工序之间的先后关系进行描述，使具体施工人员可以一目了然地了解施工的先后顺序，并准确有效地完成重要节点的施工工作，提高了整个施工效率与质量。

5.3.6 基于BIM的工程算量

本项目利用BIM技术按需对项目进行基本材料统计。利用计算机三维模型所形成包含建筑生命周期中大量信息的数据库，当这些数据库信息在建筑全工程中动态变换调整，能够及时地调用系统数据库中包含的相关数据，加快决策进度、提高决策质量，从而提高项目质量，降低项目成本，增加项目利润。在模型基本材料统计工作中，无需进行抄图、绘图等重复工作量，降低了工作强度，提高了效率。此外，BIM模型基本材料统计按分专业、分种类的方式进行多样性基本材料统计。按照各专业统计方式可分为水、电、风三大专业，每个大专业下分为数个小专业，按种类统计方式又可分为管道、配件、附件三大类，通过灵活性分类组合使得工程量统计更加精细化。

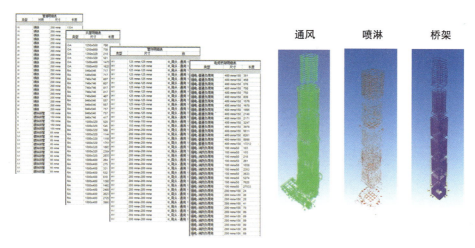

图 5.36 上海中心项目 BIM 基本材料统计表

由于BIM模型统计的材料为模型中实际所需的材料，未考虑正常施工损耗或现场施工误差等一系列因素，因此需要进行适当的处理以指导施工备料。同时应利用传统统计方法统计材料清单，最终提交给业主一份BIM统计的材料清单及一份用传统方式统计的材料清单，以作比较（图5.36）。

5.3.7 基于BIM的可视化交底

在以往的项目中，一般采用深化设计部门把图纸提交给项目各参与方审核，并根据各方意见进行调整修改出图的办法。各施工分包则按照自己对深化设计图纸的理解到现场进行施工。

因此往往发生如下情况：

（1）后道工序提前而造成前道工序无法施工；

（2）分包单位选择对本专业最有利的布局，造成其他专业无法满足设计要求；

（3）工作面交接不清而延误工期等诸多情况。

在本项目施工前，对施工图进行了初步熟悉与复核，通过深入了解设计意图与系统情况，为施工进度与施工方案的编制提供了支持。通过对施工设计的了解，查找项目重点、难点部位，制定了合理的专项施工方案。将施工设计中不明确、不全面的问题记录，并与设计院、业主进行沟通与讨论。例如：系统优化、机电完成标高以及施工关键方案的确定等问题。同时，利用已有的 BIM 模型及其四维模拟方式，对各专业分包单位在施工前，尤其是施工重点部位进行清晰、形象的深化设计交底。讨论并明确各专业在综合管线中的确切位置及施工顺序，并形成可视化会议纪要。交底具体流程如下：

（1）BIM 团队会采用 Autodesk Revit 系统软件，根据本工程的建筑、结构以及机电系统等施工设计图纸进行三维建模。

（2）通过建模工作可以查核各专业原设计中不完整、不明确的部分，经整理后提供给业主，并转交给设计单位。

（3）利用模型进一步确定施工重点、难点部位的设备布局、管线排列以及机电完成标高等。

（4）结合 BIM 技术的设计能力，对各主要系统进行详细的复核计算，提出优化方案供业主参考。

图 5.37 是上海中心项目设计交底的 BIM 三维模型示例，图 5.38 展示了上海中心项目基于 BIM 模型的设计交底会议现场。

图 5.37 上海中心项目设计交底 BIM 三维模型

图 5.38　上海中心项目基于 BIM 模型的设计交底会议现场

通过基于 BIM 的可视化交底，避免了因"抢进度、抢地盘、图方便"等原因造成错、漏、碰、撞及频繁协调现象，并为质量事故的追述提供依据，减少了各方的沟通障碍，提供最为便利、直观的沟通方式，从而提高工作效率。

5.3.8　基于 BIM 的现场测绘和放样

上海中心整体为挑空结构，设备层内桁架、斜撑众多，任意一个设备层，一根根参天的立柱和横生的桁架，就仿佛是一个由钢筋混凝土搭建而成的城市森林。同时，上海中心设备层中还具有多个系统和大型设备，大量的板式交换器、水泵、冷冻机、消防火箱、生活水箱、变电站等大型专业设备和机电管线，这些设备和管线只能在桁架钢结构有限的三角空间中进行排布，若钢结构现场施工桁架角度发生偏差或者高度发生偏移，轻则影响到机电管线的安装检修空间，重则使得机电管线无法排布，施工难以进行。所以，通过现场测绘和放样技术，对现场设备层钢结构，尤其是桁架区域进行了测绘，以验证该项目钢结构设计与施工的精确性。

本项目选用了精度高、性能稳定、自动化程度高的全站仪设备，精度可充分满足项目要求，并利用 BIM 模型在 Revit 中对关键点进行标点。

放样管理器
Trimble LM80-
无线型号
（NOMAD）

机器人全站仪
Trimble RTS655

图 5.39　上海中心项目现场测绘及放样设备

现场测绘复核和放样技术能使 BIM 建模更好地指导现场施工，实现 BIM 的数字化复核及建造。通过把现场测绘技术运用于机电管线深化、数字化预制复核和施工测绘放样之中，为机电管线深化和数字化加工质量控制提供保障。同时运用现场测绘技术将深化图纸的信息全面、迅速、准确地反映到施工现场，保证施工作业的精确性、可靠性及高效性。图 5.39 是上海中心项目现场测绘及放样设备。该项目中通过放样管理器与机器人全站仪配合使用，将在机电应用中实现以下几点：

（1）测量模型与实际的误差，实现精确设计

在数字化加工复核工作中可以利用测绘技术对预制厂生产的构件进行了质量检查复核，通过对构件的测绘形成相应的坐标数据，并将测得的数据输入到计算机中，在软件中比对构件是否和数字加工图上的参数一致，或通过 BIM 三维施工模型进行构件预拼装及施工方案模拟，结合机电安装实际情况判断该构件是否符合安装要求，对于不符合施工安装相关要求的构件可令预制加工厂商进行重新生产或加工。所以通过先进的现场测绘技术不仅可以实现数字化加工过程的复核，还能实现 BIM 三维模型与加工过程中数据的协同和反馈。

同时，由于测绘放样设备的高精度性，在施工现场通过仪器可测得实际建筑结构专业的一系列数据，通过信息平台传递到企业内部数据中心，经计算机处理可获得模型与现场实际施工的准确误差。通过现场测绘可以将核实、报告等以电子邮件形式发回以供参考。按照现场传送的实际数据与 BIM 数据的精确对比，根据差值对 BIM 模型进行相应的修改调整，使模型与现场高度一致，为 BIM 模型机电管线的精确定位、深化设计打下坚实基础，也为预制加工提供有效保证。此外，对于修改后深化调整部分，尤其是之前测量未涉及的区域将进行二次测量，确保现场建筑结构与 BIM 模型以及机电深化图纸相对应，保证机电管线综合可靠性、准确性和可行性。实现无需等候第三方专家，即可通过发送和接收更新设计及施工进度数据，高效掌控作业现场。

上海中心现场寻找基准点、基准线，对 BIM 模型中标注点的进行测绘，通过现场测绘实施竣工核查，并将核实、报告等以电子邮件形式发回以供参考。通过按照现场传送的实际数据与 BIM 数据的精确对比，根据差值对 BIM 模型进行相应的修改调整，保证土建模型与现场一致性，为机电管线预制加工、装配化施工提供保障。此外，对于修改后深化调整部分，尤其是之前测量未涉及的区域将进行二次测量，确保现场建筑结构与 BIM 模型以及机电深化图纸相对应，保证机电管线综合可靠性、准确性和可行性。图 5.40 是上海中心项目基于 BIM 的现场测绘流程。

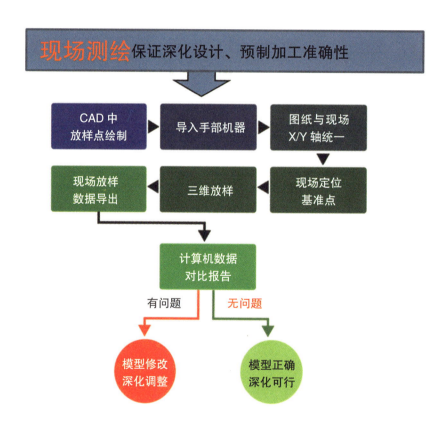

图 5.40　上海中心项目现场测绘流程

图 5.41～图 5.44 是上海中心设备层某桁架的测量点平面布置图及剖面图，该图中标识的点为对机电深化具有影响的关键点。

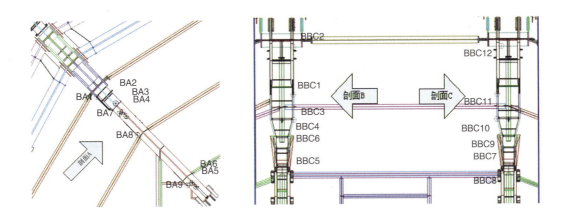

图 5.41　上海中心设备层桁架 BIM 模型中测绘标识点平面布置图

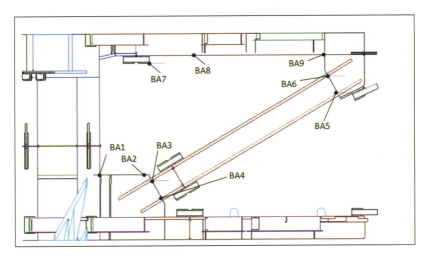

图 5.42　上海中心设备层桁架测绘标识点剖面图（一）

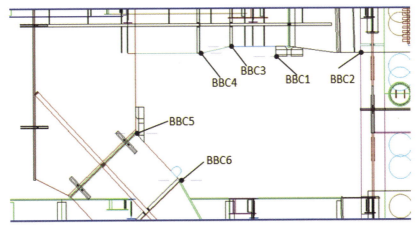

图 5.43　上海中心设备层桁架测绘标识点剖面图（二）

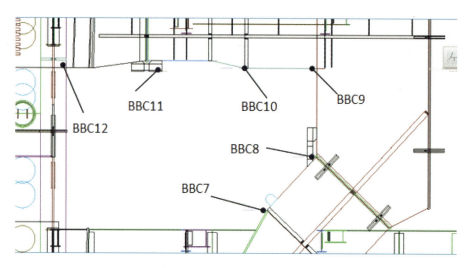

图 5.44　上海中心设备层桁架测绘标识点剖面图（三）

通过对设备层所有关键点的现场测绘，得到数据表（表 5.6、表 5.7），并进行设计值和测定值的误差比对。

表 5.6　上海中心设备层桁架测绘结果数据表（一）

编号	设计值			测定值			误差值			净误差	备注
	X	Y	Z	X	Y	Z	X	Y	Z		
BHI1	4.600	−18.962	314.359	4.597	−18.964	314.361	0.003	0.002	0.002	0.004	基准点
BHI8	−4.600	−17.939	315.443	−4.602	−17.931	315.447	0.002	0.008	0.004	0.009	基准点
BHI2	4.600	−17.939	315.443	4.572	−17.962	315.449	0.028	0.023	0.006	0.037	
BHI3	4.600	−19.435	317.250	4.576	−19.448	317.251	0.024	0.013	0.001	0.027	
BHI4	4.425	−20.135	317.400	4.397	−20.146	317.403	0.028	0.011	0.003	0.030	
BHI5	4.440	−21.191	317.176								辅助构件已割除
BHI6	4.425	−23.203	317.250								混凝土包围
BHI7	−4.600	−18.962	314.359	−4.584	−18.974	314.359	0.016	0.012	0.000	0.020	
BHI9	−4.600	−19.435	317.250	−4.586	−19.443	317.260	0.014	0.008	0.010	0.019	
BHI10	−4.425	−20.135	317.400	−4.424	−20.135	317.440	0.001	0.000	0.040	0.040	
BHI11	−4.440	−21.191	317.176								辅助构件已割除
BHI12	−4.425	−23.203	317.250								混凝土包围

表 5.7 上海中心设备层桁架测绘结果数据表（二）

编号	设计值			测定值			误差值			净误差	备注
	X	Y	Z	X	Y	Z	X	Y	Z		
BBC5	−4.600	17.940	315.443	−4.578	17.960	315.442	0.022	0.020	0.001	0.030	基准点
BBC8	4.600	17.940	315.443	4.584	17.949	315.440	0.016	0.009	0.003	0.019	基准点
BBC1	−4.440	21.191	317.176	−	−	−	−	−	−	−	辅助构件已割除
BBC2	−4.425	23.205	317.250	−	−	−	−	−	−	−	混凝土包围
BBC3	−4.425	20.135	317.400	−4.390	20.136	317.420	0.035	0.001	0.020	0.040	
BBC4	−4.600	19.435	317.250	−4.537	19.444	317.238	0.063	0.009	0.012	0.065	
BBC6	−4.600	18.964	314.359	−4.540	18.956	314.379	0.060	0.008	0.020	0.064	
BBC7	4.600	18.964	314.359	4.629	18.952	314.379	0.029	0.012	0.020	0.037	
BBC9	4.600	19.435	317.250	4.578	19.442	317.234	0.022	0.007	0.016	0.028	
BBC10	4.425	20.135	317.400	4.396	20.142	317.400	0.029	0.007	0.000	0.030	
BBC11	4.440	21.191	317.176	−	−	−	−	−	−	−	辅助构件已割除
BBC12	4.625	23.205	317.250	−	−	−	−	−	−	−	混凝土包围

利用得到的测绘数据进行统计分析如图 5.45、图 5.46 所示，项目该次测量点共设计 64 测量点，由于现场混凝土已经浇注、安装配件已经割除等原因共测得有效测量点 36 个。最小误差 0.002m，最大误差 0.076m，平均误差 0.031m。

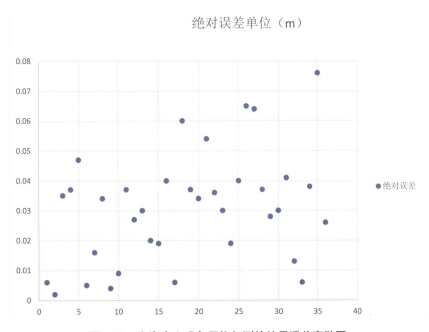

图 5.45 上海中心设备层桁架测绘结果误差离散图

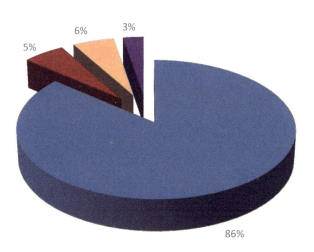

图 5.46 上海中心设备层桁架测绘结果误差分布图

从测量数据可看出,误差分布在 5cm 以下较为集中的共 31 个点,5~6cm 的 2 个点;6~7cm 的 2 个点,7~8cm 的 1 个点,为可接受的误差范围,故认为被测对象的偏差满足建筑施工精度的要求,亦可认为该设备层的机电管线深化设计能够在此基础上进行开展,并实现按图施工。

通过现场测绘将现场传送的实际数据与 BIM 数据的精确对比,根据差值对 BIM 模型进行相应的修改调整,实现模型与现场高度一致,为 BIM 模型机电管线的精确定位、深化设计打下坚实基础,也为该项目预制加工提供有效保证。

(2)高效放样,精确施工

现场放样保证了现场能够充分实现按图施工、按模型施工,将模型中的管线位置精确定位到施工现场,如:风管在 BIM 模型中离墙的距离为 500mm,通过创建放样点到现场放样,可以精确捕捉定位点,确保风管与墙之间的距离。管线支架按照图纸 3m 一副的距离放置,以往采用的是人工拉线方式,现通过现场放样,高效定位,降低误差,确定放样点后设备发射激光于楼板显示定位点,施工人员在激光点处绘制标记即可。操作流程如图 5.47 所示。

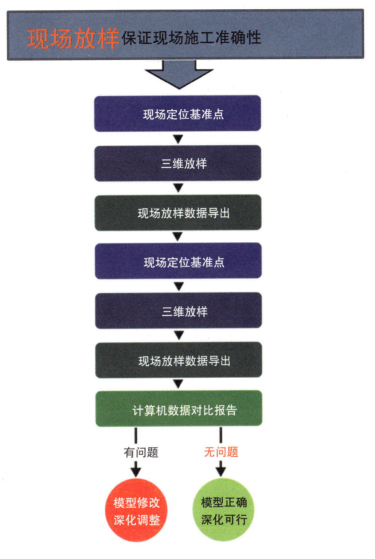

图 5.47　上海中心现场定位及放样流程

现场测绘保证了现场能够充分实现按图施工、按模型施工，将模型中的管线位置精确定位到施工现场，利用全站仪附带的软件插件在 CAD 和 Revit 软件中对需测量管线的标点，将修改后的 CAD 文件传入放样管理器，准备工作完成。然后现场对测试仪表进行定位，找到现场的基准点，即图纸上的轴线位置，只要找到 2 个定位点，设备即可自动测量出于这 2 个定位点之间的位置偏差，去确定现在设站位置。确定平面基准点后还需要设定高度基准，现场已划定一米线，使用定点测量后就可获得。图 5.48 是上海中心现场测绘、定位及放样示例，图 5.49 是上海中心现场平面基准点确定示例。

图 5.48　上海中心现场测绘、定位及放样

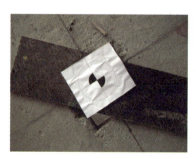

图 5.49　上海中心现场平面基准点确定

通过现场测绘可以实现在 BIM 模型中调整修改，确保机电模型无碰撞后，按模型和图纸创建放样点到现场进行施工放样。本项目对风管和桥架进行了现场放样，同时将放样信息以电子邮件的形式直接发送至作业现场或直接连接设备导入数据，实现现场利用电子图纸施工，最后在施工现场定位创建基准点，根据创建的放样点轻松放样，有效确保机电深化后预制管线的高效安装、精确施工。现场示例如图 5.50、图 5.51 所示。

图 5.50　标准层风管现场全站仪放样点图　　图 5.51 施工员放样点进行标记

现场棱镜寻找基准点、基准线，全站仪现场放样、施工员放样点标记，高效放样实现现场精确施工。现场测绘保证了现场能够将模型中的管线位置精确定位到施工现场。通过创建放样点到现场放样，可以精确捕捉定位点，确保管线间距离，实现通过现场放样，高效定位，降低误差。本项目中采用的现场测绘技术在机电管线深化、预制和施工之中的运用，为机电管线预制加工、装配化施工提供了保障。同时，现场放样技术实现精确放样定位，提高了施工准确度。

5.4 BIM 交付管理

深化设计过程中 BIM 模型和深化图纸的质量对项目的实施开展具有极大的影响，根据以往 BIM 应用的经验来看，当前主要存在着 BIM 专业的错误建模、各专业 BIM 模型版本更新不同步、选用了错误或不恰当的软件进行 BIM 深化设计、BIM 深化出图标准不统一等问题。如何通过有效的手段和方法对 BIM 深化设计进行质量控制和保证、实现在项目实施推进过程中 BIM 模型的准确利用和高效协同，是各施工企业需要考量和思索的关键。为了保证 BIM 模型的正确性和全面性，本项目从提交、接收两方面对交付内容、格式、深度提出相应标准（表 5.8）。

表 5.8　上海中心项目 BIM 交付内容及格式

提交方	接收方	提交时间	提交内容格式
上安机电	上海中心项目总包	约定时间	提交电子版： 1. 模型资料包含模型文件、说明文档，模型文件夹及文件命名格式符合规定的命名架构 2. 图纸文档应与模型文档对应 3. 文件交付格式为合同约定格式 4. 所负责区域内模型碰撞检测无撞点
机电专业分包	上安机电	约定时间	提交电子版： 1. 模型资料包含模型文件、说明文档，模型文件夹及文件命名格式符合规定的命名架构 2. 模型深度不得低于 LOD300 3. 文件交付格式为合同约定格式 4. 模型内容与图纸内容表达相一致

BIM 模型的精度、深度要求对整个机电工作开展有很大的影响，模型精细程度低会导致表达模糊，无法达到预计效果，模型精细程度高会导致硬件压力过大、操作效率低下等问题。为

了确保后续工作的顺利实施，本项目从 LOD200 建模标准开始，严格按照 BIM 模型进度标准分阶段实施 LOD300、LOD400、LOD500 标准，精细建模，确保每一阶段模型参数信息可靠，如表 5.9 所示。

表 5.9 各建模阶段模型深度标准

建模阶段	图片示意	具体做法
基础建模阶段 LOD300	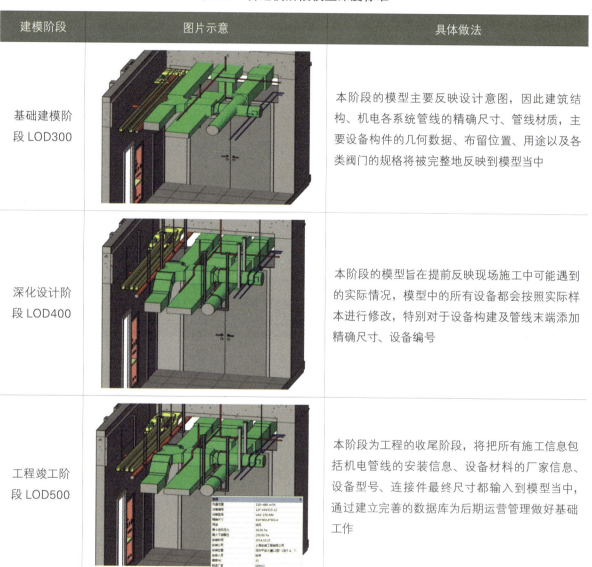	本阶段的模型主要反映设计意图，因此建筑结构、机电各系统管线的精确尺寸、管线材质、主要设备构件的几何数据、布留位置、用途以及各类阀门的规格将被完整地反映到模型当中
深化设计阶段 LOD400		本阶段的模型旨在提前反映现场施工中可能遇到的实际情况，模型中的所有设备都会按照实际样本进行修改，特别对于设备构建及管线末端添加精确尺寸、设备编号
工程竣工阶段 LOD500		本阶段为工程的收尾阶段，将把所有施工信息包括机电管线的安装信息、设备材料的厂家信息、设备型号、连接件最终尺寸都输入到模型当中，通过建立完善的数据库为后期运营管理做好基础工作

通过对 BIM 模型的交付内容、格式和深度的规范，和各分包单位的模型有效地统一起来，为模型的链接和使用打下了坚实的基础。同时，在不同的阶段交付不同精度和深度的模型，减轻了系统硬件压力，提高了工作效率。

5.5 结论与展望

BIM机电深化设计人员通过与BIM技术相结合,实现在施工单位进场前完成综合调整、管段工厂化预制、方案预演等前期准备,在精确施工、精确计划、绿色施工、节约造价、提升效益方面发挥着巨大的作用。BIM设计师结合预制加工技术利用精确的BIM模型作为预制加工设计的基础模型,在提高预制加工精确度的同时,减少了现场测绘工作量,为加快施工进度、提高施工质量管理提供有力保证。

在整个"上海中心"机电安装工程中,BIM技术辅助深化设计不仅在其过程中提高了设计的合理性和准确性,还帮助现场施工单位调整了施工作业方式,减少施工过程的错、漏、碰、撞,提高了一次安装成功率,减少施工过程中的时间、人力、物力浪费,为方案优化、施工组织提供科学依据。本项目利用BIM技术改善了项目产出和团队合作,三维可视化更便于沟通,提高了企业竞争力,减少了信息请求,缩短了5%~10%的施工周期,减少了20%~25%的各专业协调时间。

此外,通过上海中心大厦项目的成功运用,总结出了一套专业、完善、可行的设计制度规范,为BIM技术更好的推广打下坚实基础。同时,总结提炼出多项发明及实用新型专利(图5.52),为上安机电BIM技术更好的发展提供了强有力的技术保障。

图5.52 上安机电发明及实用新型专利

下一阶段将利用 BIM 技术结合运维管理技术实现机电设备的运维管控。开发并运用 BIM 软件强大的专业协调平台，集成各个专业的详细资料信息，使以后的高效运营维护成为可能。把 BIM 虚拟技术与物业管理系统完美结合，形成建筑物业管理平台。实现建筑、机电、结构专业的 BIM 模型的整合，以及设备厂商、维护资料、竣工图纸等相关信息的统一集成，为后期的物业管理提供便捷。图 5.53 是本项目中利用 BIM 技术的效益统计。

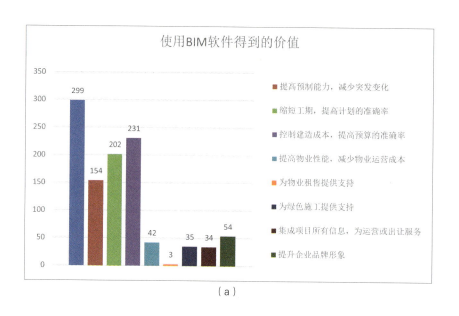

(a)

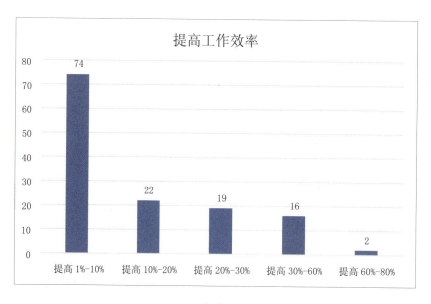

(b)

图 5.53　BIM 项目的效益统计

本项目在实施过程中，由于现场的施工员习惯于传统的施工模式，对 BIM 技术往往持观望态度，因此，施工现场还是传统的施工模式占主导地位，使得 BIM 技术的诸多应用不能直接应用于施工过程中。这样，传统的施工模式与 BIM 施工模式就有所冲突，导致 BIM 技术的一些应用无法大力推广，比如，基于 BIM 的自动化预制加工技术、基于 BIM 的工程算量技术、基于 BIM 的机电现场测绘放样技术等。目前这几项新技术还处于试用阶段，随着 BIM 技术的进一步推广，将会大规模地使用到项目中，为项目的顺利实施奠定基础。

专家寄语：

上海中心大厦作为第一个全过程使用 BIM 技术的项目，对 BIM 技术的应用仍在探索和实践过程中。其中，有运用 BIM 新技术后的甘之如饴，也有运用中遇到的困难和荆棘，但我们相信目前所有的努力都会对上海中心大厦这座融汇了中华文明内涵与西方建筑艺术的摩天巨作带来不同的新气象。通过 BIM 技术解决了多项项目实施过程中的难题，在未来我们仍将不断地通过项目应用对 BIM 技术和标准进行新的探索，确保 BIM 技术尤其是核心技术的可操作性，通过项目经验归纳，提升、完善现有的操作性流程，从理论概要到细枝末节实现条理化、规范化以及标准化，为 BIM 技术更好的推广打下坚实基础！

作为上海开埠 167 年发展成就的重要见证，上海的又一建筑传奇"上海中心"大厦把 BIM 技术引入到项目设计、建设与管理之中。作为本项目机电分包承包的 BIM 服务团队，我们尽全力为世人展现又一座融汇了中华文明内涵与西方建筑艺术的摩天巨作。上海中心大厦将是符合中国绿色建筑评价体系和美国 LEED 绿色建筑认证体系的摩天大楼。

——上海市安装工程集团有限公司　于晓明

附 录

附录一　上安机电深化设计各专业 BIM 建模规范

在建模过程中对 BIM 模型包含的构件及其建模详细程度标准的制定，是 BIM 模型数据信息达到良好完整性、规范性，减少冗余的必要保障。机电各专业的建模规范规定如下。

（1）给排水专业 BIM 建模规范

- 底图

以给排水 CAD 平面图为底图。底图应以基准点（0，0，0）命令，旋转角度为 0°，使所有底图在导入时统一定点位置。

- BIM 模型图层及系统色彩区分

给排水专业常用的各专业图层颜色如表 F.1 所示。

表 F.1　给排水专业常用图层颜色

名称	颜色	用途	R G B
GJ	（颜色）	给水管（直接利用市政压力的给水管）	0，255，0
J	（颜色）	给水管（生活水泵加压后的给水管）	0，255，0
RJ	（颜色）	热水管	255，0，0
RH	（颜色）	热水回水管	255，127，0
ZY	（颜色）	直饮水给水管	0，127，255
F	（颜色）	废水管	0，127，255
T	（颜色）	通气管	0，127，255
ZJ	（颜色）	中水给水管	127，63，0
Y	（颜色）	重力雨水管	0，0，0
YY	（颜色）	压力雨水管（雨水泵压力管、虹吸雨水管）	0，0，0
W	（颜色）	重力污水管	255，0，0
YW	（颜色）	压力污水管（污水泵压力管）	255，0，0
F	（颜色）	重力废水管	255，0，255
YF	（颜色）	压力废水管（废水泵压力管）	255，0，255

（2）消防系统 BIM 模型规范

● 底图

以消防专业 CAD 平面图为底图。底图应以基准点（0，0，0）命令，旋转角度为 0°，使所有底图在导入时统一定点位置。

● BIM 模型系统层及系统色彩区分

消防专业常用的各专业图层颜色如表 F.2 所示。

表 F.2　消防专业常用图层颜色

名称	颜色	用途	R G B
XH	（颜色）	消火栓管	255，0，0
XHW	（颜色）	消火栓稳压管	255，0，0
ZP	（颜色）	喷淋管	255，0，0
ZPW	（颜色）	喷淋稳压管	255，0，0
QT	（颜色）	气体灭火管	255，0，0

（3）暖通专业 BIM 模型规范

● 底图

以暖通 CAD 平面图为底图。底图应以基准点（0，0，0）命令，旋转角度为 0°，使所有底图在导入时统一定点位置。

● BIM 模型系统层及系统色彩区分

暖通专业常用的各专业图层颜色如表 F.3 所示。

表 F.3　暖通专业常用图层颜色

名称	颜色	用途	R G B
LB	（颜色）	冷却塔补水管	118，146，60
LN	（颜色）	空调冷凝水管	148，138，84
HWS	（颜色）	空调热水供水管	204，0，204
HWR	（颜色）	空调热水回水管	255，102，204
CHWS	（颜色）	冷冻水供水管	0，176，240
CHWR	（颜色）	冷冻水回水管	102，255，255
CS	（颜色）	冷却水供水管	112，48，160
CR	（颜色）	冷却水回水管	204，102，255
AC_EXTDUCT	（橙色）	排烟风管	255，102，0
AC_FADUCT	（颜色）	空调新风管	0，255，0
AC_SUPDUCT	（颜色）	暖通送风管	0，255，0
AC_REDUCT	（颜色）	暖通回风管	0，255，0

(4) 电气专业 BIM 模型规范

● 底图

以电力桥架 CAD 平面图为底图。底图应以基准点（0，0，0）命令，旋转角度为 0°，使所有底图在导入时统一定点位置。

● BIM 模型系统层及系统色彩区分

电气专业常用的各专业图层颜色如表 F.4 所示。

表 F.4　电气专业常用图层颜色

名称	颜色	用途	R G B
EL	（颜色）	强电	255，255，0
ELV	（颜色）	弱电	112，45，160
WP	（颜色）	电力干线	255，204，0
WL	（颜色）	照明干线	255，255，0
AF	（颜色）	消防（电）	255，0，0
母线槽	（颜色）	母线槽	102，102，153

(5) 其他颜色规范

其他常用的图层颜色如表 F.5 所示。

表 F.5　其他常用图层颜色

名称	颜色	用途	R G B
设备	（颜色）	设备	34，90，158
阀门	（颜色）	阀门	0，153，153
支吊架	（颜色）	支吊架	99，36，35

附录二　上安机电深化设计 BIM 出图规范

我国建筑行业现行的制图标准是基于传统的手工绘图并兼顾了二维 CAD 制图方式制定的，所规定的视图表达方式、绘图符号及标记方法等，主要是为了解决在利用二维图形表示三维对象时的局限，而并没有考虑 BIM 所具有的三维特点和 BIM 应用的需求。

由目前广泛使用的主流 BIM 建模软件自动生成和导出的平、立、剖及局部大样等二维视图，在某些局部表示和标注方法等方面还不符合现行的制图标准。因此，在现行的审核体制和规定改变之前，无法直接提交这样的视图申报获批。目前常用的解决方法是先将 BIM 建模软件自动生成的二维视图导入适当的 2D CAD 软件，进行相应的编辑修改处理，在符合制图标准规定后，再输出制作成二维工程图纸，用于上报审批或按合同交付业主。

在企业内部，由 BIM 建模软件自动生成的二维工程视图应可直接用于施工过程，也可使用经 CAD 软件修改处理后输出制作的二维工程图。为了确保 BIM 制图的流程标准、表达准确、制作规范和外观统一，以实现基于 BIM 制图工作的标准化和规范化，以下是上安机电公司制定的深化设计 BIM 出图规范。

（1）BIM 直接出图应遵循的原则

- 在行业准备接受 BIM 作为合同文件的一部分之前，需要项目成员统一二维图纸的标准以作为合同文件的组成部分。二维图纸包括平面、剖面、立面、详图和信息联络单等。
- 推荐直接从 BIM 模型中生成二维图纸，以尽可能避免不一致的出现。不是从 BIM 模型中产生的二维图纸/详图应当被清楚标示。
- 当各自专业团队维护他们的图纸列表、图纸计量和清单命名系统时，团队应当确定一个关于视图、图例、目录、清单和链接的通用的命名规则，使二维设计图纸、招投标图纸、工作图纸和竣工图保持相互对应。
- 应该根据图纸的用途来确定图纸中应包含哪些设计信息，而不要包含多余的信息。
- 为了最大限度地提高效率，应在不损害质量和完整性的情况下尽可能地降低详细度。
- 应尽可能减少图纸数量，并以合乎逻辑的方式对其进行组织。
- 随着设计的不断演进和修改，务必避免视图重复，以保持其完整性。
- 采用数量精简而高效的详图，尤其是避免重复性绘制详图。
- 要在 BIM 环境内生成工程图，首先要在 Revit 软件内部将视图、详图索引、立面图和图纸等内容完全关联起来。BIM 出图前应小心检查，以确保所有链接数据均有效、可见。

（2）从视图 / 输出文件编制图纸

从 BIM 环境中导出视图到 CAD 中进行成图，或用作其他 CAD 图纸的底图，应把视图放置在素线框中，并清晰标明以下内容：

- 此数据仅作参考之用；
- 数据详细来源；
- 制作或发布此图的日期。

从 BIM 环境中导出视图到 CAD 中进行成图应遵循的原则：

- 只要是从 BIM 导出，用在 CAD 中进行二维详图绘制的输出图纸，设计者均应确保 BIM 中的变更被悉数反映和更新至 CAD 文件，以输出最终的工程图。
- 如果要从 Revit 输出数据到"真实世界"坐标系，那么必须从工作视图（如楼层平面图）进行输出操作，而不是从已经做好的图纸中进行输出操作。
- 在图纸编制前，须检查从 BIM 环境导出的视图 / 输出文件的内容完整性和准确性。
- 为配合公司对 BIM 出图的管控，以及进一步提升 BIM 机电各专业的出图质量，提高制图效率，做到图面清晰、简明，符合设计、施工、存档的要求，适应工程建设的需要，特制定本守则。

①给排水专业 BIM 出图线型标准

图线的宽度 b，应根据图纸的类别、比例和复杂程度，线宽 b 宜为 0.7mm 或 1.0mm。给排水专业出图，线型宜符合表 F.6 的规定。

表 F.6　给排水专业 BIM 出图线性标准

名称	线宽	颜色	R G B	用途
GJ	0.2b	（绿色）	0，255，0	给水管（直接利用市政压力的给水管）
J	0.2b	（绿色）	0，255，0	给水管（生活水泵加压后的给水管）
RJ	0.2b	（红色）	255，0，0	热水管
RH	0.2b	（颜色）	255，127，0	热水回水管
ZY	0.2b	（颜色）	0，127，255	直饮水给水管
DI	0.2b	（颜色）	127，0，255	去离子水管
RM	0.2b	（颜色）	41，165，0	热媒供水管
RMH	0.2b	（颜色）	0，165，124	热媒回水管
ZJ	0.2b	（颜色）	127，63，0	中水给水管
LB	0.2b	（绿色）	0，255，0	冷却塔补水管
Y	0.3b	（青色）	0，255，255	重力雨水管

续表

名称	线宽	颜色	RGB	用途
YY	0.3b	（青色）	0，255，255	压力雨水管（雨水泵压力管、虹吸雨水管）
W	0.3b	（红色）	255，0，0	重力污水管
YW	0.3b	（红色）	255，0，0	压力污水管（污水泵压力管）
F	0.25b	（粉色）	255，0，255	重力废水管
YF	0.25b	（粉色）	255，0，255	压力废水管（废水泵压力管）
KF	0.25b	（颜色）	165，165，0	厨房废水管
KYF	0.25b	（颜色）	165，165，0	厨房压力废水管
KN	0.25b	（颜色）	63，63，127	空调冷凝水管
T	0.25b	（颜色）	0，127，63	通气管
Xj	0.2b	（绿色）	0，255，0	循环给水管
Xh	0.2b	（颜色）	255，127，0	循环回水管
Xp	0.2b	（颜色）	165，165，0	泄水管
Fx	0.2b	（颜色）	63，63，127	反冲洗排污管
CL	0.2b	（颜色）	0，127，63	长效消毒剂管
AL	0.2b	（颜色）	82，165，82	絮凝剂管
pH	0.2b	（颜色）	145，82，165	pH值调节剂管
GAS	0.3b	（颜色）	255，127，0	燃气管
V	0.3b	（颜色）	0，255，127	放散管/透气管
DO	0.3b	（颜色）	82，165，82	柴油供油管
DOR	0.3b	（颜色）	145，82，165	柴油回油管

给水排水专业制图常用的比例，宜符合表F.7的规定。

表F.7 给排水专业BIM出图常用比例

名称	比例	备注
给排水/消防总平面图	1：1000、1：500、1：300、1：250、1：200	宜与总图专业一致
小区道路管道剖面图	1：50、1：20、1：10	
建筑给排水/消防平面图	1：200、1：150、1：100	宜与建筑专业一致
卫生间大样图、泵房平/剖面图、泳池/水景平面	1：100、1：50、1：40、1：30	
管井、水表间等节点详图	1：50、1：30、1：20、1：10、1：5、1：2、1：1、2：1	
设计说明、原理图、透视图	无	以清晰、明朗、不影响阅读为原则

BIM 轴测图应具有相关的尺寸、管径、标高、类别等标注，应配备 BIM 相关的组件图例以便说明。

②消防专业 BIM 出图标准

图线的宽度 b，应根据图纸的类别、比例和复杂程度，线宽 b 宜为 0.7 或 1.0mm。

消防专业出图，线型宜符合表 F.8 的规定。

表 F.8　消防专业 BIM 出图线性标准

名称	线宽	颜色	RGB	用途
XH	0.3b	(红色)	255, 0, 0	消火栓管
XHW	0.3b	(红色)	255, 0, 0	消火栓稳压管
ZP	0.3b	(粉色)	255, 0, 255	喷淋管
ZPW	0.3b	(粉色)	255, 0, 255	喷淋稳压管
QT	0.3b	(红色)	255, 0, 0	气体灭火管

消防专业制图常用的比例，宜符合表 F.9 的规定。

表 F.9　消防专业 BIM 出图常用比例

名称	比例	备注
给排水／消防总平面图	1：1000、1：500、1：300、1：250、1：200	宜与总图专业一致
小区道路管道剖面图	1：50、1：20、1：10	
建筑给排水／消防平面图	1：200、1：150、1：100	宜与建筑专业一致
卫生间大样图、泵房平／剖面图、泳池／水景平面	1：100、1：50、1：40、1：30	
管井、水表间等节点详图	1：50、1：30、1：20、1：10、1：5、1：2、1：1、2：1	
设计说明、原理图、透视图	无	以清晰、明朗、不影响阅读为原则

BIM 轴测图应具有相关的尺寸、管径、标高、类别等标注，应配备 BIM 相关的组件图例以便说明。

③暖通专业 BIM 出图标准

图线的宽度 b，应根据图纸的类别、比例和复杂程度，线宽 b 宜为 0.7mm 或 1.0mm。暖通专业出图，线型宜符合表 F.10 的规定。

表 F.10 暖通专业 BIM 出图线性标准

名称	线宽	颜色	R G B	用途
AC_GTEXT	0.20b	（颜色）	0，255，255	公共标注
AC_ATEXT	0.20b	（颜色）	0，255，255	通风系统标注
AC_WTEXT	0.20b	（颜色）	0，255，255	空调水系统标注
AC_FIRE_T（JYBZ）	0.20b	（颜色）	0，255，255	消防加压送风管标注
AC_FIRE_T（PYBZ）	0.20b	（颜色）	0，255，255	消防排烟风管标注
AC_FCU_T	0.20b	（颜色）	0，255，255	风机盘管标注
AC_AHU_T	0.20b	（颜色）	0，255，255	空调箱标注
AC_FAN_T	0.20b	（颜色）	0，255，255	风机标注
AC_OTHER_EQ_T	0.20b	（颜色）	0，255，255	其他设备标注
DO	0.50b	（颜色）	114，153，76	柴油供油管
DOR	0.50b	（颜色）	114，153，76	柴油回油管
AC_OIL_FIT	0.35b	（颜色）	204，204，102	油管管件
S	0.50b	（颜色）	0，255，191	蒸汽管
SC	0.35b	（颜色）	204，204，102	蒸汽凝结水管
L	0.25b	（颜色）	255，255，0	冷媒管
CWS	0.50b	（颜色）	159，127，255	冷冻供水管
CWR	0.50b	（颜色）	159，127，255	冷冻回水管
AC_CW_FIT	0.35b	（颜色）	127，255，0	冷冻水管件
CS	0.50b	（颜色）	0，255，255	冷却供水管
CR	0.50b	（颜色）	0，255，255	冷却回水管
AC_C_FIT	0.35b	（颜色）	127，255，0	冷却水管件
HWS	0.50b	（颜色）	255，0，191	热水供水管
HWR	0.50b	（颜色）	255，0，191	热水回水管
AC_HW_FIT	0.35b	（颜色）	127，255，0	热水管件
CHWS	0.50b	（颜色）	0，0，255	冷热水供水管
CHWR	0.50b	（颜色）	0，0，255	冷热水回水管

续表

名称	线宽	颜色	R G B	用途
AC_CHW_FIT	0.35b	（颜色）	127，255，0	冷热水管件
– KN – KN –	0.35b	（颜色）	191，255，0	冷凝水管
AC_SUPDUCT	0.50b	（颜色）	0，153，153	送风管
AC_SUPFIT	0.35b	（颜色）	0，255，0	送风管管件
AC_EXTDUCT	0.50b	（颜色）	0，0，0	排风管
AC_EXTFIT	0.35b	（颜色）	0，255，0	排风管管件
AC_FADUCT	0.50b	（颜色）	0，0，0	新风管
AC_FAFIT	0.35b	（颜色）	0，255，0	新风管管件
AC_REDUCT	0.50b	（颜色）	0，153，153	回风管
AC_REFIT	0.35b	（颜色）	0，255，0	回风管管件
AC_VENDUCT	0.50b	（颜色）	0，0，0	通风管
AC_VENFIT	0.35b	（颜色）	0，255，0	通风管管件
AC_FLUE	0.50b	（颜色）	255，0，255	烟囱
AC_FCU	0.25b	（颜色）	63，255，0	风机盘管
AC_AHU	0.35b	（颜色）	63，255，0	空调箱
AC_FAN	0.25b	（颜色）	63，255，0	风机
AC_FA_DIF	0.25b	（颜色）	0，255，0	新风风口
AC_DIF（H）	0.25b	（颜色）	0，255，0	回风风口
AC_DIF（S）	0.25b	（颜色）	0，255，0	送风风口
AC_VEN_DIF	0.25b	（颜色）	0，255，0	排风风口
AC_FIRE（JY）	0.50b	（颜色）	255，0，0	消防加压送风管
AC_FIRE（PY）	0.50b	（颜色）	255，223，127	消防排烟风管
AC_FIRE_FIT（JY）	0.35b	（颜色）	0，255，0	消防加压送风管管件
AC_FIRE_FIT（PY）	0.35b	（颜色）	0，255，0	消防排烟风管管件
AC_FIRE_DIF（JY）	0.25b	（颜色）	255，255，0	消防加压送风口
AC_FIRE_DIF（PY）	0.25b	（颜色）	127，255，0	消防排烟风口
AC_DIMS	0.20b	（颜色）	132，132，132	定位尺寸
AC_OTHER_EQ	0.50b	（颜色）	63，255，0	其他设备
AC_NOTE	0.20b	（颜色）	0，255，255	说明备注

暖通专业制图常用的比例，宜符合表 F.11 的规定。

表 F.11　暖通专业 BIM 出图常用比例

图名	常用比例	可用比例
平面图及剖面图	1：50；1：100；1：150；1：200	1：300
局部放大图、管沟断面图	1：20；1：50；1：100	1：30；1：40；1：50；1：200
索引图，详图	1：1；1：2；1：5；1：10；1：20	1：3；1：4；1：15

④电气专业 BIM 出图标准

图线的宽度 b，应根据图纸的类别、比例和复杂程度，线宽 b 宜为 1.0 或 0.7mm。

电气专业制图，常用的各种线型宜符合表 F.12 的规定。

表 F.12　电气专业 BIM 出图线性标准

名称	线宽	颜色	RGB	用途
E-SY-E	0.35b	（颜色）	127，255，223	系统 - 设备
E-SY-L	0.5b	（颜色）	0，0，0	系统 - 布线
E-SY-M	0.25b	（颜色）	0，255，0	系统 - 中性线
E-SY-P	0.25b	（颜色）	0，255，0	系统 -PE 线
E-SY-N	0.18b	（颜色）	255，255，0	系统 - 标注线
E-SY-T	0.2b	（颜色）	0，255，255	系统 - 标注文字
E-LT-E	0.35b	（颜色）	127，255，223	照明 - 设备
E-LT-L	0.5b	（颜色）	0，0，0	照明 - 布线
E-LT-C	0.35b	（颜色）	255，127，0	照明 - 控制布线
E-LT-B	0.35b	（颜色）	0，255，0	照明 - 线槽
E-LT-N	0.18b	（颜色）	255，255，0	照明 - 标注线
E-LT-T	0.2b	（颜色）	0，255，255	照明 - 标注文字
E-PW-E	0.35b	（颜色）	127，255，223	电力 - 设备
E-PW-L	0.5b	（颜色）	0，0，0	电力 - 布线
E-PW-C	0.35b	（颜色）	255，127，0	电力 - 控制布线
E-PW-G	0.5b	（颜色）	255，0，255	电力 - 接地布线
E-PW-P	0.5b	（颜色）	255，0，255	电力 - 防雷布线
E-PW-B	0.35b	（颜色）	0，255，0	电力 - 线槽

续表

名称	线宽	颜色	RGB	用途
E-PW-N	0.18b	（颜色）	255，255，0	电力 – 标注线
E-PW-T	0.2b	（颜色）	0，255，255	电力 – 标注文字
E-OL-E	0.35b	（颜色）	127，255，223	插座 – 设备
E-OL-L	0.5b	（颜色）	0，0，0	插座 – 布线
E-OL-N	0.18b	（颜色）	255，255，0	插座 – 标注线
E-OL-T	0.2b	（颜色）	0，255，255	插座 – 标注文字
E-FA-E	0.35b	（颜色）	127，255，223	消防报警 – 设备
E-FA-L	0.5b	（颜色）	0，0，0	消防报警 – 信号布线
E-FA-S	0.5b	（颜色）	255，0，255	消防报警 – 电源线
E-FA-P	0.35b	（颜色）	0，255，0	消防报警 – 电话布线
E-FA-R	0.35b	（颜色）	0，255，0	消防报警 – 广播布线
E-FA-C	0.35b	（颜色）	255，127，0	消防报警 – 联动布线
E-FA-B	0.35b	（颜色）	0，255，0	消防报警 – 线槽
E-FA-N	0.18b	（颜色）	255，255，0	消防报警 – 标注线
E-FA-T	0.2b	（颜色）	0，255，255	消防报警 – 标注文字
E-BA-E	0.35b	（颜色）	127，255，223	楼宇自控 – 设备
E-BA-L	0.5b	（颜色）	0，0，0	楼宇自控 – 布线
E-BA-C	0.35b	（颜色）	255，127，0	楼宇自控 – 控制布线
E-BA-B	0.35b	（颜色）	0，255，0	楼宇自控 – 线槽
E-BA-N	0.18b	（颜色）	255，255，0	楼宇自控 – 标注线
E-BA-T	0.2b	（颜色）	0，255，255	楼宇自控 – 标注文字
E-SE-E	0.35b	（颜色）	127，255，223	二次图 – 设备
E-SE-L	0.35b	（颜色）	0，255，0	二次图 – 布线
E-SE-N	0.18b	（颜色）	255，255，0	二次图 – 标注线
E-SE-T	0.2b	（颜色）	0，255，255	二次图 – 标注文字
E-OTHER-E	0.35b	（颜色）	127，255，223	其他 – 设备
E-OTHER-L	0.5b	（颜色）	0，0，0	其他 – 布线
E-OTHER-B	0.35b	（颜色）	0，255，0	其他 – 线槽
E-OTHER-N	0.18b	（颜色）	255，255，0	其他 – 标注线
E-OTHER-T	0.2b	（颜色）	0，255，255	其他 – 标注文字

电气专业制图常用的比例，宜符合表 F.13 的规定。

表 F.13 电气专业 BIM 出图常用比例

图名	常用比例	可用比例
平面图及剖面图	1：50；1：100；1：150；1：200	1：300
局部放大图、管沟断面图	1：20；1：50；1：100	1：30；1：40；1：50；1：200
索引图，详图	1：1；1：2；1：5；1：10；1：20	1：3；1：4；1：15

附录三　BIM 应用相关软件分类及简介

BIM 软件根据模型数据/信息来源和产生方式大致可分为创建生成、使用和管理三大类。通常 BIM 核心建模软件创建生成模型数据/信息，而其他软件根据需求引用相应的数据/信息实现特定应用和管理，也可根据工作内容按照专业或应用范围对 BIM 软件进行分类。

下面根据专业及应用范围对 BIM 软件进行分类，并对部分软件进行简要的介绍。

1. BIM 软件分类列表

软件分类	专业软件	软件名称
数据/信息生成表示类软件	核心建模软件	Autodesk Revit
		Bentley AECOsim Building Designer
		BentleyGenerativeComponents
		NemetschekArchiCAD
		NemetschekAllplan
		NemetschekVectorworks
		TrimbleGT Digital Project
		DassaultCATIA
		4M IDEA Architecture
		CADSoft Envisioneer
	方案设计软件	Trelligence Affinity
		Beck DProfiler
		Softtech SPIRIT
		Onuma Onuma System
	几何造型设计	AutoDesSys Bonzai3D
		AutoDesSys FormZ
		Robert McNeel Rhino
		TrimbleSketchup
数据/信息使用类软件	可视化软件	AutodeskNavisworks
		Autodesk 3ds Max
		Advent Artlantis
		NemetschekMaxon CINEMA 4D

续表

软件分类	专业软件	软件名称
数据/信息使用类软件	建筑性能与环境分析软件（可持续分析）	Autodesk Ecotect Analysis
		AutodeskGreen Building Studio
		Bentley AECOsim Energy Simulator
		Dassault SIMULIA
		美国能源部 EnergyPlus
		Integrated Environmental Solutions IES<VE>
		NemetschekGraphisoftEcoDesigner STAR
		Trane Trace 700
		PKPM
		斯维尔节能/日照
		清华大学 DeST-h /DeST-c
	机电分析/设计软件	Autodesk Fabrication CADmep/CAMduct
		Bentley Hevacomp Electrical/Mechanical Designer
		4MFine HVAC/FineELEC/Fine LEFT/FineSANI
		Design Master HVAC/ Electrical
		GRAPHISOFT MEP Modeler
		Progman MagiCAD
		Nemetschek DDS-CADElectrical/Mechanical & Plumbing
		Trimble DuctDesigner 3D/PipeDesigner 3D
		理正给排水
		天正电气/暖通/给排水
		浩辰电气/暖通/给排水
		鸿业暖通 HYACS/HYMEP for Revit
		博超电气
	结构设计/分析软件	Autodesk Robot Structural Analysis
		ANSYS ANSYS/Structural
		Bentley STAAD.Pro
		Bentley RAM Structural System
		CSI ETABS
		Design Data SDS/2
		Nemetschek Scia
		CSI SAP2000
		Trimble Tekla Structures
		PKPM 结构
		广厦结构
		探索者结构

续表

软件分类	专业软件	软件名称
数据/信息使用类软件	施工管理软件（包括施工可视化模拟分析；施工成本、进度管理；场地布置、现场物流规划管理等）	Autodesk Navisworks
		Autodesk BIM 360 Field
		Autodesk Constructware
		Bentley ConstructSim
		Innovaya Visual 4D Simulation/5D Estimating
		RIB iTWO
		Synchro Professional
		Trimble Vico Office Suite
		Trimble Tekla BIMSight
		PKPM CMIS
		广联达
		鲁班
		斯维尔
数据/信息管理类软件	模型检查软件	Solibri Model Checker
	协同平台	AutodeskVault
		Autodesk BIM 360Glue
		Bentley ProjectWise
		Dassault Enovia
		Nemetschek Bausoftware
	运行维护	ArchiBus
		Autodesk FM：Systems FM：Interact
		Bentley Facilities Manager
		EcoDomus
		Vintocon ArchiFM（For ArchiCAD）
	发布审核	Autodesk Design Review
		Adobe PDF/3D PDF
		Bentley Publisher
		广联达 BIM 审图软件 GMC2013

2.BIM 软件分类简介

（1）BIM 核心建模软件

BIM 建模软件是在基于 BIM 的项目中，用于表达设计意图及创建生成项目工程数据/信息的主要设计工具，是项目后续各项业务 BIM 应用的数据/信息来源和基础。建模软件的数据格式以及与其他 BIM 应用系统的数据/信息交换互用方式，决定了相应 BIM 应用软件系统的选择。因此 BIM 建模软件是工程项目 BIM 应用的核心软件。目前，国内建筑行业比较熟悉和常用的 BIM 建模软件主要包括 Autodesk、Bentley、Nemetschek 和 Dassault 公司的产品。

- Autodesk Revit

Revit 主要是面向民用建筑设计的综合 BIM 软件平台，在统一的环境下，提供建筑、结构、机电专业设计以及施工应用的设计建模功能，覆盖了从概念设计到施工图设计的整个设计过程以及施工深化设计、施工组织设计等施工准备阶段的各种应用需求。除了创建三维设计模型，Revit 还提供了以下功能：生成并管理二维工程图、明细表、统计表等各种工程技术文档；建筑性能环境分析及可视化模拟，包括建筑结构分析、日照/光照模拟分析、建筑能效模拟分析等；内置的渲染引擎可随时快速表现渲染效果，也可借助 Autodesk 的云服务或其他产品实现高质量的渲染效果和漫游动画等可视化应用；通过碰撞检查及各专业模型与中央文件同步更新可实现数据共享及多专业协同，利用 Revit Server 通过广域网还可实现异地多点的远程模型共享和工作协同；Revit 可与 Vault 项目管理软件以及 A360 云服务设施等集成使用。Revit 对于结构构件连接方式、钢筋混凝土结构的钢筋布置等模型细节表达的改进以及施工可视化模拟功能的增强，扩大了其在施工阶段的应用范围。Revit 是目前国内建筑行业较为熟悉并且使用较为广泛的 BIM 核心建模软件，具有很高的市场占有率。

为了方便选用，Autodesk 公司将一系列相关软件组合成软件包，以套件形式提供。包含 Revit 的建筑设计套件 BDS（Building Design Suite）主要针对民用建筑设计，公用基础设施工程可选用基础设施设计套件 IDS（Infrastructure Design Suite），流程化工厂及工业厂房设计可选用流程工厂设计套件 PDS（Plant Design Suite）或制造业工厂布局设计套件 FDS（Factory Design Suite）。

- Bentley AECOsim Building Designer

AECOsim Building Designer 是一套综合的建筑设计 BIM 系统，整合了原有产品 Bentley Architecture、Structural Modeler、Bentley Building Mechanical Systems 和 Bentley Building Electrical Systems，可以在同一个集成环境下实现建筑、结构和机电设备专业的三维设计，功能涵盖了模型创建、模拟分析、文档编制、图纸输出、碰撞检查、渲染动画等模块。可用于任何规模、形式和复杂程度的建筑设计，并全面支持大型、复杂分布式项目团队跨专业的高效沟通协作，是建筑项目工程信息共享、协作的集成平台。

使用 AECOsim Building Designer，项目参与者可以在相同的环境下，采用同一套系统以简化的通用工作流程实现高效协同工作。各专业通过使用协调一致的工具集及构件库有利于执行统一的设计标准，实现项目多专业之间的无缝衔接。

建筑专业：创建表达设计意图的任何模型，并生成准确的技术文档。

建筑师可自由创建及探索多种设计选项，并可测评建筑性能及成本，以制定更为明智的设计决策。利用 Bentley 基于智能几何、生成式设计技术的建模工具 GenerativeComponents，建筑师可方便地创建任意形式、规模及复杂程度的建筑模型，并可在更短时间内试探更多设计选项的各种可能性。在设计过程中还可使用 Bentley AECOsim Energy Simulator 及其他能量分析软件，对建筑性能进行分析及可视化模拟，精确验证设计方案及参数并及时调整、修改设计，以实现高性能的建筑设计。

结构专业：三维建模、分析计算及制造详图集成为一体。

在建模、计算分析及制造详图一体的集成环境下，结构工程师可以创建结构系统模型并生成工程技术文件，利用 Bentley 的 ProStructures 软件并可借助功能更强、更高效的建筑结构分析设计软件，如 Bentley RAM、STAAD，以提高项目质量，同时降低风险及成本。

建筑设备（暖通空调、给排水）专业：包含能量分析，灵活高效的设备系统建模。

工程师可以创建建筑空气处理及给排水系统模型，并可不受限制地探索多种设计选项，通过对系统性能仿真分析的比选，作出更明智的设计决策，同时可预测成本及系统性能。在非常灵活、高效的环境下，还可创建全参数化的建筑设备系统模型，并可使用厂商提供的表示设备系统/部件/组件真实产品的构件库。

电气专业：集成了动力、照明分析的建筑电气设计系统。

支持整个工作流程的所有阶段，从概念设计到施工图设计，从复杂电气系统/子系统的建模到分析计算、生成技术文件，集成了设计、虚拟可视化、生成图纸及材料和成本报表等各项功能。工程师可以在同一个设计环境下完成包括动力和照明系统分析的建筑电气系统设计，并且可以与其他符合行业标准的分析设计软件实现数据双向交换。

- Nemetschek ArchiCAD

ArchiCAD 是出现较早的三维建筑设计建模软件，由于其功能和操作使用方式符合建筑师的工作习惯，并且界面直观，使用相对简便，因此，在国外很受建筑师的欢迎。从 ArchiCAD 15 版起，陆续增加的壳体工具（Shell tool）、变形体工具（Morph tool）等，引入了直接创建更加复杂、特殊空间造型的建模功能。建筑师使用 ArchiCAD 可以自由地表达设计意图，在恰当的视图中创建各种构想的形体，并可轻松修改复杂的模型构件。最新版的 ArchiCAD 18 提供了更为精简的设计工作流解决方案，可以将建筑师创造性的自由设计与其强大的 BIM 功能更加高效地结合起来，有一系列综合工具在项目各相关阶段支持这些过程。如可以选择多个构件一次修改完成，可大大提高建筑师的工作效率。

在创建 BIM 模型的同时，ArchiCAD 可自动创建生成所有必要的文档及图形图像，并可随模型修改自动同步更新。ArchiCAD 18 提供了全新的模型版本管理功能，其版本管理工具（Change tool）可跟踪并自动记录对模型所做的所有修改及变更，发布管理器（Issue

Manager）利用修订历史表确保发布的所有模型及相关文档协调一致。由于 PDF 现已成为美国建筑行业事实上的文档标准，ArchiCAD 18 增强了对 PDF 格式的支持。由 ArchiCAD 发布的 PDF 文档可选择包含图层信息输出，这样，接收方既可查看整个模型也可根据需要分层单独查看。输入到 ArchiCAD 的 PDF 文档也可通过"炸开"图形进行分层处理。这样做不仅仅增加了图层，还可对这些图层分别进行单独管理，如对输入 PDF 文档中的图形元素进行个别编辑修改、尺寸标注或其他操作。输入到 ArchiCAD 的 PDF 图形基本上可以和任何其他矢量图形一样使用，如可以精细调整输入 PDF 图形元素的表示方式，包括线形、线宽、字形转换及属性等。

ArchiCAD 18 内置了新的来自 Maxon 的 CineRender 14 渲染引擎，用以替代早先的 Lightworks。CineRender 可以生成更高质量的渲染效果和更平顺的虚拟漫游动画，是目前业内最先进、功能最强大的渲染器之一。

ArchiCAD 18 全面支持 BIM 协同文件格式 BCF（BIM Collaboration Format）以提高数据互用性，增强协同功能。ArchiCAD 可以与其他支持 BCF 文件格式的 BIM 应用软件如 Solibri Model Checker、TeklaBIMsight、Navisworks、Tekla Structures、Revit、MagiCAD 等无缝集成，还可与基于模型的实时协同工具 BIMcloud 集成，使处于世界不同地区的团队成员使用计算机或移动设备，通过云平台进行协同。

EcoDesigner STAR 是 ArchiCAD 内置的建筑性能及环境分析扩展程序，提供的功能包括气候分析、建筑能量模型标定校准、建筑能效分析优化、低能耗建筑设计辅助等，可帮助建筑师在设计过程中调整、优化设计方案，实现高性节能的建筑设计。

MEP Modeler 是 ArchiCAD 的选配附加模块，可用于建筑机电系统的设计建模。功能包括创建暖通空调系统、给排水系统管线及电气系统的电缆网络布置模型；机电系统设备及终端设备布置模型等，可自动布置管线、电缆并具有碰撞检查功能。MEP Modeler 提供了机电系统、设备构件库并允许用户制作定制构件扩充构件库。

- Trimble GT Digital Project

GT Digital Project 是由 Gehry Technologies 公司在 CATIA V5 上开发的，业内人士通常将 Digital Project 和 CATIA 视为一类软件。其特点是具有强大的复杂空间曲面造型能力，适用于复杂异构的建筑造型建模,并直接支持大型模型和制造过程(具有生成数控加工控制代码功能)。

但是 Digital Project 比较复杂,学习使用困难,初始成本较高,并且二维建筑绘图功能不足。因此，一般用于结构造型复杂、其他软件无法或不便完成的大型复杂项目。

- CATIA

CATIA 是法国达索集团（Dassault）旗下的达索系统公司（Dassault Systèmes）开发的高端 CAD/CAM 软件，一直以其强大的三维复杂实体及空间曲面造型功能著称，广泛应用于航空航天、汽车、造船、通用机械、电子电力、消费品制造等行业，其集成解决方案覆盖了几乎所有机械产品设计与制造领域。作为参数化设计建模工具，CATIA 自带常用标准件及零部件库，并提供在线标准件及零部件数据资源库，包含可直接调用、完整的 ISO／EN／DIN 标准件模型库以及世界各地数百家厂商的零部件产品模型数据资源，包括气动、液压、自动化、五金、管路、操作件、阀门等多个门类，为汽车、航空航天、造船、机械制造等行业提供了强大的专用功能支持。作为长期专注于机械行业设计制造解决方案的软件系统，CATIA 没有专门为 AEC 行业提供专用的参数化模型构件，如墙、梁、柱、板、门窗等。建筑行业的 CATIA 用户，通常仅限于应用在复杂空间形体的建筑造型及外立面表现。为了拓展其产品在建筑行业的应用范围，达索系统公司推出了为建筑行业提供的精益建造解决方案 Lean Construction 3DEXPERIENCE，该方案包括 SOLIDWORKS、GT Digital Project、DRAFTSIGHT、3DSWYM、SIMULIA 等软件产品，其核心建模软件选用的是与 CATIA 具有相同建模引擎，但包含参数化建筑模型构件的 GT Digital Project。

- Vectorworks

Vectorworks 的前身是由位于美国马里兰州哥伦布市的 Diehl Graphsoft 公司 1985 年发布的二维 CAD 软件产品 MiniCAD。早期的 MiniCAD 只能在苹果操作系统 MAC OS 上运行，直到 1996 年，MiniCAD 6 开始支持 Windows。2000 年 Diehl Graphsoft 公司被德国工程软件公司内米切克集团（Nemetschek AG）收购，其产品更名为 Vectorworks，公司名称改为 Nemetschek North America，2011 年公司定名为 Nemetschek Vectorworks。

Vectorworks 的现有产品为建筑设计 BIM 软件，包括 Vectorworks Fundamentals、Architect、Landmark、Spotlight、Designer 和 Renderworks。其中 Vectorworks Fundamentals 是基础模块，提供基本的三维建模功能，包含在其他每个软件中。Architect 是建筑设计软件，Landmark 是建筑景观设计软件，Spotlight 是会展、娱乐场所及灯光效果设计软件，Vectorworks Designer 是包含上述三个软件功能的套件产品，而 Renderworks 是渲染模块组件。

Vectorworks 有着其独特的 BIM 产品开发策略，即将 BIM 功能引入二维 CAD 产品，目的是使建筑师／设计者可不必大幅改变原有的工作方式、习惯和喜好。使用者可以同时在二维或三维模式下工作，Vectorworks 提供了二维及三维建模功能。当从二维模式开始工作时，可以直接利用二维制图工具绘制，也可导入手绘草图、场地图片、扫描图像、数字照片或网络图片以及来自其他应用软件的文档，包括 DXF/DWG 或 DWF 格式文件、Illustrator EPS 和 Photoshop PSD 文件等，经转换形成二维概念草图后，使用建模工具的自由建模模式，移动鼠标通过提拉、移动等操作生成三维模型。在此过程中，智能光标（SmartCursor）可显示提示辅助，如显示前一段直线的角度等，并且可以随光标移动自动推测工作平面。而其三维导览模块可实时以预览方式直接在工作视窗中呈现各种透视角度的三维模型，准确的模型对象信息和灵活的捕捉对齐方式使建模过程更加简便快捷。当以三维模式工作时，在创建三维模型的同时可以在工作视窗中显示其指定的平、立、剖面视图，以方便使用者操作。二维、三维模式之间的相互切换极其简便快捷。

Vectorworks 包含由西门子 PLM 软件公司（Siemens PLM Software）的 Parasolid 三维实体建模引擎和 NURBS 曲面建模工具构成的高级建模组件，可创建具有复杂空间曲面形状的各种模型。并且建模方式灵活多样，利用推、拉、混合、扭曲、雕刻、变形及开洞等建模方式，几乎可以创建任何形状的三维模型。通过直观易用的操作界面，使用者可以从任何一个三维视图，利用具有可以随光标移动自动推测工作平面功能的建模工具进行设计，同时便于管理模型。建模工具的"曲面阵列"功能则允许将二维和三维几何图形分别复制到平面或 NURBS 曲面上，可快速实现复杂模型设计，如异形屋顶组合、幕墙及体育场馆类结构等。

Vectorworks Architect 是用于建筑设计的综合软件工具，能够满足所有设计阶段的使用需求，包括构思、设计、建模、分析及展示等工作均可在一个环境中完成。软件功能非常强大、灵活，使得建筑师可以按照自己的工作习惯以二维、三维或混合模式使用，而 Vectorworks Architect 可以保证其工作流程的连续性。Vectorworks Architect 可通过 IFC 2x3 格式与许多其他 BIM 软件进行数据交换互用，包括：Autodesk Revit、AutoCAD Architecture、Bentley AECOsim Building Designer、Graphisoft ArchiCAD 和 Gehry Technologies Digital Project 等建筑设计软件；Nemetschek Scia、Tekla Structures、Bentley、Revit 等结构软件以及 Nemetschek DDS-CAD MEP、Progman MagiCAD、Autodesk Revit、AutoCAD MEP 等机电（MEP）软件。Vectorworks Architect 还具有一定的统计计算功能。在设计的同时，可自动生成明细表和材料估算，并可快速将数据赋予对应构件对象用于创建定制报表，如成本估算报告等。

Vectorworks Architect 创建的 BIM 模型还可用于施工，三维模型可通过 3D 打印输出，为制造商快速提供设计原型。还可将三维实体以 X_T 格式导出至其他基于 Parasolid 内核的软件（如 SolidWorks 等），与机械设计系统和数控制造系统实现无缝对接。

Vectorworks Landmark 是独特的景观设计工具，具有集成的二维和三维设计功能，可以为建筑设计更好的外部环境。利用 Landmark 的植物布置工具，可以设计出单独或间隔均等成行、成片的植物，其独特的手绘工具能够绘制任意形状的花坛和水景设计。Vectorworks Landmark 并不局限于景观绿化设计，还可用于设计图案、标志、装饰品、五金件、硬景观、家具、露天平台及总平面图等任何项目所需的内容。

Vectorworks Landmark 适用的范围很广，灵活的设计环境可用于任何类型的项目，从小型的住宅平面，到大比例的城市规划图。Landmark 可有效将场地信息模型（SIM）引入设计流程。该程序工具可用于分析、计算场地面积、体积、坡度、挖/填量，以及水流和日光/阴影等数据。通过扫描输入规划图，或输入实地测量数值后，使用物业线工具确定场地边界和限制控制线，软件可在设计过程中跟踪记录现有建筑设施和场地环境。还可结合使用 GIS 数据文件，如将地图文件导入设计，添加测量数据后，可将其作为场地模型的基础，或引用政府机构或其他单位的地理参照航空/卫星图片等 GIS 数据文件用于城市规划或场地设计。

Vectorworks Spotlight 是展会、演出场所及灯光、舞台布景设计软件，可用于从设计理念到施工文件的整个过程，并且在每个阶段的任务之间可方便转换。使用 Vectorworks Spotlight 设计师可以在二维或三维模式下，灵活选用必要的工具，自由表达设计理念，并可高效、准确地传递设计意图，减少重复及无效工作造成的浪费。同时，设计师可以结合设计进程充分利用软件功能，配合自身技术，保留原有工作流程。

Renderworks 渲染模块组件，集成了 CINEMA 4D 引擎，与 Vectorworks 无缝对接。可快速生成高质量的照片级渲染效果，还可展示路径漫游、日照模拟等动画效果，可设置天空光源、面光源及测角光源等多种模式，渲染及更新速度比使用光线追踪算法的传统引擎更快。

Vectorworks 虽然在国内的使用不多，但是在比利时、荷兰、卢森堡、英国、瑞士、德国和日本等国却占据了市场的主要份额。尤其是 MAC OS 平台，根据 John Peddie 全球 CAD 市场报告，Vectorworks 占据全球 MAC CAD 市场的 75%。

- CADSoft Envisioneer

Envisioneer 是由加拿大 Cadsoft 公司开发的建筑设计 BIM 软件，适用于建筑设计人员、室内设计人员、景观规划人员、施工人员、建筑材料经销商等。功能包括三维建筑设计建模及场地和室外景观设计，生成施工图、工程算量及材料表等，可与造价预算软件连接，配合使用。目前在国内室内装饰行业使用较多。

- 4M IEDA 及套件

4M 建筑设计套件（4M Building Design Suite）是 4M 软件公司在基于 IntelliCAD 的 4MCAD 平台上开发的建筑设计 BIM 组合工具。4M 套件开发的核心理念是：要使用户易于从 CAD 迁移转换到 BIM，其突出特点是以类似于 AutoCAD 的界面和操作方式实现 BIM 功能。

4M 套件包括：建筑设计 IDEA；结构设计包括用于钢筋混凝土结构分析设计的 STRAD 和用于钢结构分析设计的 STEEL；机电设计 FINE 系列包括暖通空调设计 FineHVAC、给排水设计 FineSANI、电气安装设计 FineELEC、消防设计 FineFIRE、燃气系统设计 FineGAS 和电梯设计 FineLIFT。

建筑设计建模软件 IDEA 可自由创建各种类型的三维建筑模型，建筑构件库中的各种构件可便捷编辑修改并可方便灵活地扩充。除了设计建模，IDEA 内置的基于 OpenGL 的渲染引擎可快速生成渲染效果以及实时的虚拟漫游动画。IDEA 还可生成各种平、立、剖视图，施工图，材料表等二维技术文档，并可与 4M 套件的其他软件无缝集成。

STRAD 带有功能强大的有限元分析引擎，可对钢筋混凝土结构进行静态及本征值模态分析，并可接受各种抗震规范的定制参数用于分析设计。STEEL 可对钢结构构件及其连接的动态频谱进行分析，并用于钢结构空间框架的分析设计。

FINE 系列涵盖了整个建筑屋宇系统的设计建模功能，并且使用非常方便灵活。如 HVAC 及给排水系统，具有管线自动布置并进行碰撞检查功能，在各种平面视图及正轴测视图中，管线可选择单线或多线表示，并且转换非常方便。

4M 套件的所有软件都具有灵活实用的二维工程技术文档生成、管理功能，其二维工程图的出图过程与 AutoCAD 的操作类似，并与 DWG 格式兼容。用户很容易生成、输出符合相关工程制图标准的二维施工图等技术文档。此外，4M 软件产品的价格要远低于大多数其他 BIM 软件，并且学习使用简单，培训成本低廉。

（2）方案设计软件

BIM 方案设计软件用在设计初期，其主要功能是把业主设计任务书中基于文字或平面图形的项目要求转化成基于三维几何形体表示的建筑方案，此方案可用于与业主的沟通以及设计各专业和项目各参与方对方案的研究论证。BIM 方案设计软件应帮助设计师验证设计方案是否满足业主对项目的要求。BIM 方案设计成果应可以输入到 BIM 核心建模软件，经必要的转换可进行后续的设计深化，并继续验证满足业主要求的情况。

- Affinity

Affinity 是由位于美国德州休斯敦的 Trelligence 公司开发的用于包括建筑策划、空间规划、方案设计、早期设计数据汇总及设计验证等的建筑功能设计 BIM 应用软件。Affinity 可以作为独立应用程序或作为建模软件（包括 Revit、ArchiCAD、AECOsim Building Designer 和 SketchUp）插件运行。Affinity 的独特之处是其项目分析验证功能，即在方案设计过程中，始终对设计与业主的项目要求进行分析对比，如发现不符之处，会及时以醒目方式提示设计师。而目前大多数 BIM 方案设计工具软件，一般只限于建筑空间规划及平面布置等，没有提供分析验证功能。

Affinity 为加快规划和方案设计过程，提供了许多便于使用的工具。如对于楼层竖向的多层空间、房间布置，可采用堆叠图形操作（Stacking Diagram manipulation），选定后一次完成，可以在程序或模板中修改调整房间/空间设置，设计中所有相应的房间/空间布局会自动更新，还可为特定房间指定定制墙厚。Affinity 的方案设计可以达到非常高的详细程度，如每个房间可以包含造价、面积、用途、墙面装修等信息，并可在构件的属性标签中显示。由 Affinity 完成的方案设计成果可以传递给 Revit、ArchiCAD 等 BIM 设计建模软件，继续完成初步设计、施工图设计等后续详细设计流程。在此过程中，Affinity 始终在后台保持对所有项目要求的跟踪，并对设计进行分析验证，以确保最终完成的设计符合方案计划，并满足项目要求。使用 Affinity 还可以对方案设计实现建筑性能及环境分析。

目前，Affinity 可以与 Revit、ArchiCAD、AECOsim Building Designer、SketchUp、IES-VE 及 ARCHIBUS 等软件集成使用。此外，Affinity 公司的云平台 Affinity Cloud Bridge 可与 Autodesk 的云平台 A360 集成使用，以实现基于云技术的存储、协同、项目数据及设计模型/视图查看浏览等。

- D-Profiler

D-Profiler 是由位于美国德州的建筑施工企业 Beck 公司下属的 Beck Technology 开发的，是一个建设项目财务评估工具，可作为早期设计阶段的概念、方案设计建模工具。

D-Profiler 的独特功能是在建造成本和一定程度运营成本的基础上解决概念设计问题，有助于为目标价值设计和精益建造方法制定更明智的决策。使用 D-Profiler 可以根据房间类型、建筑结构及场地条件等，通过这些对象所携带的关联成本信息，快速确定特定建筑类型的概念设计。其功能特点包括：可快速创建 3D 成本模型，并支持多种来源项目定义的图形输入，包括：DGN、DXF、PDF、DWF 等多种格式；建筑空间、楼层及建筑设备的增减、修改非常方便、灵活；可同步生成详细的工程造价预算，用户可定制报表；还可配合使用 eQuest 进行能耗分析，用于估算运营成本。利用 D-Profiler 可以在项目设计早期向业主展示项目将建成的概况并让业主尽早了解项目所需造价。

D-Profiler 所具有的功能，使其基于组合件和单项产品的价格，很容易应用于几乎所有的建筑类型。其强项在于根据各种建造规格及其相关的成本估算，可对各种概念设计进行价值分析。利用与 Revit 的接口，还可将 D-Profiler 的成果传递给后续流程使用。D-Profiler 并不是一个通用的 BIM 工具，主要是作为建设项目财务评估工具使用。D-Profiler 的模型创建完成后，目前还仅限于使用 Revit 继续进行后续流程的应用。

- Softtech SPIRIT

SPIRIT 是德国 SOFTTECH 公司开发的建筑方案设计软件，其核心目标是实现满足成本要求的设计。SPIRIT 可以通过直接输入多种格式的文件快速生成方案设计纲要，如可以简单选择输入 bmp、jpg 或矢量文件，整合成为一个 pdf 文件。此外，还可输入 DWG、DXF、IFC、O2C、SketchUp 以及文本和图像文件。SPIRIT 提供一个包含预定义了不同详细程度等级以及成本等信息的建筑构件库。利用其成本管理器（Cost Manager）可快速查看设计中对建造成本影响显著的构件，并可尝试、比选削减成本的不同替代方案。在设计过程中，SPIRIT可通过引用其内部嵌入的外部参照文件快速进行修改，可嵌入包括Word、Excel、DWG和DXF等格式的参照文件。SPIRIT可以在二维或三维模式下工作，可输出PDF、DWG、DXF、DWF、SFM、VRML、IFC、Collada及SketchUp等格式的文件。其二维出图极为简便、灵活，且式样可由用户定制。SPIRIT还有渲染、可视化模拟以及算量、成本估算等功能。

- Onuma System

Onuma System是由位于美国洛杉矶帕萨迪纳的Onuma公司开发的基于互联网（Web）的用于建筑规划、方案设计、项目管理及设施运维管理BIM应用系统。

Onuma System的功能和用途包括：快速形成早期计划、制定项目规划、方案设计、成本估算、建筑能耗分析、全生命周期成本分析及设施管理等。Onuma System本身并没有提供建模设计功能，而是将由不同BIM建模软件创建的模型通过网络浏览器提供给使用者。目前可与Revit、ArchiCad、Bentley、SketchUp、Ecotect、IES、Google Earth、ArcGIS及Excel等软件连接使用。

Onuma System主要适合以研讨会的形式使用。位于不同地点的设计人员可以将使用不同BIM软件创建的方案设计模型上传到Onuma的模型服务器，系统通过浏览器以页面形式展示给所有参与者。展示方式非常灵活，可以选择从单件设备/家具、单个房间、楼层到多个房间/空间、多个楼层、整栋建筑、整个场地直至多栋建筑、多个场地。目前可处理的模型包括Revit、ArchiCAD、SketchUp或通过IFC使用由其他软件创建的模型。所有参与者的意见、建议实时显示，设计者根据参与者意见所做出的修改也可实时更新发布。

（3）几何造型设计

使用几何造型软件主要是为了在项目设计初期，方便快速地创建表示建筑形状、体量及位置关系的三维几何模型，用于推敲、选择设计方案。这样的三维几何模型不包含建筑构件、材料、规格属性等工程信息，不是BIM模型，无法传递给后续流程使用。在确定几何造型方案后，要将创建完成的三维几何体量模型导入BIM建模软件，转换成为BIM模型供后续流程使用。

- FormZ和Bonzai3D

FormZ和Bonzai3D是由AutoDesSys公司开发的三维几何建模软件。FormZ具有草图、雕刻以及非规则曲面建模功能，可用于创建高度复杂的三维几何模型。Bonzai3D是在FormZ引擎上建立的，但只针对建筑的概念设计阶段。最新版Bonzai3D的功能包括：不规则曲面建模、形状编辑、纹理表现、组件管理及3D打印等。FormZ和Bonzai3D都支持创建并生成稳固的实体模型，可直接用于3D打印而无需做任何分解处理。

- Rhino

Rhino 广泛应用于各种造型设计，是简单快速、使用灵活的 3D 自由型和高阶曲面建模工具，可用于复杂的建筑曲面建模。

- Sketchup

Sketchup 是一套面向设计方案创作过程的设计工具。其模型创建过程不仅能够充分表达设计师的设计意图，而且还可满足与客户及时沟通交流的需要，使得设计师可以直接在电脑上进行直观的设计构思，是创建三维建筑设计方案的理想工具。其特点是简单易用，建模快捷，适用于前期的建筑方案推敲。但因建立的仅为几何模型，不包含建筑构件、材料、规格属性等工程信息，无法直接用于后期的初步和施工图设计阶段，需输入 BIM 核心建模软件转换为 BIM 模型后，方可用于后续流程。

（4）可视化软件

- Autodesk Navisworks

Navisworks 可集成、整合不同来源的模型，并可进行碰撞和冲突检测。Navisworks 可对模型渲染并生成动画用于建筑场地的虚拟漫游，与施工进度计划关联后，还可用于施工管理的 4D 模拟。

- Autodesk 3Ds Max

3Ds Max 是 Autodesk 公司的三维可视化软件产品，综合提供了建模、渲染、动画、模拟等功能，常用于游戏、电影等的动画制作。在 AEC 行业，主要用于表现建筑效果的渲染处理以及建筑虚拟漫游的动画制作。在我国 3Ds Max 的使用较为普遍，其特点是功能较全、使用简便。最新的 3Ds Max 2015 版，新增加了一些效率更高的工具，加快了处理速度，并简化了工作流程，有助于提高处理大型、复杂高分辨率项目的总体工作效率。

- Advent Artlantis

Artlantis 是法国 Advent 公司开发的三维渲染动画制作软件。可用于建筑室内和室外场景的可视化表现。其特点是具有极快的渲染速度和高质量的效果。Artlantis 可以直接导入 DXF、DWG、OBJ、FBX 和 3DS 格式的 3D 文件，也可通过插件从 ArchiCAD、Rhinoceros、VectorWorks、Revit、SketchUp 等建模软件导入模型。Artlantis 的光照模拟功能可为任意三维空间建筑提供真实的光照模拟效果，其日光、灯光调整方便、准确。Artlantis 可优化时间轴，以更好地控制动画中每个动作的精确性。Artlantis 还提供了丰富的素材库，包括 3D 人物、植物等。

- NemetschekMaxon CINEMA 4D

Cinema 4D 是由德国 Maxon Computer 公司开发的 3D 可视化软件，以极高的运算速度和强大的渲染效果著称。Cinema 4D 自带三维建模功能，也可将 Allplan、ArchiCAD 及 VectorWorks 模型直接输入 Cinema 4D 进行处理。

Cinema 4D 采用模块化结构，Advanced Render 模块由于使用热辐射算法（全局光照明）特有的仿真光弥散性能，可用于进行照片级渲染。建筑版则提供了为建筑模型创建效果图和漫游动画所需的功能。建筑版包含范围广泛的素材模型库和材质库，建筑师可用来创建所需的建筑表现。利用虚拟漫游功能插件，用户在建筑中可设置自动漫游路径，通过交互式操作漫游建筑模型。

（5）建筑性能与环境分析软件

- Autodesk Green Building Studio

Green Building Studio（GBS）是 Autodesk 公司基于 Web 的建筑整体能耗、水资源和碳排放分析工具。GBS 的主要功能包括：能耗和碳排放计算、建筑整体能耗分析、碳排放报告、水资源利用和费用评估、针对 LEED 的自然采光评价、精确气象模拟/详细气候分析、自然通风潜力和方案比较等。分析结果用户可以用 gbXML、VRML、DOE-2、EnergyPlus、Weather File 等格式下载。

由于采用了云计算技术，GBS 具有强大的数据处理能力和效率。另外，其基于 Web 的特点也使信息共享和多方协作成为其优势。同时，其强大的文件格式转换器，可以成为 BIM 模型与专业建筑性能分析模拟软件之间的桥梁。

- EnergyPlus

EnergyPlus 是由美国能源部资助，劳伦斯伯克利国家实验室开发，是以 BLAST 和 DOE-2 为基础的大型能耗分析计算软件。EnergyPlus 可以进行建筑全能耗分析，是一个用来模拟建筑及系统的实际运行状况，从而预测年运行能耗和费用的软件。建筑全能耗分析软件可以用来模拟建筑及空调系统全年逐时的负荷及能耗，有助于建筑师和工程师从整个建筑设计过程来考虑如何节能。该软件据动态负荷理论，采用反应系数法，对建筑物及相关的供热、通风和空调设备能耗等进行模拟计算，比较适合于研究多区域气流、太阳能应用方案以及建筑物热力性能。

- IES-VE

IES<VE> 是由英国 IES 公司开发的集成化建筑性能模拟分析软件，其核心思想是通过建立一个三维模型，来进行各种建筑功能分析，减少重复建模的工作，并保证数据的准确和工作的快捷。IES<VE> 已经成为英国以至于欧洲市场占有量最大的建筑性能模拟分析软件。IES<VE> 具有三维建模功能，可建立复杂的三维模型。也可从 AutoCAD 等软件读入 DX 格式的二维平面图，自动生成三维模型，还可将 REVIT 软件中生成的三维模型自动转换为 IES 模型，或通过插件将Sketchup模型直接转换为IES模型，然后进行各种分析。Ecotect适用于设计前期，IES则适用于设计的全过程，通过连接可以将分析方便快捷地应用于设计的各个阶段。IES<VE>的主要功能包括：建筑环境模拟、日照模拟、采光分析、建筑能耗模拟、人员疏散模拟分析、投资运行费用分析及优化比选分析等。

- 清华大学 DeST-h /DeST-c

DeST是清华大学建筑技术科学系环境与设备研究所开发的建筑环境及HVAC系统模拟软件平台。目前DeST有两个版本，应用于住宅建筑的住宅版本DeST-h和应用于商业建筑的商建版本DeST-c。

DeST-h主要用于住宅建筑热特性的影响因素分析、住宅建筑热特性指标的计算、住宅建筑的全年动态负荷计算、住宅室温计算、末端设备系统经济性分析等领域。

DeST-c是针对商业建筑特点推出的专用于商业建筑辅助设计的版本，根据建筑及其空调方案设计的阶段性，DeST-c对商业建筑的模拟分成建筑室内热环境模拟、空调方案模拟、输配系统模拟、冷热源经济性分析几个阶段，对应应用于建筑设计的初步设计（研究建筑物本身的特性）、方案设计（研究系统方案）、施工图设计（设备选型、管路布置、控制设计等）几个阶段，可以根据各个阶段设计模拟分析反馈指导各阶段的设计，以提高和改进建筑性能。

（6）结构设计/分析软件

- Etabs

ETABS是由美国CSI公司（Computer & Structures Inc.,）研制开发的建筑结构分析设计软件，是一个功能完善、易于使用、面向对象的分析、设计、优化及工程制图的集成环境，具有直观、强大的图形界面以及行业领先的建模、分析和设计功能。

ETABS采用最新的静力、动力、线性和非线性分析技术，将荷载计算、静动力分析、线性和非线性计算等计算分析集成为一体，几乎包括了所有结构工程领域内最新的结构分析功能，从静力动力计算到线性非线性分析，从P-Delta效应到施工顺序加载，从结构阻尼到基础隔震等都可应用，并且其计算快捷，分析结果合理、可靠。ETABS的权威性和可靠性得到了国际业界的广泛认可，可以为使用者提供经过大量结构工程检验的、可靠的分析计算结果。

ETABS的设计功能可以同时用于钢筋混凝土结构、钢结构和混合结构设计。由于引入了多种国际结构设计规范，包括中国2010结构设计规范，使得ETABS的结构设计适用范围更为广泛，并可同时进行多个国家和地区的设计规范设计结果对比。为简化结构设计中经常出现的需反复修改截面并计算、验算的烦琐过程，ETABS采用结构优化设计理论对结构设计过程进行优化，针对实际结构只需确定预选截面组和迭代规则，就可以自动进行计算选择截面、校核、修改的优化设计。同时，ETABS内置的截面设计工具（Section Designer）可以确定任意截面的截面特性。

ETABS 的显示／输出功能包括：以三维透视显示变形／未变形结构形状；图形显示静力变形和模型荷载、弯矩、剪力、轴向力和挠度；动态显示变形及时间关系结果（多窗口同时显示不同参数）以及显示瞬时图形细节等。结果可以屏幕显示、打印或输出到文件。

中国建筑标准设计研究院等单位与美国 CSI 公司以战略合作伙伴关系进行全面合作，将中国设计规范全面融入 ETABS，已推出符合中国相关规范的中文版 ETABS，并通过了建设部的鉴定。

- SAP2000

SAP2000 是美国 CSI 公司开发的结构分析计算软件。适用于工业建筑、运动设施、演出场所、设备基础、电力设施和其他一些特殊结构的分析与设计。SAP2000 的特点包括：集成化的三维建模环境、强大高效的分析技术及一体化交互式的设计环境。

SAP2000 特别适用于空间结构，如网壳类、桁架类、不规则结构等的分析。SAP2000 包括中国规范校核等功能，与中国建筑标准设计研究院等单位共同开发的中文版 SAP2000 于 2005 年 11 月通过建设部鉴定。

- TrimbleTekla Structures

Tekla Structures 是 Tekla 公司出品的钢结构详图设计软件。Tekla Structures 的功能包括整合 3D 结构设计模型和结构分析过程、3D 钢结构细部设计、3D 钢筋混凝土设计、施工专项管理、自动生成施工图、自动产生材料表（BOM）等。3D 模型包含设计、分析、制造、安装所需的全部信息，所有图纸、报表完全整合在模型中，产生协调一致的输出，可以获得更高的效率和更好的结果，设计者可以在更短的时间内做出正确设计。使用 Tekla Structures 可有效控制整个结构设计流程，Tekla Structures 是一套完整的结构深化设计配置，包括每个细部设计所需使用的模块。用户可以创建钢结构和混凝土结构的三维设计模型，然后生成制造和安装阶段使用的加工图和安装施工详图，通过共享 3D 模型提高设计效率和质量。

- PKPM 结构设计

PKPM 结构设计是先进的结构分析软件包。包含业内经常使用的各种计算方法，包括平面杆系、矩形及异形楼板、墙、板的三维壳元及薄壁杆系、梁板楼梯及异形楼梯、各类基础、砌体及底框抗震、钢结构、预应力混凝土结构分析、建筑抗震鉴定加固设计等等。全部结构计算模块均按 2010 系列设计规范编制。全面反映了新规范要求的荷载效应组合、设计表达式和抗震设计新概念的各项要求。PKPM 弹塑性动力、静力时程分析软件连接结构建模和结构计算，操作简便，成熟实用。PKPM 结构分析软件有丰富的结构施工图辅助设计功能，利用结构计算结果，可完成框架、排架、连梁、结构平面、楼板配筋、节点大样、各类基础、楼梯、剪力墙等施工图绘制。其自动选配钢筋，按全楼或层跨剖面归并，布置图纸版面，人机交互干预等功能独具特色。PKPM适应多种结构类型。砌体结构模块包括普通砖混结构，底层框架结构、混凝土空心砌块结构，配筋砌体结构等。钢结构模块包括门式刚架、框架、工业厂房框排架、桁架、支架、农业温室结构等。还提供预应力结构、复杂楼板、楼板舒适度分析、筒仓、烟囱等设计模块。

PKPM结构设计软件是为数不多通过住建部认证的建筑结构设计软件，在国内建筑行业具有很高的市场占有率。许多使用其他建筑结构分析设计软件的单位，在完成设计后，常常会使用PKPM结构设计软件进行校核、比对。

（7）施工管理软件

- InnovayaVisual 4D Simulation/5D Estimating

Innovaya是位于美国俄勒冈州最早推出BIM施工软件的公司之一，其主要产品包括Innovaya Visual 4D Simulation和Innovaya Visual 5D Estimating。

Innovaya Visual 4D Simulation是一款功能强大、易于使用的施工进度管理软件，通过将BIM模型与施工任务安排相关联，可进行可施工性分析、制定施工计划及施工场地物流规划等；通过对假设情况的可视化模拟分析，优化施工顺序及管理施工变更，并可有效改进项目沟通协同制定优化的施工进度。Visual 4D Simulation支持MS Project和Primavera等进度计划软件。

Innovaya Visual 5D Estimating是基于BIM的工程造价管理软件。通过将AutoCAD Architecture/MEP、Revit与MC2 ICE、Sage Timberline Estimating及MS Excel等造价软件集成，可生成工程预算。通过将MC2 ICE和Sage Timberline中的价格信息与BIM模型构件关联，Innovaya Visual Estimating可快速、准确形成成本预算，可大大提高项目预算过程的效率，其交互式虚拟可视化环境可有效改善设计方、施工方及业主之间的沟通交流。

Innovaya Visual 5D Estimating的功能包括：可自动提取材料量，并可区分处理组装件和单件产品；自动生成整个建筑预算；智能变更管理；交互式三维虚拟可视化并支持有效的团队沟通。

Innovaya还提供一款用于快速进行项目估算的软件工具：Innovaya Design Estimating。通过将Autodesk Revit与使用Sage造价软件（Sage Timberline Estimating）的RS Means装配数据库（RS Means Assembly Database）无缝集成，并根据项目所在地的地方成本指数，Design Estimating可快速准确地计算项目成本，并自动生成项目成本估算，同时提供灵活、可完全定制的估算报告功能。其特点包括：基于BIM模型，自动的项目估算；灵活的估算报告格式；智能化的变更管理；支持Timberline的成本估算技术；交互式三维虚拟可视化以及支持有效的团队沟通。

- Vico Office Suite

Vico Office 套件是面向施工管理的 5D BIM 解决方案。Vico 套件采用模块化结构,包括 3D、4D 和 5D BIM 模块,用户可根据业务需求合理选择,灵活搭配组合。

Vico 套件的 3D BIM 模块主要提供设计验证、可施工性分析、工程算量、施工场地布置等施工准备所需功能。由可视化及报表、冲突、碰撞检测、场地布置和工程算量几个功能模块组成。4D BIM 进度模块用于制定施工进度计划及现场施工控制、调度。主要功能包括:应用流水线理论编制基于流水线调度的施工进度计划、基于施工位置的数量管理以及现场生产控制。5D BIM 造价管理模块的主要功能包括:以 3D BIM 模块基于模型的算量为基础,结合适当的工程算法,生成施工口径的工程算量、工程造价估算以及可视化工程预算。

Vico 的 4D BIM 施工进度管理具有与众不同的特点。首先是进度计划编制,Vico 是基于施工位置生成流水线调度进度计划,而大多数其他软件则是基于施工活动,采用关键路径法编制进度计划。Vico 首先利用其位置分解结构(LBS,Location Breakdown Structure)管理器 Vico LBS Manager,将施工场地按专业、工种划分为易于管理的工作区域,然后根据不同专业工种的工作内容和施工顺序安排进度计划。这样可以保证每个施工班组在进入某个特定区域作业时,没有障碍并且不会相互干扰,从而可以提高生产效率和作业环境的安全性。Vico 可以根据指定专业工种的作业顺序定义多个位置系统,包括各施工班组的交接时间、所需的人力、物料、机具等施工资源,这些内容可作为后续基于位置的施工资源管理、采购计划、成本管理以及施工进度计划的输入。Vico 的现场生产控制功能可以衡量现场施工作业是否到位并对实际进度与计划进度进行比较,有助于现场管理者及时发现问题并提前了解可能存在的潜在冲突、干扰等问题。

Vico 的 5D BIM 造价管理,首先其算量管理器(Vico Takeoff Manager)读取之前 3D BIM 模块基于模型产生的算量结果,通过使用工程算法,生成用于造价管理的施工口径工程算量以及初步的造价估算。随着施工方案和进度计划的进展,可利用的项目信息逐步细化、完整,Vico 5D BIM 模块通过迭代、优化形成项目成本计划。利用 Vico 5D 的预算可视化功能,可以在三维 BIM 模型中查看以高亮突出显示的、与相应预算项目对应的单个或一组构件及其预算或明细。通过这种方式还可准确、快速了解设计变更所产生的影响及其连锁效应,并有助于制定相应的决策。

Vico Office 可接受使用 ArchiCAD、Revit、AutoCAD Architecture/MEP、Tekla、SketchUp 创建的模型,或通过输入转换器以 IFC 文件格式导入由其他建模软件生成的模型。Vico Office 还支持 CAD-Duct 文件和 3D DWG 文件。

- RIB iTWO

RIB iTWO 是全球领先的最早应用于建筑过程的 5D BIM 解决方案,旨在优化整个建筑流程的管理。它是为数不多能够满足建筑阶段任何功能需求的软件。在一个单独的5D BIM平台上，RIB iTWO 可以覆盖整个施工阶段的功能：设计分析、冲突检测、工程算量、招投标、分包管理、利润管理、合同管理、工程变更管理、采购管理、工程规划管理、成本控制、多项目报告、可视化模拟等。

- Synchro Professional

Synchro 4D 施工模拟软件是一款成熟且功能强大的软件，具有成熟的施工进度计划管理功能。可以为整个项目的各参与方（包括业主、建筑师、结构师、承包商、分包商、材料供应商等）提供实时共享的工程数据。工程人员可以利用Synchro 4D软件进行施工过程可视化模拟、施工进度计划安排、风险管理、设计变更同步、供应链管理以及造价管理。目前的 4D 工程模拟大部分是针对大型复杂工程建设及其管理开发使用的，Synchro 同样提供了整合其他工程数据的能力，提供丰富的 4D 工程可视化模拟功能。

Synchro Professional 是一个计划关联系统，将 BIM 模型与 CPM 计划任务相关联，允许用户进行施工模拟、播放施工动画和发布视频。项目团队可以通过进度模拟探索协同方法、解决方案并进行优化。其接口支持进度管理软件，如 Oracle Primavera P3/P6、Microsoft Project、Asta Powerproject 和 PMA NetPoint。同时支持来自 Bentley、Autodesk、CATIA、Solidworks、Intergraph、AVEVA 和 SketchUp 等公司超过 35 种3D 设计模型文件和IFC 文件。

Synchro Professional 的独特之处在于它能使全部往返数据同步，以促进上游和下游的交付过程。而且，Synchro 可以进行四维空间静态和动态分析并解决冲突碰撞问题。其 4 D/5 D 程序可提供传统形式的项目计划、分析、报告，并支持定制 4D 动画及生成 AVI 文件。Synchro Professional 提供了挣值分析（EVA）和成本计划，包括可变成本分析决策支持和计划与实际成本分析等功能。

- PKPM CMIS

PKPM 建筑施工软件 CMIS 是为建筑施工企业而开发的施工管理软件，可完成招标、施工组织设计、施工过程控制（计划、成本、质量、安全）以及现场、合同、信息管理等。可解决施工过程中经常遇到的技术问题（模板、脚手架设计、冬季施工、常用计算工具箱等）。CMIS 包括施工管理和施工技术两个系统。

施工管理 SG-1 包括：标书制作系统、施工项目管理系统、施工平面图设计系统、施工技术资料管理模块和建筑工程质量评定模块。

施工技术 SG-2 包括：深基坑支护、模板设计系统、脚手架设计系统、混凝土及砂浆配合比、冬季施工管理模块和施工常用计算工具箱。

参考文献

[1] 中华人民共和国国务院. 建设工程质量管理条例(国务院令第279号). 北京：2000.
[2] 中华人民共和国国务院. 建设工程安全生产管理条例(国务院令第393号). 北京：2004.
[3] 中华人民共和国建设部. 建设工程施工现场管理规定(建设部第15号令). 北京：1992.
[4] 中华人民共和国建设部. 建设工程项目管理规范(GB/T50326-2001)[S]. 北京：2002.
[5] 中华人民共和国建设部. 建筑工程施工质量验收统一标准(GB50300-2001)[S]. 北京：2001.
[6] 中华人民共和国建设部. 工程建设施工企业质量管理规范(GB/T50430-2007)[S]. 北京：2008.
[7] 中华人民共和国建设部、国家质量监督检验检疫总局. 建筑工程施工质量评价标准(GB/T50375-2006)[S]. 北京：2006.
[8] 中华人民共和国建设部、国家质量监督检验检疫总局. 建筑施工组织设计规范（GB/T50502-2009)[S]. 北京：2009.
[9] 中华人民共和国建设部. 建筑工程文件归档整理规范(GB/T50328-2001)[S]. 北京：2002.
[10] 王陈远. 基于BIM的深化设计管理研究[J]. 工程管理学报，2012，26（4）.
[11] 李恒. 连接BIM与施工现场. PCMS, 2013.
[12] 马洪娟，姚守俨等. 借鉴国外经验深化BIM在项目管理中应用[J]. 技术产品，2013.
[13] 张建平等. BIM在工程施工中的应用[J]. 施工技术，2012，41（371）.
[14] 钱苏. BIM技术在施工中的应用[J]. 城市建筑，2013，（08）.
[15] 谢上冬，张成林. 机电专业与土建、装修施工配合要求[J]. 安装，2009，（11）.
[16] 贺启明. BIM技术在施工阶段的应用策略研究[C]. 中安协高峰论坛论文汇编，2010.
[17] 张树捷. BIM在工程造价管理中的应用研究[J]. 建筑经济，2012，(2).
[18] 王雪青等. 基于BIM实时施工模型的4D模拟[J]. 广西大学学报，2012.
[19] 李恒，郭红领等. 建筑业发展的强大动力：虚拟施工技术[J]. 技术产品，2010.
[20] 柳娟花,李艳妮. 基于BIM的虚拟施工技术应用探究[J]. 电脑知识与技术,2011,7（29）.
[21] 刘火生等. 基于BIM技术的施工现场的可视化应用[J]. 施工技术，2013，（S1）.
[22] 李亚东等. 现场扫描结合BIM技术在工程实施中的应用[J]. 施工技术，2012.
[23] 张建平，范喆等. 基于4D-BIM的施工资源动态管理与成本实时监控[J]. 施工技术，2011.

［24］何清华，韩翔宇. 基于BIM的进度管理系统框架构建和流程设计[J]. 项目管理技术，2011，9（9）.

［25］马新利. 基于BIM技术的建设工程施工进度动态控制的探讨. 研究与探索，2012.

［26］赵彬等. 基于BIM的4D虚拟建造技术在工程项目进度管理中的应用[J]. 建筑经济，2011，（9）.

［27］马智亮等. 基于BIM技术的建筑工程预算软件框架设计[C]. 工程设计与计算机技术－第十五届全国工程设计计算机应用学术会议论文集. 哈尔滨：2010.

［28］徐勇戈等. 基于BIM的商业运营管理应用价值研究[J]. 商业时代，2013，（18）.

［29］李亚东等. 基于BIM实施的工程质量管理[J]. 施工技术，2013，42（15）.

［30］陈日辉. 管线布置综合平衡深化设计的组织与实施[J]. 广州建筑，2010，38（1）.

［31］方俊，舒立新. 建设项目工程变更的分类与控制[J]. 广东技术师范学院学报，2004，（4）.

［32］方俊，任宏. 建设工程施工合同履约中的变更控制[J]. 重庆大学学报，2004.

［33］徐迅等. 建筑企业BIM私有云平台中心建设与实施[OL]. 中国科技论文在线，2014.

［34］龚郁杰，滕晓敏. 用于施工管理的建筑信息模型BIM[J]. 工程质量，2011，(7).

［35］王友群. BIM技术在工程项目三大目标管理中的应用[D]. 重庆大学，2012.

［36］刘作彤. 项目施工过程中的成本控制[D]. 北京邮电大学，2009.

［37］李健. 建筑工程项目施工阶段质量控制的系统研究[D]. 南昌大学，2009.

［38］孙悦. 基于BIM的建设项目全生命周期信息管理研究[D]. 哈尔滨工业大学，2012.

［39］魏元新. 建筑施工企业管理标准化研究[D]. 天津大学，2012.

［40］顾明，刘玉身，高歌. 基于领域信息模型标准的信息化实施方法[J]. 铁路技术创新，2014，（2）.

［41］Pennsylvania State University. BIM Planning Guide for Facility Owners. Version 1.0 April, 2012.

［42］GSA The National 3D-4D-BIM Program. BIM Guide Series 01-08. U.S. General Services Administration, 2007.

［43］Eastman C, et al. BIM Handbook. New Jersey, USA: John Wiley & Sons, Inc., 2011.

［44］Building and Construction Authority(BCA).Singapore BIM Guide. V1.0. May,2012.

［45］SmartMarket Report.The Business Value of BIM for Construction in Major Global Markets. McGraw Hill Construction, 2014.

［46］BCA (Building and Construction Authority).BIM Essential Guide – For Contractors. Singapore: 2013.

REFERENCES

[47] AGC.Contractors' Guide to BIM.Edition One.2006.

[48] Burcin Becerik-Gerber, et al. APPLICATION AREAS AND DATA REQUIREMENTS FOR BIM-ENABLED FACILITIES MANAGEMENT. Journal of Construction Engineering and Management, June 15, 2011.

[49] Mehmet Yalcinkaya, David Arditi. Building Information Modeling (BIM) and the Construction Management Body of Knowledge. IFIP Advances in Information and Communication Technology Volume 409, 2013.

[50] Sijie Zhang, Jochen Teizer, Jin-Kook Lee, Charles M. Eastman, Manu Venugopal. Building Information Modeling (BIM) and Safety: Automatic Safety Checking of Construction Models and Schedules.Automation in Construction, Volume 29, January 2013.

[51] Robert Eadie, Mike Browne, et al. BIM implementation throughout the UK construction project lifecycle: An analysis. Automation in Construction, Volume 36, December 2013.

[52] Javier Irizarry, et al. InfoSPOT: A mobile Augmented Reality method for accessing building information through a situation awareness approach.
Automation in Construction, Volume 33, August, 2013.

[53] Chan-Sik Park, et al. A framework for proactive construction defect management using BIM, augmented reality and ontology-based data collection template. Automation in Construction, Volume 33, August, 2013.

[54] Rebekka Volk, et al. Building Information Modeling (BIM) for existing buildings – Literature review and future needs.Automation in Construction, Volume 38. March, 2014.

[55] Javier Irizarry, et al. Integrating BIM and GIS to improve the visual monitoring of construction supply chain management. Automation in Construction, Volume 31, May, 2013.

[56] Lieyun Ding, Burcu Akincib, et al. Building Information Modeling (BIM) application framework: The process of expanding from 3D to computable nD. Automation in Construction, Volume 46, 2014.

[57] LiJuan Chen, Hanbin Luo. A BIM-based construction quality management model and its applications. Automation in Construction, Volume 46, 2014.

[58] Qing Liu, et al. Research on application of BIM technology in construction project. Computer Science and Service System (CSSS), 2011 International Conference, June, 2011.

[59] Conor Dore, Maurice Murphy. Semi-Automatic Generation of As-Built BIM Facade Geometry From Laser And Image Data. Journal of Information Technology in Construction, January, 2014.

[60] Yusuke Yamazaki. 3D/BIM Applications Toward Construction Innovation. IDDS& BIM Oneday Seminar, November, 2013.

[61] Yu-Cheng Lin, Yu-Chih Su, et al. Application of Mobile RFID-Based Safety Inspection Management at Construction Jobsite. INTECH, 2013. http://dx.doi.org/10.5772/53176.

[62] Shu-Hui Jan, Shih-Ping Ho, Hui-Ping Tserng. Applications of Building Information Modeling (BIM) in Knowledge Sharing and Management in Construction. International Journal of Civil, Architectural Science and Engineering, Vol:7, No:11, 2013.

[63] Changyoon Kim, Hynsu Lim, et al. BIM-BASED MOBILE SYSTEM FOR FACILITY MANAGEMENT. Technical Report supported by grants (2010-0014365 and 2011-0030841) from the National Research Foundation and Ministry of Education, Science and Technology of Korea.

[64] Thomas M. Korman. Determining Multidiscipline Time-Space Relationships for Building Information Modeling of Mechanical, Electrical, and Plumbing Systems (MEP) Systems. Project Report (Project 10, Number 3, November 2010), California Polytechnic State University, San Luis Obispo.

[65] Carrie Sturts Dossick, Gina Neff, Brittany Fiore-Silfvast. Implications of New Construction Technology for Western Washington Mechanical Contractors. PNCCRE Technical Report #TR001, University of Washington, February 2011.

[66] James D. Goedert, Pavan Meadati. Integrating Construction Process Documentation into Building Information Modeling. Journal of Construction Engineering And Management, Jan, 2010.

[67] Kristine K. Fallon. BIM Strategies for Owners. Kristine Fallon Associates, Inc., 2012.

[68] Zhou, W., Whyte, J., Sacks, R.. Construction Safety and Digital Design: A Review. Automation in Construction, 22, 2012.

[69] Anoop Sattineni, R. Harrison Bradford II. Estimating With BIM: A Survey of US